财务管理与会计学的发展与应用研究

孙甜甜 王 丹 王小刚 著

电子科技大学出版社

·成都·

图书在版编目(CIP)数据

财务管理与会计学的发展与应用研究/孙甜甜,王丹,王小刚著.--成都:电子科技大学出版社,2023.12
ISBN 978-7-5770-0728-1

Ⅰ.①财… Ⅱ.①孙…②王…③王… Ⅲ.①财务管理-研究②会计学-研究 Ⅳ.①F275②F230

中国国家版本馆CIP数据核字(2023)第231543号

财务管理与会计学的发展与应用研究
CAIWU GUANLI YU KUAIJIXUE DE FAZHAN YU YINGYONG YANJIU
孙甜甜　王　丹　王小刚　著

策划编辑	刘　凡
责任编辑	刘　凡

出版发行	电子科技大学出版社
	成都市一环路东一段159号电子信息产业大厦九楼　　邮编 610051
主　页	www.uestcp.com.cn
服务电话	028—83203399
邮购电话	028—83201495
印　刷	成都市火炬印务有限公司
成品尺寸	185mm×260mm
印　张	12
字　数	246千字
版　次	2024年5月第1版
印　次	2024年5月第1次印刷
书　号	ISBN 978-7-5770-0728-1
定　价	59.00元

版权所有,侵权必究

前言

会计是一门通用的商业语言，财务会计强调全面系统地核算与监督。现代市场经济环境下，无论从事社会经济活动或个人理财活动，掌握一定的财会知识、正确理解并应用会计信息都是十分必要的。对于高等院校经济、管理类专业而言，财务会计学更是一门不可或缺的专业基础课。在市场经济环境下，会计作为传达企业财务状况和经营成果的经济信息系统，其作用越来越受到各个方面的重视。

财务管理中的会计基础就是其管理的基本，与企业的财务管理效果息息相关。因此，对会计基础的重视，是企业做好财务管理的重要内容。随着全球经济环境日趋复杂化，企业的财务管理逐步走向完善，企业对财务管理人员的要求也随之日益提高。财务管理是企业管理的一个组成部分，它是根据财经法规制度，按照财务管理的原则，组织企业财务活动，处理财务关系的一项经济管理工作。在现代企业管理当中，财务管理是一项涉及面广、综合性和制约性都很强的系统工程。它是通过价值形态对企业资金流动进行计划、决策和控制的综合性管理，是企业管理的核心内容。

为了适应市场经济发展和不断完善的需要，为了适应会计教育改革、发展和创新的需要，为了满足扩大会计专业学生的知识范围和提高学生素质与能力的需要，我们编写了这本《财务管理与会计学的发展与应用研究》。本书属于财务管理与会计学的发展与应用方向的著作，经济全球化、新技术革命及过度竞争不仅改变了21世纪企业的生存基础，而且也给中国高等教育带来了新的发展机遇和挑战。所以，要加强财务管理，应该确立财务管理规划，拓展融资渠道，建立完善的财务管理制度，树立自身意识，提高财务管理人员的综合素质，进而提高企业的综合竞争力。本书结合财务管理基本理论、筹资管理、项目投资管理、会计基础知识、会计凭证、会计账簿、会计信息化的发展、互联网时代对会计工作的影响、互联网时代的网络财务管理以及互联网时代财务管理理念的转变等方面阐述了财务管理与会计学。

本书在撰写过程中，参阅了相关的文献资料，在此谨向其作者表示衷心的感谢。由于笔者水平有限，书中内容难免存在不妥、疏漏之处，敬请广大读者批评指正，以便进一步修订和完善。

目录

第一章　财务管理基本理论 ································· 1
　第一节　财务管理的概念 ································· 1
　第二节　财务管理的内容 ································· 5
　第三节　财务管理的目标 ································· 7
　第四节　财务管理的原则和环节 ························· 14

第二章　筹资管理 ·· 23
　第一节　企业筹资概述 ·································· 23
　第二节　权益资金筹集 ·································· 25
　第三节　负债资金筹集 ·································· 32
　第四节　企业资金需要量的预测 ························· 41

第三章　项目投资管理 ···································· 45
　第一节　项目投资概述 ·································· 45
　第二节　项目投资现金流量分析 ························· 46
　第三节　项目投资决策评价指标的计算与评价 ············ 48
　第四节　项目投资评价方法的应用 ······················· 53

第四章　会计基础知识 ···································· 55
　第一节　认识会计理论 ·································· 55
　第二节　会计基本假设与会计信息质量要求 ·············· 60
　第三节　会计要素与会计等式 ··························· 65

第五章　会计凭证 ·· 71
　第一节　会计凭证的作用与分类 ························· 71
　第二节　原始凭证 ······································ 74
　第三节　记账凭证 ······································ 78
　第四节　会计凭证的传递与保管 ························· 81

第六章　会计账簿 ……………………………………………………………… 85
第一节　认知会计账簿 …………………………………………………… 85
第二节　账簿使用规则 …………………………………………………… 88
第三节　账簿的设置与登记方法 ………………………………………… 90
第四节　对账与结账 ……………………………………………………… 93

第七章　会计信息化的发展 ……………………………………………… 97
第一节　我国会计信息化的发展历程 …………………………………… 97
第二节　我国企业会计信息化发展中存在的问题分析 ………………… 100
第三节　会计信息化是社会发展的必然结果 …………………………… 104
第四节　会计信息化的特征及实施条件 ………………………………… 106
第五节　会计信息化对会计理论与实务的影响 ………………………… 111
第六节　网络环境下会计信息系统的"五化" ………………………… 116

第八章　互联网时代对会计工作的影响 ………………………………… 119
第一节　互联网时代对会计基本认识的影响 …………………………… 119
第二节　互联网时代对财务会计的影响 ………………………………… 123
第三节　互联网时代对管理会计的影响 ………………………………… 126
第四节　互联网时代对审计工作的影响 ………………………………… 130
第五节　互联网时代对会计工作影响的对策 …………………………… 134

第九章　互联网时代的网络财务管理 …………………………………… 139
第一节　网络财务管理的基础理论 ……………………………………… 139
第二节　互联网时代的网络筹资管理 …………………………………… 142
第三节　互联网时代的网络投资管理 …………………………………… 147
第四节　互联网时代的网络财务风险管理 ……………………………… 152
第五节　互联网时代的网络运营资金管理 ……………………………… 156

第十章　互联网时代财务管理理念的转变 ……………………………… 165
第一节　绿色财务管理 …………………………………………………… 165
第二节　财务管理信息化 ………………………………………………… 167
第三节　财务管理与人工智能 …………………………………………… 169
第四节　区块链技术与财务审计 ………………………………………… 172
第五节　新预算法下财务工作的转型 …………………………………… 175

参考文献 …………………………………………………………………… 183

第一章　财务管理基本理论

第一节　财务管理的概念

一、概述

企业财务是企业财务活动及其所体现的经济利益关系（财务关系）的总称，它的基本构成要素是投入和运动于企业的资金。资金的实质是再生产过程中运动着的价值。在商品经济条件下，企业客观存在着资金及其运动。这种资金运动具体表现为以下两种形式。

（一）实物商品资金运动

商品是使用价值和价值的统一，企业再生产过程也就表现为商品使用价值的生产和交换过程与商品价值的形成和实现过程的统一。一方面，在这一过程中，企业运用一定的劳动手段对劳动对象进行加工，生产出新的商品，将其出售后使实物商品的使用价值得以实现；另一方面，与实物商品运动过程相适应，企业的新创价值将得以实现。因此，企业的再生产过程，既是实物商品的运动过程，又是实物商品的价值运动过程。

（二）金融商品资金运动

在现代企业中，不仅存在实物商品运动，也存在金融商品运动。所谓金融商品是指能在金融市场流通、交易、转让和买卖，并有市场价格的有价证券。在金融商品的运动过程中，伴随着金融商品的运动相应也产生了资金运动，它表现为货币资金向金融商品资金的转化及金融商品资金向货币资金的转化。这里以货币资金为出发点，并以货币资金的回收为终点，收回的货币资金大于投出的货币资金，从而形成资金的循环。企业买卖金融商品的过程是不断进行的，周而复始形成了金融商品资金运动。

总之，在企业的实物商品运动和金融商品运动过程中，现金变为非现金资产，非现金资产又变为现金，这种周而复始的流转过程无始无终、不断循环，形成资金运动。企业的资金运动，表面上看是商品和价值的增减变动，实质上，商品和价值的增减变动总是离不开人与人之间的经济利益关系。财务管理就是基于企业再生产过程中客观存在的财务活动和财务关系而产生的，它是企业组织财务活动、处理企业同各方面的财务关系的一项经济管理工作，是企业管理的重要组成部分。

二、财务活动

在企业中存在着实物商品资金运动和金融商品，资金运动这两种运动都表现为价值运动或者资金运动的过程，而资金运动过程的各阶段总是与一定的财务活动相对应。或者说，资金运动形式是通过一定的财务活动内容来实现的所谓财务活动,是指资金的筹集、投放、运用、回收及收益分配等活动。从整体上讲,财务活动包括以下4个方面。

(一)筹资活动

所谓筹资活动是指企业根据其一定时期内资金投放和资金运用的需要,运用各种筹资方式,从金融市场和其他来源渠道筹措、集中所需要的资金的活动。企业无论是新建、扩建,还是组织正常的生产经营活动,都必须以占有和能够支配一定数量的资金为前提。企业以各种筹资方式从各种筹资渠道筹集资金,是资金运动的首要环节。在筹资过程中企业一方面要按照适当的资金需要量确定筹资规模;另一方面要在充分考虑筹资的成本和风险的基础上,通过筹资渠道、筹资方式和工具的选择,确定合理的筹资结构。

企业通过筹资可以形成两种不同性质的资金来源:一是权益性质的资金,它是企业通过吸收直接投资、发行股票和以内部留存收益等方式从国家、法人、个人等投资者那里取得而形成的自有资金,包括资本金(或股本)、资本公积、盈余公积和未分配利润;二是负债性质的资金企业通过银行借款、发行债券、利用商业信用和租赁等方式,从金融机构、其他企业、个人等各种债权人那里取得而形成的借入资金,包括流动负债和长期负债。

企业将资金筹集上来,表现为企业资金的流入;企业偿还债务本息、支付股利及为筹资而付出的其他形式代价等,则表现为企业资金的流出。这种由于筹资活动而产生的资金的收支,是企业财务管理的主要内容之一。企业筹资活动的结果一方面表现为取得所需要的货币形态和非货币形态的资金;另一方面表现为形成了一定的资金结构。所谓的资金结构是指资金总额内部借入资金与自有资金之间的比例关系。

(二)投资活动

筹资活动的目的是用资。在企业取得资金后,必须将货币资金投入使用,以谋求取得最大的经济利益;否则,筹资就失去了目的和意义。所谓的投资可分为广义的投资和狭义的投资。广义的投资是指企业将筹集的资金投入使用的过程,包括企业将资金投入企业内部使用的过程(如购置流动资产、固定资产、无形资产等)和对外投放资金的过程(如投资购买其他企业的股票、债券或与其他企业联营);而狭义的投资仅指对外投资。

无论企业购买内部所需资产,还是购买各种有价证券,都需要支付资金,这表现为企业资金的流出,而当企业变卖其对内投资的各种资产或回收其对外投资时,则会产生企业资金的流入。这种因企业投资活动而产生的资金的收付便是由投资而引起的财务活动。企业投资活动的结果是形成各种具体形态的资产及一定的资产结构。所谓的资产结构是指资产内部流动资产与长期资产之间的比例关系。企业在投资过程中,必须考虑投资规模,以提高投资效益和降低投资风险为原则,选择合理的投资方向和投资方式。所有这些投资活动的过程和结果都是财务管理的内容。

(三)资金营运活动

企业在正常的生产经营过程中,会发生一系列的资金收付。首先,企业要采购材料或商品,以便从事生产和销售活动,同时还要为保证正常的生产经营而支付工资和其他的营业费用。其次,当企业把产品或商品售出后,便可取得收入,收回资金。另外,如果现有资金不能满足企业经营的需要,企业还要采用短期借款、利用商业信用等形式来筹集所需资金。上述各方面都会产生资金的流入流出,这就是因企业经营而产生的财务活动,又称为资金营运活动。

企业的营运资金,主要是企业为满足日常营业活动的需要而垫支的流动资金,营运资金的周转与生产经营周期具有一致性。在一定时期内,资金周转的速度越快,就越能利用相同数量的资金生产出更多数量的产品,取得更大的收益。因此,如何加速资金周转,提高资金利用效果是财务管理的主要内容。

(四)收益分配活动

企业通过投资活动和资金营运活动会取得一定的收入,并相应实现了资金的增值。由于企业收益分配活动体现了企业、企业职工、债权人和投资者之间的不同利益格局,企业必须依据现行法律和法规对企业取得的各项收入进行分配。

所谓的收益分配,广义地讲,是指对各项收入进行分割和分派的过程,这一分配的过程分为以下4个层次。

1. 企业取得的投资收入

如销售收入要用以弥补生产经营耗费,缴纳流转税,剩余部分形成企业的营业利润。

2. 营业利润和投资净收益

投资收入弥补投资损失后的余额、营业外收支净额(营业外收入弥补营业外支出后的净额)等构成企业的利润总额。

3. 利润总额

首先要按法律规定缴纳所得税,缴纳所得税后形成了净利润。

4. 净利润

要提取公积金和公益金,分别用于扩大积累、弥补亏损和改善职工集体福利设施,其余利润作为投资收益分配给投资者或作为投资者在企业内部的再投资。

狭义地说,收益分配仅指净利润的分派过程,即广义分配的最后一个层次。值得说明的是,企业筹集的资金归结为所有者权益和负债资金两大类,在对这两类资金报酬分配时,前者是通过利润分配的形式进行的,属于税后利润分配;后者是通过将利息等计入成本费用的形式进行分配的,属于税前利润的分配。

随着收益分配活动的进行,资金或退出或留存于企业,它必然会影响企业的资金运动。这不仅表现在资金运动的规模上,而且表现在资金运动的结构上,如筹资结构。因此,如何依据一定的法律原则,合理确定分配规模和分配方式,确保企业取得最大的长期利益,这也是财务管理的重要内容之一。

(五)其他财务活动

企业其他财务活动是指除上述基本财务活动外企业清算中的财务活动,如企业兼并、重组及国际投资与筹资等特殊性和综合性的财务活动。

上述财务活动的各个方面不是孤立的,而是相互联系、相互依存的。正是上述互相联系又有一定区别的各个方面构成了完整的企业财务活动,这也是财务管理的基本内容。

三、财务关系

企业财务关系是指企业在进行各项财务活动过程中与各种相关利益主体所发生的经济利益关系,主要包括以下 7 个方面的内容。

(一)企业与国家行政管理部门之间的财务关系

企业与国家行政管理部门之间的经济利益关系,并不在于政府是企业的出资者,而在于政府行使其行政职能为企业生产经营活动提供公平竞争的经营环境和公共设施等条件。政府在行使其社会行政管理职能时,为维护社会正常秩序、保卫国家安全、组织和管理社会活动等任务而付出了一定的代价,无偿参与企业的收益分配。企业必须按照税法规定缴纳各种税款,包括所得税、流转税、资源税、财产税和行为税等,从而形成了企业与国家行政管理部门之间强制与无偿的经济利益关系。

(二)企业与投资者之间的财务关系

企业与投资者之间的财务关系是指企业的投资者向企业投入资本金,企业向其投资者分配投资收益所形成的经济利益关系。企业的投资者即所有权人,包括国家、法人和个人等。投资者作为财产所有者代表,履行出资义务。他除了拥有参与企业经营管理,参与企业剩余收益分配,对剩余财产享有分配权等权利之外,还承担着一定的风险;作为接受投资的企业,对投资者有承担资本保值增值的责任。企业利用资本进行运营实现利润后按照投资者的出资比例或合同、章程的规定向其所有者支付报酬。因此,企业与投资者之间是风险与共的关系以及资本保值、增值为核心的剩余收益分配关系。

(三)企业与债权人之间的财务关系

企业除利用投资者投入的资本进行经营活动外。还要借入一定数量的资金,以扩大经营规模降低资金成本。企业的债权人是指借款给企业的金融机构、公司债券的持有人、商业信用提供者、其他出借资金给企业的单位和个人。与投资者的地位不同,债权人获得的是固定的利息收益,不能像投资者那样参与企业的经营管理和享有剩余收益再分配的权利。但是债权人有按预约期限收回借款本金和取得借款利息等报酬的权利;在企业破产清算时拥有与其地位相对应的优先求偿权。作为企业债务人,有按期归还所借款项本金和利息的义务。企业与债权人之间的财务关系是指企业向债权人借入资金,并按借款合同的规定按时支付利息和归还本金所形成的经济利益关系,在性质上属于建立在契约之上的债权债务关系。

(四)企业与受资者之间的财务关系

企业与受资者之间的财务关系是指企业以购买股票或直接投资的形式,向其他企业投资所形成的经济利益关系。通常企业作为投资者要按照投资合同、协议、章程的约定履行出资义务,以便及时形成受资企业的资本金。受资企业利用资本进行运营,实现利润后应按照出资比例或合同、章程的规定向投资者分配投资收益。随着市场经济的不断深入发展,企业经营规模和经营范围的不断扩大,企业向其他单位投资的这种关系将会越来越广泛。企业与受资者之间的财务关系是体现所有权性质的投资与受资的关系,也是一种风险与共的剩余收益分配关系。

（五）企业与债权人之间的财务关系

企业与债务人之间的财务关系是指企业将其资金以购买债权、提供贷款或商业信用等形式出借给其他单位所形成的经济利益关系。企业将资金出借后，有权要求其债务人按约定的条件支付利息和归还本金。企业同其债务人之间的财务关系体现的是一种债权债务关系。

（六）企业与企业内部各经济责任主体的财务关系

企业内部各经济责任主体既是执行特定经营、生产和管理等不同职能的组织，又是以权、责、利相结合原则为基础的企业内部经济责任单位。企业内部各经济责任主体既分工又合作共同形成一个企业系统。只有这些子系统功能的协调才能实现企业预期的经济效益。企业与企业内部各经济责任主体之间的经济往来及企业内部各经济责任单位相互之间的经济往来，不但要计价进行企业内的经济核算，而且要分清经济责任，进行绩效考核与评价，落实约束与激励措施。企业与企业内部各经济责任单位之间的财务关系是企业内部资金使用中的权责利关系与内部结算关系。

（七）企业与其职工之间的财务关系

企业职工是企业的经营管理者和劳动者，他们以自身提供的劳动作为参与企业收益分配的依据。企业根据职工的职务、能力和经营业绩的优劣，用其收益向职工支付工薪、津贴和奖金并按照规定提取公益金等，企业与职工之间的财务关系是以权、责、劳、绩为依据的收益分配关系。

企业财务关系体现了企业财务的本质，如何处理和协调好各种财务关系是现代理财家们必须遵循的一项理财原则。

第二节　财务管理的内容

企业财务管理工作的对象化形成企业财务管理的内容。从总体上说企业财务管理的内容主要是按照实现企业财务管理目标的要求，精心组织企业财务活动和正确处理企业与各方面的财务关系。依企业财务活动过程及其范围，企业财务管理的内容具体包括资金筹集管理、资金投放管理、收益分配管理、财务分析和财务计划、特种财务管理。

一、资金筹集管理

资金筹集是指融通资金，需要解决的问题是如何取得企业所需要的资金。资金筹集管理的目标是从厘清和权衡不同筹资渠道的权益关系入手，采取适当的筹资方式进行科学的筹资决策，以尽可能低的资金成本和财务风险来筹集企业所需要的资金。

企业可选择银行借款、发行债券、发行股票、融资租赁、利用商业信用等若干方式融通资金。通过这些融资方式筹集的资金按照不同的权益关系，可以分为权益性质的资金和负债性质的资金，以及按照资金的周转期间长短不同，可分为长期资金和短期资金两种。一般而言,企业不能完全通过权益资金实现筹资,因为权益筹资方式资金成本较高,易分散公司的经营管理权并且不能享受到财务杠杆的利益。但负债比例也不能过高,因为负债比重过高则导致较大的财务风险,超出了企业能够承受的限度,随时可能引发财务危机。所以筹资管理要解决的一个首要问题是如何安排权益资金和借入资金的比例。筹资管理要解决的另一个问题是如何安排长期资金和短期资金的比例。长期资金与短期资金的筹资速度、资金成本、筹资风险及使用资金所受的限制是不同的。

企业筹资管理的主要内容是筹资规模的确定和最优资金结构的运筹。由于筹资与投资、收益分配有密切的联系,筹资的规模大小要充分考虑投资的计划和股利分配政策。因此,筹资决策的关键在于追求筹资风险和筹资成本相匹配的情况下,实现最优的资金结构。

二、资金投放管理

资金投放简称投资,是指运用资金,所要解决的问题是如何将企业收回的资金和筹集的资金投放出去,才能取得更多的收益。企业资金投放管理的目标是以投资风险——收益对等原则为支撑,正确选择投资方向和投资项目,合理配置资金优化资产结构和有效运用资产,以获得最大投资收益。

企业可以将资金投放于购买设备、兴建厂房、购买材料、开发新产品及开办商店等,也可以将资金投放于购买企业股票和债券及购买政府公债等。企业的投资决策按不同的标准可以分为对内投资和对外投资及长期投资和短期投资。

对内投资是指直接把资金投放于企业的生产经营性资产以便创造利润的投资,这一般称之为项目投资;对外投资是指把资金投放于金融性资产以便获得股利和利息收入的投资,又称之为证券投资。这两种投资决策所使用的方法是不同的,项目投资决策一般事先拟定一个或几个备选方案,通过对这些方案的分析评价,从中选择一个足够满意的行动方案;而证券投资只能通过证券分析和评价,从证券市场中选择企业需要的股票和债券,并组成投资组合,目的在于分散风险的同时获得较高的收益。长期投资和短期投资所使用的决策方法也有区别。由于长期投资涉及的时间长、风险大,决策分析时更重视资金时间价值和投资风险价值。企业投资管理的主要内容是流动资产投资管理、固定资产投资管理、无形资产投资管理、对外投资管理和资产结构优化管理。

三、收益分配管理

收益分配管理是指在公司赚得的利润中,有多少作为股利发放给股东,有多少留在企业作为股东的再投资。收益分配管理的目标是有效处理与落实企业与国家、投资者、债权人及企业职工之间的经济利益关系,执行恰当的股利分配政策,合理进行收益分配。

企业在进行收益分配时,确定适当的股利分配政策至关重要。过高的股利支付率,影响企业再投资的能力,会使未来收益减少,造成股价下跌;过低的股利支付率可能引起股东不满,股价也会下跌。股利政策的制定受多种因素的影响,包括税法对股利和资本利得的不同处理、未来公司的投资机会、各种资金来源及其成本、股东对当期收入和未来收入的相对偏好等。每个企业根据自己的具体情况确定最佳的股利政策,这是财务决策的一项重要内容。

股利分配决策,从另一个角度看,也是保留盈余的决策,是企业内部筹资问题。因此,收益分配管理与筹资管理有着密切的关系并非一项独立的财务管理内容。

四、财务分析和财务计划

财务分析是指通过分析企业的财务报表考核企业的经营绩效和财务状况。一般采用与同行业平均水平相比和考察本企业历年财务报表的变化趋势等方式,向股东和债权人等报告企业的盈利能力、偿债能力、营运能力和发展能力,使与企业利益有关的各方对企业的现状和将来的发展有一定的估计,以便进一步判断企业股票价值的发展趋势;同时也考核企业经营者的业绩,以便决定如何对经营者进行奖惩。

财务计划是通过编制企业的财务预算,制定可预知的资金需求量、利润水平及资金筹措与运用的方向和数量,以此作为将来企业财务活动的具体依据。

五、特种财务管理

特种财务管理是对一些特定目的的财务活动所实施的管理。特种财务管理的内容主要有企业清算财务管理、企业兼并与改组及国际财务管理等。

第三节 财务管理的目标

财务管理目标又称理财目标是企业进行财务管理活动所要达到的目的,是企业财务管理工作的根本出发点和归宿,也是评价企业财务活动是否合理的标准。从根本上讲,财务管理目标取决于企业目标和特定的社会经济模式。

一、财务管理目标的作用和特征

(一)财务管理目标的作用

财务管理目标的作用可以概括为以下4个方面。

1. 导向作用

管理是为了达到某一目的而组织和协调集体所做努力的过程,理财目标的首要作用就在于为各层次的管理者指明努力的方向。

2. 激励作用

制定恰当的目标是激励企业全体员工的力量源泉,每个职工只有在明确的企业目标的激励下才能被充分调动潜在能力,为企业贡献出最佳的绩效。

3. 凝聚作用

企业是一个协作系统,必须增强全体成员的凝聚力,才能更好地发挥组织的作用。企业凝聚力的大小受到多种因素的影响,其中一个重要因素就是它的目标。企业的目标明确能充分体现全体职工的共同利益,就会极大地激发企业职工的生产经营积极性和创造力,形成强大的凝聚力。

4. 考核作用

在管理不够规范的企业中,上级领导往往凭借主观印象和对下级工作的粗略了解作为考核下级业绩的依据,这样不够客观也不科学,以明确的目标作为绩效考核的标准,就能按职工的实际贡献大小如实地进行评价。

(二)财务管理目标的特征

1. 阶段性

企业财务管理的目标是与当时的社会经济环境密切相关的。环境因素的变化往往会引起财务管理目标的变化。我国企业的财务管理目标,实际上也经历了一个渐进的发展阶段。在计划经济体制下,企业围绕国家下达的产值指标运营财务管理目标,可以概括为"产值最大化"。改革开放后,企业财务管理围绕利润进行财务管理的目标是"利润最大化"。随着企业改革的深化,企业逐渐成为自主经营、自负盈亏、独立核算的独立法人,企业在追求利润的同时还必须考虑企业风险的大小,考虑利润与资金占用、成本耗费之间的关系,因而企业财务管理目标开始转向"企业价值最大化"。这些提法在总体上都是以提高经济效益为中心,但在侧重点上又有所不同。值得强调的是,财务管理目标作为人们对客观规律的一种概括其发展变化是渐进的。当财务管理目标发展到一定阶段以后,人们在取得共识和普遍接受的过程中,将不断寻求理财目标的新高度。

2. 可操作性

财务管理目标是制定经济指标并进行分解,实现员工自我控制,进行科学的绩效考评的主要依据,因此其必须具有可操作性的特征。具体包括以下3个方面。

(1)可计量性

财务管理目标的提出既要有定性的分析判断,又要有定量化的标准,这样才便于实施。在实践中不能以切实可行的量化指标来表现理财目标,既起不到有效的激励作用,企业的员工也不会接受。

(2)可以追溯

理财目标应该是最终可以追溯到有关管理部门和人员,这样才便于落实指标,检查责任履行情况,制定整改措施。

(3)可以控制

企业的财务管理目标及分解落实给各部门、各单位的具体目标,应该使企业和各部门、各单位自身能够控制或施加影响,若超出他们的控制范围,这种目标将形同虚设。

3. 层次性

财务管理目标的层次性是指财务管理目标按一定标准可划分为若干层次。财务管理目标之所以具有层次性是由企业财务管理内容和方法的多样性及它们相互关系上的层次性决定的。财务管理目标按其涉及的范围大小,可分为总体目标和具体目标。总体目标是指整个企业财务管理所要达到的目标,决定着整个财务管理过程的发展方向,是企业财务活动的出发点和归宿。具体目标是指在总体目标的制约下,从事某一部分财务活动所要达到的目标。总体目标是各个具体目标的集中体现,具体目标是总体目标的明细化。财务管理总体目标是企业各项财务活动的共同目标,对于具体目标起着主导作用、支配作用,因而又称为财务管理的主导目标、基本目标。财务管理的具体目标对总体目标的实现有配合作用,所以又称辅助目标。

4. 多元性

财务管理目标的多元性是指财务管理目标不是单一的,而是多种目标组成的综合性群体。由于企业财务管理涉及财务活动的各方面和财务管理各环节并都具有特定的目标,这些目标反映了不同的财务活动处于不同的财务关系之中,这就形成了财务管理目标的多元性。包括企业筹资目标、投资目标、资金营运目标、股利政策目标等。

二、财务管理总体目标

确定何为财务管理的总体目标取决于人们对企业财务管理目标科学性的认识程度。我国财务管理理论界和实务界积极地探讨了能具体应用的理财目标,提出了许多不同的观点,归纳起来主要有以下3类。

(一)利润最大化

利润最大化是西方微观经济学的理论基础。西方经济学家和企业家长期以来都是以利润最大化作为企业的经营目标和财务目标。假定在企业的投资预期收益确定的情况下,财务管理行为将朝着有利于企业利润最大化的方向发展。企业财务管理的目标是获得最大的利润,而且利润总额越大越好。

将利润最大化作为企业财务目标是符合经济学基本规律的,也使企业财务管理具有一定程度的现代理财属性。在市场经济环境中,投资者出资开办企业最直接的目的就是追求利润。利润最大化的理财目标,不仅体现了企业经济效益和股东投资回报的高低、企业对国家的贡献,而且和职工的利益息息相关。同时获得利润是企业补充资本、扩大经营规模的源泉,是使企业不断发展的基本前提。因此以利润最大化作为企业财务管理目标具有一定的现实意义。

但是,以利润最大化作为企业财务管理目标,仍存在着以下重大缺陷。这里的"利润"是指企业一定时期内实现的利润总额,没有考虑资金的时间价值。没有反映创造的利润与投入的资本之间的关系,不利于不同资本规模的企业或同一企业不同时期之间的比较。没有考虑风险因素,高额利润往往要承担较大的风险,片面追求利润可能导致公司理财当局不顾风险大小追逐高额利润。片面追求利润最大化,可能导致企业短期行为,如忽视产品开发、人才开发、生产安全、技术装备水平、生活福利设施、履行社会责任等,从而对公司长期健康发展造成不良影响。

(二)股东财富最大化

股东财富最大化是指企业财务管理以实现股东财富最大化为目标。在上市公司中,股东财富是由其所拥有的股票数量和股票市场价格两方面决定的。在股票数量一定时股票价格达到最高,股东财富也就达到最大。与利润最大化相比,股东财富最大化的主要优点有以下几方面。

第一,考虑了风险因素,因为通常股价会对风险作出较敏感的反应。第二,在一定程度上能避免企业短期行为,因为不仅目前的利润会影响股票价格,预期未来的利润同样会对股价产生重要影响。第三,对上市公司而言,股东财富最大化目标比较容易量化,便于考核和奖惩。

但以股东财富最大化作为理财目标,也存在以下缺点。第一,通常只适用于上市公司,非上市公司难以应用。因为非上市公司无法像上市公司一样随时准确获得公司股价。第二,股价受众多因素影响,特别是企业外部的因素,有些还可能是非正常因素。股价不能完全准确反映企业财务管理状况,如有的上市公司处于破产的边缘,但由于可能存在某些机会,其股票市价可能还在走高。第三,股东财富最大化更多强调的是股东利益,而对其他相关者的利益重视不够。

(三)企业价值最大化

企业价值最大化是指企业通过合理经营,采用最优的财务政策,在考虑货币时间价值和风险报酬的情况下不断增加企业财富,使企业总价值达到最大。通俗地讲,企业价值是指将企业如同一般商品一样拿到市场上去卖,看它值多少钱。企业虽不是一般意义的商品,但也可以被买卖。要买卖必然要对企业进行市场评价,通过市场评价来确定企业的市场价值或企业价值。在进行企业评价时,看重的不是企业已经获得的利润水平而是企业未来的获利能力。因此企业价值不是企业账面资产的总价值,而是企业全部资产的市场价值,它反映了企业潜在或预期的获利能力。

投资者在评价企业价值时是以投资者预期投资时间为起点的,并将未来收入按预期投资时间以同一口径进行折现。可见,这种计算办法考虑了资金的时间价值和风险价值。企业所得的收益越多,实现收益的时间越近,应得的报酬越确定,则企业的价值或股东财富越大。以企业价值最大化作为企业财务管理目标,该观点有如下优点。

1. 资金的时间价值和风险价值

考虑了资金的时间价值和风险价值,符合财务管理的两大基础理财观念,有利于获利期限结构的优化和风险投资项目的组合决策。

2. 企业长期稳定的盈利能力

该目标反映了对企业长期稳定的盈利能力的要求,符合投资者对资本保值增值的深层次的认识,既有利于克服管理上的"短视病",同时也是企业抵御风险能力的表现。

3. 社会资源的合理配置

该目标有利于社会资源的合理配置,各种有效资源总是流向企业价值最大化的企业或行业,这有利于实现全社会效益的最大化。企业价值最大化目标是一个抽象的目标,实践证明其也不尽完善,在运用时尚存在以下一些缺陷。

对于股票上市企业,虽可通过股票价格的变动来揭示企业价值,但股价是受多种因素影响的结果,特别在即期市场上的股价不一定能够直接揭示企业的获利能力,只有长期趋势才能做到这一点。为控股或稳定上下游企业之间的购销关系,现代企业很多情况下采用环形持股的方式,因此企业股权结构中法人股的比重较高,但法人股对股票市价的敏感程度远不及个人股,对股价最大化目标没有足够兴趣。对非上市企业来说,企业价值的确定只能通过对企业进行专门评估(如资产评估)的办法,而在评估企业的资产时,由于受到评估人员主观因素、评估标准和评估方式等因素的影响,这种评估价往往不够准确、客观。

值得说明的是基于企业价值最大化的财务管理目标,更能揭示市场经济条件下财务管理的特征,体现财务活动规律,所以这一目标在西方通常被认为是一个较为合理的财务管理目标。

(四)相关者利益最大化

现代企业是多边契约关系的总和,要确立科学的财务管理目标,需要考虑哪些利益关系会对企业发展产生影响。在市场经济中,企业的理财主体更加细化和多元化。股东作为企业所有者,在企业中拥有最高的权力,也承担着最大的义务和风险,但债权人、员工、企业经营者、客户、供应商和政府也为企业承担着风险。因此,企业的利益相关者不仅包括股东还包括债权人、员工、企业经营者、客户、供应商、政府等。在确定企业财务管理目标时,不能忽视这些相关利益群体的利益。

相关者利益最大化目标的具体内容包括以下几方面。第一,强调风险与报酬的均衡,将风险限制在企业可以承受的范围内。第二,强调股东的首要地位,并强调企业与股东之间的协调关系。第三,强调对代理人即企业经营者的监督和控制,建立有效的激励机制,以便企业战略目标的顺利实施。第四,关心企业普通员工的利益,创造优美和谐的工作环境和提供合理适当的福利,培养员工对企业的忠诚度。第五,不断加强与债权人的合作关系,培养可靠的资金供应者。第六,关心客户的长期利益,以便保持销售收入的长期稳定增长。第七,加强与供应商的协作,共同面对市场竞争并注重建设企业的商誉。第八,保持与政府部门的良好关系。

以相关者利益最大化作为财务管理目标,具有以下优点。

1. 有利于企业长期稳定发展

这一目标注重考虑企业与各利益相关者的财务关系。在追求长期稳定发展的过程中,站在企业的角度上进行投资研究,避免了只站在股东的角度进行投资可能导致的一系列问题。

2. 体现了合作共赢的价值理念,有利于实现企业经济效益和社会效益的统一

由于兼顾了企业、股东、政府、员工、客户等利益相关者的利益,企业就不仅仅是一个单纯牟利的组织,还承担了一定的社会责任。企业在寻求其自身的发展和利益最大化过程中由于需要维护客户及其他利益相关者的利益,就会依法经营,自觉维护和保障国家、集体和社会公众的合法权益。

3. 利益最大化目标

相关者利益最大化目标是一个多元化、多层次的目标体系,较好地兼顾了各利益主体的利益。这一目标可使企业各利益主体相互作用、相互协调并使企业利益、股东利益和其他相关者利益达到最大化。

4.前瞻性和现实性的统一

体现了前瞻性和现实性的统一。企业作为利益相关者之一,可以使用未来企业报酬贴现值作为利益评价指标;股东可以使用保障股票市价;债权人可以实现风险最小、利息最大;员工可以使用确保工资福利;政府可以使用实现社会效益等。不同的利益相关者有各自的利益评价指标,只要合法合理、互惠共赢就可实现所有相关者利益最大化。

三、实现财务管理目标的矛盾与协调

股东和债权人都为企业提供了财务资源但是他们处在企业之外只有经营者在企业内部直接从事财务管理工作,股东、经营者、债权人之间构成了企业最重要的财务关系。但由于经营者和股东、债权人之间的信息不对称,导致了代理问题。

(一)所有者与经营者之间的矛盾与协调

对所有者来说,他所放弃的利益就是经营者所得到的利益。这种放弃的利益在西方被称为所有者支付给经营者的享受成本。因此,所有者与经营者的主要矛盾就是经营者希望在提高企业价值和所有者财富的同时能够更多地增加享受成本(如增加报酬、增加闲暇时间和避免风险);而所有者则希望以较小的享受成本支出带来较高的企业价值和所有者财富。企业通常采用的用来协调所有者与经营者之间矛盾的措施有如下几种。

1.监督

这是一种通过所有者来约束经营者的措施。所有者对经营者进行监督,如果经营者未能实现企业价值最大化的目标,就减少经营者的报酬,甚至解聘他们。经营者由于害怕被解聘而尽力实现财务管理的目标。但是,全面进行监督实际上是行不通的。股东是分散的或远离经营者的,得不到充分的信息并且经营者比股东有更大的管理优势,比股东更清楚什么是对企业更有利的行动方案。全面监督管理行为的代价是很高的,很可能超过它所带来的收益。因此,监督虽然可以减少经营者违背股东意愿的行为,但不能解决全部问题。

2.被兼并或收购

这是一种通过市场来约束经营者的措施。如果经营者决策失误经营无力,未能采取一切有效措施使企业价值提高,该公司就可能被其他企业强行接收或兼并,经营者也相应被解聘为此经营者必须采取措施提高企业价值。

3.激励

激励是把经营者的报酬同其绩效挂钩以使经营者更加自觉地采取满足企业价值最大化的措施。激励有以下两种基本方式。

(1)股票选择权方式

即允许经营者以固定的价格购买一定数量的公司股票,股票的价格高于固定的价格越多,经营者所得的报酬越多。经营者为了获取更大的股票溢价,就必然采取能够提高股价的行动。

(2)绩效股方式

即企业运用每股利润、资产报酬率等指标来评价经营者的业绩,视其业绩大小给予经营者数量不等的股票作为报酬。这种方式使经营者不仅为了多得"绩效股"而不断采取措施提高企业的经营业绩,而且为了提高股票价格也会采取各种措施使股价稳定上升。

通常股东同时采取监督和激励等方法来协调自己和经营者之间的关系。尽管如此仍不能完全消除经营者为获得自己的利益而实施的一些不符合股东最大利益的决策并由此给股东带来一定的损失。对股东来说由此产生的监督成本、激励成本和偏离股东目标的损失之间此消彼长,相互制约。股东要权衡轻重力求找出能使净收益最大化的最佳解决办法。

(二)所有者和债权人之间的矛盾与协调

当公司向债权人借入资金后两者也形成一种委托代理关系,债权人把资金交给企业其目标是到期收回本金并获得约定的利息收入;公司借款的目的是用于扩大经营,投入有风险的经营项目两者的目标有分歧,通常这种目标的不一致表现为两种方式。

一是所有者不征得债权人的同意投资于比债权人预期风险要更高的项目。如果高风险的计划侥幸成功超额利润将被所有者独吞;如果计划不幸失败,公司无力偿债,债权人与所有者将共同承担由此造成的损失。这对债权人来说风险与收益是不对称的。

二是所有者为了提高公司的利润,不征得债权人的同意而迫使管理当局发行新债,致使旧债券的价值下降,使旧债权人蒙受损失。旧债券价值下降的原因是发新债后公司负债比重上升,公司破产的可能性增加,如果企业破产,旧债权人和新债权人要共同分配破产财产,使旧债券的风险增加,其价值下降。尤其是不能转让的债券或其他借款债权人没有出售债权来摆脱困境的出路处境更加不利。

债权人为了防止其利益被伤害,除了寻求立法保护,如破产时优先接管、优先于股东分配剩余财产等外,通常采取以下措施:第一,限制性借款即在借款合同中加入某些限制性条款,如规定借款的用途、借款的担保条款和借款的信用条款等;第二,收回借款或不再借款,即当债权人发现企业有侵蚀其债权价值的意图时,采取提前收回债权或不再给企业重新放款的措施,从而保护债权人的利益。

四、企业的社会责任

企业的社会责任是指企业在谋求所有者或股东权益最大化之外所负有的维护和增进社会利益的义务,具体包括以下几方面内容。

(一)对员工的责任

按照《中华人民共和国公司法》的规定,企业对员工承担的社会责任有:按时足额发放劳动报酬并根据社会发展逐步提高工资水平;提供安全健康的工作环境,加强劳动保护,实现安全生产,积极预防职业病;建立公司职工的职业教育和岗位培训制度,不断提高职工的素质和能力;完善工会、职工董事和职工监事制度,培育良好的企业文化。

(二)对债权人的责任

企业应依据合同的约定及法律的规定,对债权人承担相应的义务,保障债权人的合法权益。这种义务既是公司的民事义务,也可视为公司应承担的社会责任。公司对债权人应承担的社会责任有:按照法律、法规和公司章程的规定,真实、准确、完整、及时地披露公司信息;诚实守信,不滥用公司人格;主动偿债,不无故拖欠;确保交易安全,切实履行合法订立的合同。

(三)对消费者的责任

企业价值的实现,很大程度上取决于消费者的选择,企业理应重视对消费者承担的社会责任。企业对消费者承担的社会责任主要有:确保产品质量保障消费安全;诚实守信,确保消费者的知情权,提供完善的售后服务,及时为消费者排忧解难。

(四)对社会公益的责任

企业对社会公益的责任主要涉及慈善、社区等。企业对慈善事业的社会责任是指承担扶贫济困和发展慈善事业的责任,表现为企业对不确定的社会群体(尤指弱势群体)进行帮助。捐赠是其最主要的表现形式,受捐赠的对象主要有社会福利院、医疗服务机构、教育事业、贫困地区、特殊困难人群等。此外,还包括招聘残疾人、生活困难的人、缺乏就业竞争力的人到企业工作,以及举办与公司营业范围有关的各种公益性的社会教育宣传活动等。

(五)对环境和资源的责任

企业对环境和资源的社会责任可概括为两大方面:一是承担可持续发展与节约资源的责任;二是承担保护环境和维护自然和谐的责任。

事实上任何企业都无法长期单独承担社会责任所带来的成本。而且,过分强调社会责任而使企业价值减少,就可能导致整个社会资金运用的次优化,从而使社会经济发展步伐减缓。一般而言,适当地从事一些社会公益事业,有助于提高公司的知名度,促进其业务活动的开展,进而使股价升高。此外企业是社会的经济细胞,理应关注并自觉改善自身的生态环境,重视履行对员工、消费者、环境、社区等利益相关方的责任,重视其生产行为可能对未来环境的影响,特别是在员工健康与安全、废弃物处理、污染等方面应尽早采取相应的措施,减少企业在这方面可能会遭遇的各种困扰,从而有助于企业的可持续发展。

第四节 财务管理的原则和环节

财务管理的原则又称理财原则,是指人们对财务活动共同的、理性的认识,它能够帮助人们理解常见的财务管理实务和新的复杂的情形,同时财务管理的原则也是联系财务管理理论和财务管理实务的纽带。

一、竞争的经济环境的原则

竞争的经济环境的原则是对资本市场中人的行为规律的基本认识。

(一)自利行为原则:人们按照自己的财务利益行事

自利行为原则是指人们在进行决策时按照自己的财务利益行事,在其他情况相同的条件下人们会选择对自己经济利益最有好处的行动。自利原则的依据是理性的经济人假设。该假设认为人们对每项预期的交易都能衡量其代价和利益并且会选择对自己最有利的方案作为行动方案。自利原则假设企业决策人对企业目标具有合理的认识程度并且对如何达到目标具有合理的理解。在这种假设情况下,企业会采取对自己最有利的行动。自利原则并不建议钱在每个人生活中是最重要的东西。但商业交易的目的在于获利,大部分商业互相影响是"公平"交易。在这些非人格化的交易中,从可供使用的资源中获得最大的利益是首要的考虑。

自利行为原则的一个重要的应用称为委托——代理理论。根据该理论应当把企业看成是各种自利人的集合。一个公司涉及的利益关系人包括普通股股东、债权人、银行、政府、社会公众、经理人员、员工、客户、供应商等。这些利益关系人都是按自利行为原则行事的,企业与各种利益关系人之间的关系,大部分都属于委托代理关系。这种相互依赖又相互冲突的利益关系需要通过"契约"来协调。契约包含明确契约和模糊契约两种,如企业与短期债权人之间定有在未来的特定日期支付特定金额的货币就属于明确契约;而员工承诺诚实和努力工作,经理承诺按股东最佳利益行事则属于模糊契约。

自利行为原则的另一个应用是机会成本和机会损失的理论。有竞争力的值得做的行动经常被采纳。当某人采取了一种行动时,这种行动就取消了其他可能的行动。一种行动的价值和最佳选择的价值之间的差异称为机会损失,被放弃的最佳行动的价值称为机会成本。

(二)双方交易原则:每一项财务交易都至少存在两方

双方交易原则是指每一项财务交易都至少存在两方,在一方根据自己的经济利益决策时,另一方也会按照自己的经济利益行动,并且对方和自己一样智慧、勤奋和富有创造力。因此,在决策时要正确预见对方的反应,即不要以自我为中心,低估了竞争对手可能会导致失败。

双方交易原则的重要依据是商业交易的"零和博弈"。"零和博弈"是这样一种情形,一个人获利只能建立在另一个人付出的基础上。在这种情况下,我有所得,他方必有所失,反之亦然。一个高价格使购买方受损而卖方受益,一个低价格使购买方受益而卖方受损;一方得到的与另一方失去的恰好相等,从总体上看收益之和等于零,故称为"零和博弈"。在"零和博弈"中,双方都按照自利原则行事,谁都想获利而不愿受损失。那么为什么还会成交呢?问题在于信息的不对称。买卖双方由于信息的不对称,对金融市场产生了不同的预期。高估股票价值的人买进,低估股票价值的人卖出,直到市场价格达到他们一致的预期时交易停止。因此,在进行财务决策时,不要仅考虑自利原则,还要使对方有利,否则交易将无法进行。

双方交易原则的重要应用是公司收购。收购公司的经理对收购的目标公司经常支付超额的款项,他们判断出如此高价是因为他们认为目标公司的现行市场价格被低估。他们认为自己能够更好地管理目标公司,提高目标公司的获利能力,进而提高目标公司的价值。这些经理们是在暗示说市场愚蠢,给这种股票定价太低了,或者目标公司的管理不具竞争力。但实际经验表明,一家公司决定收购另一家公司的时候,多数情况下收购公司的股价不是提高而是降低了,这说明收购公司的出价太高,减低了本公司的价值。

双方交易原则也存在着特例"非零和博弈"商业交易。大部分"非零和博弈"商业交易来源于税收中的条款。政府是不请自来的交易第三方,凡是交易政府都要从中收取税金。减少政府的税收交易,双方都可以获益。避税就是寻求减少政府税收的合法交易形式。避税的结果使交易双方受益,但其他纳税人会承担更大的税收份额,从更大范围来看并没有改变"零和博弈"的性质。例如免税的政府债券。政府债券的利息收入是免交所得税的,这使得政府可以按较低的利率发行债券,因为如果这种债券的利息需纳税的话,政府将以较高的利息才能发行出去;购买者也可通过免税的政府债券,获得比购买同种类型但需要全额纳税的其他债券更高的收益,双方均受益。这似乎并不表现为一种"零和博弈"。但考虑到其他更大范围的纳税人的话,则降低一组纳税人的税收可能导致其他纳税人承担政府运转资金的更大部分。

(三)信号传递原则:行动传递信息

信号传递原则是自利行为原则的延伸,是指行动可以传递信息。当行动与公司宣告不一致时,行动比公司的声明更有说服力。由于人们或公司是遵循自利原则的,所以一项资产的买进能暗示出该资产"物有所值",买进的行为提供了有关决策者对未来的预期或计划的信息。例如,一个公司决定进入一个新领域,反映出管理者对自己公司的实力及对新领域的未来前景充满信心。

信号传递原则要求根据公司的行为判断它未来的收益状况。一个经常用配股的办法找股东要钱的公司,很可能自身产生现金能力较差;一个大量购买国库券的公司很可能缺少净现值为正数的投资机会;内部持股人出售股份,常常是公司盈利能力恶化的重要信号。

当然,信号传递原则还要注意"逆向选择"的问题,即决策可能被误解从而提供出非公司真正要传递的信息。在资本市场上,每个人都在利用他人交易的信息,自己交易的信息也会被别人所利用,因此应考虑交易的信息效应。因此,在决定行动时不仅要考虑决策本身的收益和成本,还要考虑信息效应的收益和成本。

(四)行为原则:当所有的方法都失败时,寻求其他的解决途径

行为原则是信号传递原则的直接运用。信号传递原则是说行动传递信息;而行为原则,简言之即"让我们试图使用这些信息"。所谓"当所有办法都失败",是指我们的理解力存在局限性,不知道如何做对自己更有利;或者寻找最准确答案的成本过高,以至于不值得把问题完全搞清楚。在这种情况下,不要继续坚持采用正式的决策分析程序,包括收集信息、建立备选方案、采用模型评价方案等,而是直接模仿成功榜样或者大多数人的做法。

不要把行为原则简单看成是"盲目模仿",它只有在两种情况下适用:一是理解存在局限性,认识能力有限找不到最优的解决办法;二是寻找最优方案的成本过高,即理论尽管能提供明确的解决办法,但收集必要信息的成本超过了潜在的利益。行为原则在实践中有时会发生运用不当的情况,为减少成本和风险,行为原则有一条重要的警告:它是一个次优化原则,其最好的结果就是得出近似最优的结论,最差的结果是模仿了别人的错误。尽管行为原则存在着潜在的不足,但在某些情况下它仍然是有用的。

行为原则的另一个重要应用就是"自由跟庄"。在竞争的环境下,一个"领头人"花费资源得出一个最佳的行动方案,其他"追随者"通过模仿节约了信息处理成本。

二、创造价值和经济效率的原则

创造价值和经济效率的原则是对增加企业财富基本规律的认识。

(一)有价值的创意原则:新创意能获得额外报酬

有价值的创意原则是指新创意(如新专利、新功能、新包装、新产品、新的营销方式等)能转化成额外的正价值。竞争力理论认为,企业的竞争优势可以分为经营奇异和成本领先两方面。经营奇异是指产品本身、销售交货、营销渠道等客户广泛重视的方面在产业内独树一帜。任何独树一帜都来源于新的创意。创造和保持经营奇异性的企业,如果其产品溢价超过了为产品的独特性而附加的成本,它就能获得高于平均水平的利润。

有价值的创意原则主要应用于直接投资项目。一个项目依靠什么取得大于零的净现值?它必须是一个有创意的资本预算。重复过去的投资项目或者别人的已有做法,最多只能取得平均的报酬率,维持而不是增加股东财富。新的创意迟早要被人效仿,失去原有的优势,因此创新的优势都是暂时的。企业长期的优势只有通过一系列的短期优势才能维持。只有不断创新,才能维持经营的奇异性并不断增加股东财富。

(二)比较优势原则:专长能创造价值

比较优势原则是指专长能创造价值。比较优势原则的一个应用是"物尽其用,人尽其才"。在有效的市场中,你不必要求自己什么都能做到最好,但要知道谁能做得更好。对于某一件事情,如果有人比你自己做得更好就支付报酬让他代你去做。同时你去做比别人做得更好的事情,这样每项工作就找到了最称职的人,就会产生经济效率。同样,一个企业、一个国家也是这样。在国际贸易中如果每一个国家生产它最能有效生产的产品和劳务,当国家间进行贸易时就可以使每一个国家收益。

比较优势原则要求企业把主要精力放在自己的比较优势上,而不是日常的运作上。建立和维持自己的比较优势,是企业长期获利的根本。

(三)期权原则:期权是有价值的

期权是做某种事情的权利,没有任何义务即不附带义务的权利。换言之,它是指所有者(期权购买方)能够要求出票人(期权的出售者)履行期权合同上载明的交易,但是出票人不能要求所有者去做任何事情。对所有者来说,期权不会产生负价值,因为所有者总是可以决定什么都不做。在财务上,一个明确的期权合约经常是指按照预先设定的价格买卖一项资产的权利。

期权是广泛存在的,可能在许多情况下并不被人们所察觉,但事实上,有时一项资产附带的期权比该资产本身更有价值。例如,有限责任公司是一个法律概念,它表明一个资产所有者的财务责任被限定在一定范围内,即公司的股东具有有限责任。如果公司宣告破产,他们不会冒比其已经投资在股票上的资产更多资产的风险。破产在法律上对债权人提供了不能偿付的期权,也对股东提供了不必全额清偿负债的期权。这是一种有价值的期权。

(四)净增效益原则:财务决策建立在净增效益的基础上

净增效益原则是指财务决策建立在未来净增效益的基础上,一项决策的价值取决于它和替代方案相比所增加的净收益。净增现金流量是指作为一项决策结果发生的现金流量减去没有这项决策发生的现金流量之差。

净增效益原则的一项应用是差额分析法,也就是在分析投资方案时,只分析它们有区别的部分而省略其相同的部分。一项新产品投产的决策引起的现金流量的变化,不仅包括新设备投资,还包括动用企业现有非货币资源对现金流量的影响;不仅包括新产品的销售收入,还包括对现有产品销售积极或消极的影响;不仅包括产品直接引起的现金流入和流出,还包括对公司的税务负担的影响等。净增效益原则初看似乎很容易理解,但实际贯彻起来需要非常清醒的头脑,需要周密地考察方案对企业现金流量总额的直接和间接影响。

净增效益原则的另一个应用是沉没成本问题。沉没成本是指已经发生、不会被以后的决策改变的成本。它不能改变未来的净增效益,因此与未来的决策毫无关系,在分析将要采纳的决策方案时应将其排除。

三、财务交易的原则

财务交易的原则是指从观察财务交易中得出的对于财务交易基本规律的认识。

(一)风险—报酬权衡原则:在风险和报酬之间有一个对等关系

风险—报酬权衡原则是指高风险的背后必然隐藏着高报酬低风险的投资机会必然只有较低的预期收益。在财务交易中,当其他一切条件相同时,人们倾向于高报酬和低风险。如果两个投资机会报酬水平不同,但风险程度相同,人们会选择报酬较高的投资机会,这是自利原则所决定的;如果两个投资项目风险程度不同,报酬水平相同,人们会选择风险小的项目,这是风险反感决定的。所谓的"风险反感"是指人们普遍有规避风险的态度,认为风险是不利的事情。

人们都倾向于高报酬和低风险,而且都在按照他们自己的经济利益行事,由此引发的竞争带来了风险和报酬之间的权衡。不可能在低风险的同时获得高报酬,因为这是每个人都想得到的。即使最先发现了这样的投资机会并率先行动,别人也会迅速跟进,竞争会使报酬率降至与风险相当的水平。因此,现实的市场中只有高风险同时高报酬和低风险同时低报酬的投资机会。如果要想获得巨大的收益就必须冒可能遭受巨大损失的风险,每个市场参与者都在它的风险和报酬之间权衡。有的人偏好风险,有的人厌恶风险,但市场最终带来的是风险与报酬的对等,不会让人们去冒没有价值的风险。

(二)投资分散化原则:分散化是有利的

投资分散化原则是指不要把全部财富都投资于一个项目,而要分散投资。一个明智的投资者不会把它的全部财富都投资在同一个公司,那样就会使它的全部财富面对这个公司有可能倒闭的风险。如果投资分散在许多公司里,除非所有的公司都倒闭,否则不会失去全部投资。所有公司都倒闭的可能性比其中一个公司倒闭的可能性要小得多。这种广泛分布投资而不是集中投资的实务称为分散化。

投资分散化原则的理论依据是马科维茨的投资组合理论,该理论认为通过有效地进行证券投资组合便可消减证券风险,达到降低风险的目的。

分散化原则具有普遍意义,不仅仅适用于证券投资,公司日常产、供、销各项决策都应注意分散化原则。不应将公司的全部投资集中于个别项目、个别产品和个别行业;不应当把销售集中于少数客户;不应当使资源供应集中于个别供应商;重要的事情不要依赖一个人完成;重要的决策不要由一个人做出。凡是有风险的事项,都要贯彻分散化原则以降低风险。

(三)资本市场效率原则:资本市场能迅速反映现有的信息

资本市场是指证券(如股票和债券)买卖的市场。资本市场效率原则是指在资本市场上频繁交易的金融资产的市场价格,反映了所有可获得的信息,而且面对新信息完全能迅速地做出调整。但与此同时由于石油供给的增加,石油的价格将会下跌,使其他公司拥有的石油存储量的总价值下降,因此预计其他石油公司的股价将趋于下降。认识到这些影响的交易者们会对这些信息做出反应:购买发现新油田的石油公司的股票,卖掉其他石油公司的股票。这种活跃的交易是一种机制,通过这种机制使新信息反映在每股股票价格上。这些新信息为人们的行动提供了驱动力,再加上自利行为原则的决定意义,使每股股票价格对新信息做出反应。

资本市场的效率取决于新信息反映在每股价格上的速度。这种信息效率即价格完全反映新信息的速度和准确性,会受到交易成本和交易活动的障碍的影响。交易成本越低和交易活动的障碍越小,市场参与者对新信息的反应就越快和越容易对反映新信息每股价格的调整也就越快。

资本市场效率原则要求理财时重视市场对企业的估价。资本市场犹如企业的一面镜子,又犹如企业行为的矫正器。股价可以综合反映公司的业绩,弄虚作假、人为地改变会计方法等,对于企业价值的提高毫无用处。当市场对公司的评价降低时,应理性分析公司的行为是否出了问题并设法改进,而不应设法欺骗市场。妄图欺骗市场的人,终究会被市场抛弃。

(四)货币时间价值原则:货币具有时间价值

货币时间价值原则是指在进行财务计量时要考虑时间价值因素。货币时间价值是指基于在再生产过程中运动着的价值,经过一定时间的投资与再投资所增加的价值。市场上一种普遍的客观经济现象是想让投资者把钱拿出来,市场必须给他一定的报酬。这种报酬包括两部分:一部分是无风险报酬即资金的时间价值;另一部分是风险价值即因为有风险而附加的投资报酬。

货币时间价值原则的重要应用是现值观念。货币时间价值原则是本课程中最有用的观念之一,这个原则的重要性在于它使人们的思维清晰且有逻辑性。

四、财务管理的环节

财务管理环节是指财务管理工作的各个阶段与一般程序,它包括财务管理的各种业务手段:财务预测、财务决策、财务预算、财务控制和财务分析。这些环节互相配合、紧密联系形成周而复始的财务管理循环过程,构成完整的财务管理工作体系。

(一)财务预测

财务预测是根据财务活动的历史资料,考虑现实的要求和条件,对企业未来的财务活动和财务成果做出科学的预计和测算。做好财务预测工作,可以把握未来,明确方向。财务预测环节的主要任务是:测算各项生产经营方案的经济效益,为决策提供可靠的依据;预计财务收支的发展变化情况,以确定经营目标;测定各项定额和标准为编制计划、分解计划指标服务。财务预测环节是在前一个财务管理循环的基础上进行的,它既是前后两个财务管理循环的联结点,又是财务预测环节的必要前提。财务预测环节的工作主要包括以下几个步骤。

1. 明确预测目标

财务预测的起点是明确预测目标,如降低成本、增加利润、加速资金周转、安排设备投资等。预测目标不同则预测资料的搜集、预测模型的建立、预测方法的选择、预测结果的表现方式等也有不同的要求。

2. 搜集和整理资料

根据预测的目标要广泛搜集有关资料,包括企业内部和外部资料、财务和生产技术资料、计划和统计资料、本年和以前年度资料等。对搜集来的资料要进行归类、汇总、调整等加工处理,使资料符合预测的要求。

3. 选择预测模型

常见的预测模型有时间序列预测模型、因果关系预测模型、回归分析预测模型等,进行财务预测时要根据影响预测目标的各相关因素之间的相互联系,选择相应的财务预测模型。

4. 实施财务预测

将经过整理的资料代入财务预测模型,采用适当的预测方法,进行定性、定量分析,确定预测结果。

(二)财务决策

财务决策是指财务人员按照财务目标的总体要求,利用专门方法对各种备选方案进行比较分析并从中选出最佳方案的过程。在市场经济条件下,财务管理的核心是财务决策。在财务预测基础上进行的财务决策是编制财务计划、进行财务控制的基础。决策的成功是最大的成功,决策的失误是最大的失误,决策关系着企业的成败兴衰。财务决策环节的工作主要包括以下3个步骤。

1. 确定决策目标

根据企业经营目标在调查研究财务状况的基础上,确定财务决策的目标。

2. 拟定备选方案

在预测未来有关因素的基础上,提出各种为达到财务决策目标而考虑的各种备选的行动方案。拟定备选方案时,对方案中决定现金流出、流入的各种因素,要做周密的分析和计算;拟定备选方案后,要充分研究各方案的可行性。

3. 选择最优方案

备选方案提出后,根据一定的评价标准,采用有关的评价方法,评价各种方案的优劣或经济价值,全面权衡后从中选择一个预期效果最佳的财务决策方案。

(三)财务预算

财务预算是指运用科学的技术手段和数量方法,对未来财务活动的内容及指标进行的具体规划。财务预算是以财务决策确立的方案和财务预测提供的信息为基础来编制的,是财务预测和财务决策的具体化、系统化,又是控制财务收支活动、分析生产经营成果的依据。财务预算的编制一般要包括以下3个步骤。

1. 分析财务环境,确定预算指标

在分析了企业内外部所面临的财务环境的基础上,运用各种科学方法,确定突出决策目标的预算指标体系。

2. 协调财务能力,组织综合平衡

要合理安排有效的人力、物力和财力,使之与企业目标的要求相适应。在协调财务能力方面要组织好流动资金与长期资金的结构平衡、资金运用与资金来源的平衡、现金流入与现金流出的平衡等。

3. 选择预算方法,编制财务预算

财务预算的编制方法常见的有固定预算、弹性预算、增量预算、零基预算、定期预算和滚动预算。选择合理的预算方法有助于决策目标的实现。

(四)财务控制

财务控制是在财务管理的过程中以财务预算为依据,利用有关信息和特定手段,对企业财务活动所施加的影响或进行的调节。财务控制是落实财务预算、保证预算任务实现的有效措施。财务控制一般要经过以下3个步骤。

1. 制定控制标准,分解落实责任

按照责权利相结合的原则,将预算任务以标准或指标的形式分解落实到各责任中心。通过预算指标的分解,可以把预算任务变成各责任中心控制得住、实现得了的量化要求,这样便于落实责任,检查考核。

2. 实施追踪控制,及时调整误差

不断将预算的实际执行情况与预算标准进行对比,确定差异的程度和性质并考察可能出现的变动趋势,对不利的差异应及时发出预警信号,揭露生产经营过程中发生的矛盾。此外,要及时分析差异产生的原因,确定造成差异的责任归属,采取有效的措施及时进行调整,进而消除差异以便顺利实行财务预算指标。

3. 分析执行情况,搞好考核奖惩

财务预算执行了一定时期后,企业应将各责任中心的预算执行情况进行评价,考核各项预算指标的执行情况,运用激励机制实行奖优罚劣。

(五)财务分析

财务分析是根据核算资料,对企业财务活动过程及其结果进行分析和评价的一项工作。借助财务分析,可以掌握各项财务预算的执行情况,有效评价财务状况,研究和掌握企业财务活动的规律性,改善财务预测、决策、预算和控制,改善企业管理水平,提高企业经济效益。

财务分析包括以下 4 个步骤。

1. 占有资料,掌握信息

开展财务分析首先应充分占有企业财务报告和相关资料、信息。

2. 指标对比,揭露矛盾

对比分析是揭示先进与落后、节约与浪费、优势与劣势的基本方法。只有经过对比分析才能揭露矛盾、发现问题。财务分析就是通过数量指标的对比分析来评价业绩,发现问题的。

3. 分析原因,明确责任

指标对比所发现的矛盾,应进行因素分析,即要查明影响财务指标完成的各项因素,并从各种因素的相互作用中找出影响财务指标完成的主要因素,以便分清责任、抓住关键。

4. 提出措施,改进工作

在掌握了产生矛盾的原因的基础上,必须提出改进的措施。关于提出的改进措施应当明确具体,切实可行。措施一经确定,就要组织各方面的力量认真贯彻执行。通过改进措施的落实,推动财务管理工作不断步上新台阶。

关于财务管理的环节,值得强调的一点是:各个财务管理环节在每个经营周期内进行着从预测到分析的周而复始的循环,每个环节都处在财务管理循环的一定阶段,具有一定的先后顺序。财务预测、财务决策和财务预算属于事前管理环节,而财务分析属于事后管理环节。各管理环节的顺序不能加以颠倒,否则会混淆各管理环节的定位。

第二章 筹资管理

第一节 企业筹资概述

企业筹资,是指企业为了满足其经营活动、投资活动、资本结构调整等需要,运用一定的筹资方式,筹集和获取所需资金的一种行为。资金是企业的血液,是企业设立、生存和发展的物质基础,是企业开展生产经营业务活动的基本前提。任何一个企业,为了形成生产经营能力、保证生产经营正常运行,必须拥有一定数量的资金。

一、筹资动机

企业筹资活动都是在一定的动机支配下完成的,总的来说是为了获取资金,但具体分析,又不尽相同,基本上可以概括为新建筹资动机、扩张筹资动机、偿债筹资动机和混合筹资动机。

(一)新建筹资动机

新建筹资动机是指企业在新建时为满足正常生产经营活动所需的铺底资金而产生的筹资动机。按照有关法律的规定,企业设立时,必须有一定的资本金,且不低于国家规定的限额。因此企业新建时,要按照经营方针所确定的生产经营规模核定固定资金和流动资金需要量,并筹集相应数额的资金。

(二)扩张筹资动机

扩张筹资动机是指企业因扩大生产经营规模或追加对外投资的需要而产生的筹资动机。具有良好发展前景、处于成长时期的企业通常会产生这种筹资动机。扩张筹资动机产生的直接结果,是企业资产总额和筹资总额的增加。

(三)偿债筹资动机

偿债筹资动机是指企业为了偿还某项债务而形成的借款动机,即借新债还旧债。偿债筹资有两种情形:一是调整性偿债筹资,即企业虽有足够的能力支付到期旧债,但为了调整现有的资本结构,仍然举债,从而使资本结构更加合理;二是恶化性偿债筹资,即企业现有的支付能力已不足以偿付到期旧债,而被迫举债还债,这说明企业的财务状况已经恶化。

(四)混合筹资动机

混合筹资动机是指企业因同时需要长期资金和现金而形成的筹资动机。通过混合筹资,企业既可扩大资产规模,又可偿还部分旧债,也就是说,在这种筹资中混合了扩张筹资和偿债筹资两种动机。

二、筹资原则

企业筹资管理的基本要求是：在严格遵守国家法律法规的基础上，分析影响筹资的各种因素，权衡资金的性质、数量、成本和风险，合理选择筹资方式，提高筹资效果。

归纳起来，筹资应遵循的主要原则有以下几点。

（一）遵循国家法律法规，合法筹集资金

不论是直接筹资还是间接筹资，企业最终都通过筹资行为向社会获取资金。企业的筹资活动不仅为自身的生产经营提供资金来源，而且也会影响投资者的经济利益，影响社会经济秩序。企业的筹资行为和筹资活动必须遵循国家的相关法律法规，依法履行法律法规和投资合同约定的责任，合法合规筹资，依法披露信息，维护各方的合法权益。

（二）分析生产经营情况，正确预测资金需要量

企业筹集资金，首先要合理预测资金的需要量。筹资规模与资金需要量应当匹配一致，既避免因筹集不足，影响生产经营的经常进行，又要防止筹资过多，造成资金闲置。

（三）合理安排筹资时间，适时取得资金

企业筹集资金，还需要合理预测确定资金需要的时间。要根据资金需求的具体情况，合理安排资金的筹集时间，适时获取所需资金。使筹资与用资在时间上相衔接，既避免过早筹集资金形成的资金投放前闲置，又防止取得资金的时间滞后，错过资金投放的最佳时间。

（四）了解各种筹资渠道，选择资金来源

企业所筹措的资金都要付出资本成本的代价，不同的筹资渠道和筹资方式所取得的资金，其资本成本各有差异。企业应当在考虑筹资难易程度的基础上，针对不同来源的资金的成本进行分析，尽可能选择经济、可行的筹资渠道和方式，力求降低筹资成本。

（五）研究各种筹资方式，优化资本结构

企业筹资要综合考虑股权资金和债务资金的关系、长期资金与短期资金的关系、内部筹资和外部筹资的关系，合理安排资本结构，保持适当偿债能力，防范企业财务危机，提高筹资效率。

三、筹资渠道与筹资方式

企业筹资活动需要通过一定的渠道并采用一定的方式来完成。

（一）筹资渠道

筹资渠道是指取得资金的来源和通道，体现着资金的源泉和流量。认识筹资渠道的种类及每种渠道的特点，有利于充分开拓和正确利用筹资渠道。目前企业的筹资渠道主要有以下几种。

1. 国家财政资金

国家财政资金是指国家以财政拨款、入股等形式向企业投入的资金。国家财政资金基础坚固，来源充沛，为大中型企业的生产经营活动提供了可靠的保证，再加上国家不断加大扶持基础性产业和公益性产业的长远发展战略，使得国家财政资金成为国有企业筹集资金

的重要渠道之一。

2.银行信贷资金

银行一般分为商业性银行和政策性银行。商业性银行为各类企业提供商业性贷款。政策性银行为特定企业提供政策性贷款。银行信贷资金有居民储蓄、单位存款等较稳定的资金来源,贷款方式灵活,能适应各种企业的资金需要,是企业重要的筹资渠道。

3.非银行金融机构资金

非银行金融机构是由各级政府主办和民办的其他金融机构,主要有信托投资公司、租赁公司、保险公司等。这些机构的资金力量比专业银行小,当前仅起辅助作用,但其供应资金灵活方便,且可提供多种服务,今后将有广阔的发展空间。

4.其他企业资金

企业在生产经营过程中往往会形成部分闲置的资金,为了发挥资金效益,这些资金可在企业之间互相调剂使用。随着经济横向联合发展,企业之间的资金联合和资金融通将会广泛发展。其他企业投入的资金往往是企业需要的,这样有利于促进企业之间按市场原则建立经济联系,扩大本企业的资金实力,所以这种筹资具有较强的生命力。

5.民间资金

对于企业职工和城乡居民手中暂时不用的资金,企业可以通过一定的方式,如发行股票、债券等,把这些节余的货币集中起来形成企业的资金,充分利用这一大有潜力的资金。

6.企业内部资金

企业内部资金是指企业按规定从税后利润、成本等方面提取的各项资金,用于转增资本金和弥补亏损等其他短期需要。从税后利润提取的有法定盈余公积金、公益金、未分配利润等,从成本中提取的有应付福利费、预提大修理费用等,这些资金可用于企业短期周转,并可及时、足额归还,从而成为内部筹资的一个渠道。

7.外商投资资金

外商投资资金是指外商向我国企业投入资金,是外商投资企业的主要资金来源。利用外资是弥补资金不足、促进企业不断壮大、推动经济发展的重要手段之一。企业通过吸引外资和我国港、澳、台地区资本投资,不仅可以筹集到必要的资金来满足生产经营的需要,而且能够引进国外先进技术和管理经验,促进企业技术的进步和管理水平的提高。

(二)筹资方式

筹资方式是指企业筹集资金所采取的具体形式,体现着不同的经济关系(所有者权益关系或债权关系)。了解筹资方式的种类及每种筹资方式的特点,有利于企业选择适宜的筹资方式,有效地进行筹资组合。

企业常用的筹资方式有:吸收直接投资、发行股票、留存收益、银行借款、发行债券、租赁、商业信用。其中前三种筹资方式属于权益资金筹集,后四种属于负债资金筹集。

第二节 权益资金筹集

权益资金又称自有资金,是企业最基本的一项资金来源。企业自有资金的筹集方式主要有吸收直接投资、发行股票和留存收益。

一、吸收直接投资

吸收直接投资是指企业按照"共同投资、共同经营、共担风险、共享收益"的原则,直接吸收国家、法人、个人和外商投入资金的一种筹资方式。吸收直接投资是非股份制企业筹集权益资本的基本方式,采用吸收直接投资的企业,资本不分为等额股份,无须公开发行股票。吸收直接投资实际出资额,注册资本部分形成实收资本;超过注册资本的部分属于资本溢价,形成资本公积。

（一）吸收直接投资的种类

1.吸收国家投资

国家投资是指有权代表国家投资的政府部门或机构,以国有资产投入公司,这种情况下形成的资本叫国有资本。在公司持续经营期间,公司以盈余公积、资本公积转增实收资本的,国有公司和国有独资公司由公司董事会或经理办公会决定,并报主管财政机关备案;股份有限公司和有限责任公司由董事会决定,并经股东大会审议通过。吸收国家投资一般具有以下特点:产权归属国家;资金的运用和处置受国家约束较大;在国有公司中采用比较广泛。

2.吸收法人投资

法人投资是指法人单位以其依法可支配的资产投入公司,这种情况下形成的资本称为法人资本。吸收法人投资一般具有以下特点:发生在法人单位之间;以参与公司利润分配或控制为目的;出资方式灵活多样。

3.吸收外商直接投资

企业可以通过合资经营或合作经营的方式吸收外商直接投资,即与其他国家的投资者共同投资,创办中外合资经营企业或者中外合作经营企业,共同经营、共担风险、共负盈亏、共享利益。

4.吸收社会公众投资

社会公众投资是指社会个体或本公司职工以个人合法财产投资公司,这种情况下形成的资本称为个人资本。吸收社会公众投资一般具有以下特点:参加投资的人员较多;每个投资的数额相对较少;以参与公司利润分配为基本目的。

（二）吸收直接投资的出资方式

1.以货币资产出资

以货币资产出资是吸收直接投资中最重要的出资方式。企业有了货币资产,便可以获取其他物质资源,支付各种费用,满足企业创建时的开支和随后的日常周转需要。

2.以实物资产出资

以实物资产出资是指投资者以房屋、建筑物、设备等固定资产和材料、燃料、商品产品等流动资产所进行的投资。实物投资应符合以下条件:适合企业生产、经营、研发等活动的需要;技术性能良好;作价公平合理。

实物出资中实物的作价,可以由出资各方协商确定,也可以聘请专业资产评估机构评估确定。国有企业及国有控股企业接受其他企业的非货币资产出资,需要委托有资格的资产评估机构进行资产评估。

3. 以土地使用权出资

土地使用权是指土地经营者对依法取得的土地在一定期限内有进行建筑、生产经营或其他活动的权利。土地使用权具有相对的独立性,在土地使用权存续期间,包括土地所有者在内的其他任何人和单位,不能任意收回土地和非法干预使用权人的经营活动。企业吸收土地使用权投资应符合以下条件:适合企业生产、经营、研发等活动的需要;地理、交通条件适宜;作价公平合理。

4. 以工业产权出资

工业产权通常是指专有技术、商标权、专利权、非专利技术等无形资产。投资者以工业产权出资应符合以下条件:有助于企业研究、开发和生产出新的高科技产品;有助于企业提高生产效率,改进产品质量;有助于企业降低生产能耗、能源消耗等各种消耗;作价公平合理。

吸收工业产权等无形资产出资的风险较大。因为以工业产权出资,实际上是把技术转化为资本,使技术的价值固定化。而技术具有强烈的时效性,会因其不断老化落后而导致实际价值不断减少甚至完全丧失。

(三)吸收直接投资的程序

1. 确定筹资数量

企业在新建或扩大经营时,要先确定资金的需要量。资金的需要量应根据企业的生产经营规模和供销条件等来核定,确保筹资数量与资金需要量相适应。

2. 寻找投资单位

企业既要广泛了解有关投资者的资信、财力和投资意向,又要通过信息交流和宣传,使出资方了解企业的经营能力、财务状况及未来预期。以便于公司从中寻找最合适的合作伙伴。

3. 协商和签署投资协议

找到合适的投资伙伴后,双方进行具体协商,确定出资数额、出资方式和出资时间。企业应尽可能吸收货币投资,如果投资方确有先进而适合需要的固定资产和无形资产,也可采取非货币投资方式。对实物、工业产权、土地使用权投资等非货币资产投资,双方应按公平合理的原则协商定价。当出资数额、资产作价确定后,双方须签署投资的协议或合同,以明确双方的权利和责任。

4. 取得所筹集的资金

签署投资协议后,企业应按规定或计划取得资金。如果采用现金投资方式,通常还要编制拨款计划,确定拨款期限、每期数额及划拨方式,有时投资者还要规定拨款的用途,如把拨款区分为固定资产投资拨款、流动资金拨款、专项拨款等。如为实物、工业产权、非专利技术、土地使用权投资,一个重要的问题就是核实财产。财产数量是否准确,特别是价格有无高估低估的情况,关系到投资各方的经济利益,必须认真处理,必要时可聘请专业资产评估机构来评定,然后办理产权的转移手续,取得资产。

(四)吸收直接投资的优缺点

1.吸收直接投资的优点

第一,有利于增强企业信誉。吸收直接投资所筹资金属权益资金,与负债比较可以提高企业的信誉,增强举债能力。第二,利于尽快形成生产能力。可以直接获取现金和各种生产要素,尽快形成生产能力。第三,有利于降低财务风险。根据企业盈利状况向企业投资者分配利润,具有灵活性,不会形成财务负担。

2.吸收直接投资的不利之处

第一,资本成本较高。一般而言,采用吸收直接投资筹资方式,集资金所需负担的资本成本较高,特别是企业经营状况较好和盈利能力较强时更是如此。因为向投资中支付的报酬是根据其出资额的数额和企业实现利润的多少来计算的。第二,容易分散企业控制权。采用吸收直接投资方式筹集资金,投资者一般都要求获得与投资数量相适应的经营管理权,这是接受外来投资的代价之一。如果外部投资者的投资较多,则投资者会有相当大的管理权,甚至会对企业实行完全控制。

二、发行股票

股票是股份有限公司为筹集股权资本而发行的有价证券,是公司签发的证明股东持有公司股份的股票。股票作为一种所有权凭证,代表着股东对发行公司净资产的所有权。股票只能由股份有限公司发行。

(一)股票的种类

1.按照股东权利和义务,股票分为普通股股票和优先股股票

普通股股票简称普通股,是公司发行的代表着股东享有平等的权利、义务,不加特别限制的,股利不固定的股票。普通股是最基本的股票,股份有限公司通常情况下只发行普通股。

优先股股票简称优先股,是公司发行的相对于普通股具有一定优先权的股票。其优先权主要表现在股利分配优先权和剩余财产优先权上。优先股股东在股东大会上无表决权,在参与公司经营管理上受到一定的限制,仅对涉及优先股权利的问题有表决权。

2.按票面有无记名,股票分为记名股票和无记名股票

记名股票是在股票票面上记载有股东姓名或将名称计入公司股东名称的股票。无记名股票不登记股东名称,公司只记载股票数量、编号及发行日期。公司向发起人、国家授权投资机构、法人发行的股票,为记名股票;向社会公众发行的股票,可以为记名股票,也可以为无记名股票。

3.按发行对象和上市地点,股票分为 A 股、B 股、H 股、N 股和 S 股等

A 股即人民币普通股票,由我国境内公司发行,境内上市交易,它以人民币标明面值,以人民币认购和交易。

B股即人民币特种股票,由我国境内公司发行,境内上市交易,它以人民币标明面值,以外币认购和交易。

H股是注册地在内地、上市在香港的股票。依此类推,在纽约和新加坡上市的股票,分别称为N股和S股。

4. 按投资主体,股票分为国家股、法人股、外资股和个人股

国家股是指有权代表国家投资的部门或机构以国有资产向公司投资而形成的股份。国家股由国务院授权的部门或机构持有,并向公司委派股权代表。

法人股是指企业依法以其可支配的财产向公司投资而形成的股份,或者具有法人资格的事业单位和社会团体以国家允许用于经营的资产向公司投资而形成的股份。

外资股是指外国和我国港、澳、台地区的投资者,以外币购买的我国上市公司的境内上市外资股和境外上市外资股。

个人股是指社会个人或本公司职工以个人合法财产投资公司而形成的股份。其中,社会个人持有的股票称为社会公众股,内部职工持有的股票称为内部职工股。

(二)股票的发行

1. 发行的条件

发行股票是股份有限公司筹集资金的重要渠道,但不是任何企业都可以通过发行股票筹资。发行股票必须符合一定的条件。

新设立的股份有限公司申请公开发行股票,应符合下列条件:第一,生产经营符合国家产业政策;第二,发行普通股限于一种,同股同权,同股同利;第三,在募集方式下,发起人认购的股份不少于公司拟发行股份总数的35%;第四,发起人在近三年内没有重大违法行为;第五,证监会规定的其他条件。

公司增发新股,必须具备下列条件:第一,前一次发行的股份已经募足,并间隔一年以上;第二,公司在最近三年内连续盈利,并可向股东支付股利;第三,公司在最近三年内财务会计文件无虚假记载;第四,公司预期利润率可达同期银行存款利率。

2. 发行的程序

设立股份有限公司发行股票与增资扩股发行新股的程序并不相同,下面我们分别介绍两者的程序。

(1)设立股份有限公司发行股票的程序

第一,提出募集股份申请。股份有限公司的设立,必须经国务院授权的部门或者省级人民政府批准。股份有限公司采取募集设立方式的,发起人向社会公开募集股份时,必须向国务院证券管理部门递交募股申请,并报送一系列规定的文件。未经国务院证券管理部门批准,发起人不得向社会公开募集股份。第二,发起人公告招股说明书,并制作认股书。认股书应当载明发起人认购的股份数;每股的票面金额及发行价格;无记名股票的发行总数;认股人的权利、义务等。认股人照章填写认股书后,按照所认股数缴纳股款。第三,发起人与依法设立的证券经营机构签订承销协议,与银行签订代收股款协议。也就是说,在向社会公开募集股份时,公司不能直接收取股款,必须由依法设立的证券经营机构承销,由代收股款

的银行按照协议代收和保存股款。第四,缴足股款后,由法定的验资机构验资并出具证明,发起人在30日内主持召开公司创立大会。创立大会由认股人组成,选举出董事会成员和监事会成员。第五,创立大会结束后30日内,董事会向公司登记机关报送有关文件,申请设立登记。公司登记机关批准予以登记的,发给公司营业执照。公司营业执照签发日期为公司创立日期。第六,股份有限公司经登记成立后,将募集股份情况报国务院证券管理部门备案。

(2)增资扩股发行新股的程序

第一,股东大会做出发行新股的决议。第二,董事会向国务院授权的部门或者省级人民政府申请批准。属于向社会公开募集的,须经国务院证券管理部门批准。第三,公司经批准向社会公开发行新股时,须公告新股招股说明书和财务会计报表及附属明细表,并制作认股书,同时与依法设立的证券经营机构签订承销协议。第四,公司根据其连续盈利情况和财产增值情况,确定其作价方案。第五,公司发行新股募足股款后,向公司登记机关办理变更登记并公告。

3.发行的要求

股份有限公司应将资本划分为每一股金额相等的股份,然后将公司的股份采用股票的形式发行。股票的发行实行公开、公平、公正的原则,必须同股同权、同股同利。同次发行的股票,每股的发行条件和发行价格应该相同。任何单位或者个人所认购的股份,每股应当支付相同的价款。

股票发行价格可以等于票面金额,也可以超过票面金额,但不得低于票面金额。以超过票面金额为股票发行价格的,须经国务院证券管理部门批准。超过票面金额发行股票所得溢价款列入公司资本公积金。

(三)股票上市

股票上市是指股份有限公司公开发行的股票,可以在证券交易所进行交易,并非所有的股份有限公司的股票都能上市,必须是所发行的股票经国家授权或者国务院授权的证券管理部门批准在证券交易所上市交易的股份有限公司股份有限公司申请股票上市,能够成为上市公司,可以大大提高公司的知名度,增强本公司股票的吸引力,在更大范围内筹集大量资本。

在我国,股份有限公司申请其股票上市必须符合下列条件:第一,股票经国务院证券管理部门批准已向社会公众公开发行。第二,公司股本总额不少于人民币5000万元。第三,开业时间在3年以上,最近3年连续盈利;原国有企业依法改建而设立的,或者在《公司法》实施后新组建成立,其主要发起人为国有大中型企业的,可连续计算。第四,持有股票面值人民币1000元以上的股东不少于1000人,向社会公开发行的股份达公司股份总数的25%以上;公司股本总额超过人民币4亿元的,其向社会公开发行股份的比例为15%以上。第五,公司在最近3年内无重大违法行为,财务会计报告无虚假记载。

具备上述条件的股份有限公司经申请,由国务院或国务院授权的证券管理部门批准,其股票方可上市。股票上市公司必须公告其上市报告,并将其申请文件存放在指定的地点供公众查阅。股票上市公司还必须定期公布其财务状况和经营情况,每一会计年度半年公布一次财务会计报告。

(四)股票筹资的优缺点

1. 股票筹资的优点

(1)股票筹资具有永久性,无到期日,不需归还

这对保证公司资本的最低需要、维持公司的长期稳定发展极为有利。

(2)没有固定的股息负担

公司有盈利,并认为适于分配时分配股利;公司盈利较少,或者虽有盈利但现金短缺或有更好的投资机会,也可以少支付或不支付股利。

(3)能增强公司的社会声誉

普通股筹资使得股东大众化,由此给公司带来了广泛的社会影响。特别是上市公司,其股票的流动性强,有利于市场确认公司价值。

(4)普通股筹资能增强公司的偿债和举债能力

发行普通股筹集的资金是公司的权益资金,而权益资金是公司偿债的真正保障,是公司以其他方式筹资的基础,它反映了公司的实力,所以利用普通股筹资可增强公司的偿债能力,增强公司的信誉,进而增强公司的举债能力。

(5)普通股可在一定程度上抵消通货膨胀

普通股可在一定程度上抵消通货膨胀的影响,因而易吸收资金。从长期来看,普通股股利具有增长的趋势,而且在通货膨胀期间,不动产升值时,普通股也随之升值。

2. 股票筹资的缺点

(1)资本成本高

一般来说,股票筹资的成本要大于债务资金。这主要是因为股利要从净利润中支付,而债务资金的利息可在税前扣除。另外,普通股的发行费用也比较高。

(2)容易分散控制权

利用普通股筹资,出售了新的股票,引进了新的股东,容易导致公司控制权的分散。

此外,新股东分享公司未发行新股前积累的盈余,会降低普通股的每股净收益,从而可能引起股价的下跌。

三、留存收益

(一)留存收益的性质

从性质上看,企业通过合法有效的经营所实现的税后净利润,都属于企业的所有者。企业将本年度的利润部分甚至全部留存下来的原因很多,主要包括:第一,收益的确认和计量是建立在权责发生制基础上,企业有利润,但企业不一定有相应的现金净流量增加,因而企业不一定有足够的现金将利润部分或全部派给所有者。第二,法律法规从保护债权人利益和要求可持续发展等角度出发,限制企业将利润全部分配出去。企业每年的税后利润,必须提取10%的法定盈余公积金。第三,企业基于自身扩大再生产和筹资的需求,也会将一部分

利润留存下来。

(二)留存收益的筹资途径

1. 提取盈余公积金

盈余公积金是指有指定用途的留存净利润。盈余公积金是从当期净利润中提取的资金积累,其提取基数是本年度的净利润。盈余公积金主要用于企业未来的经营发展,经投资者审议后也可以用于转增股本(实收资本)、弥补以前年度的经营亏损及以后年度的利润分配。

2. 未分配利润

未分配利润是指未限定用途的留存净利润。未分配利润有两层含义:第一,这部分净利润本年没有分配给公司的股东投资者;第二,这部分净利润未指定用途,可以用于企业未来的发展、转增股本(实收资本)、弥补以前年度的经营亏损及以后年度的利润分配。

(三)利用留存收益筹资的优缺点

1. 不用发生筹资费用

与普通股筹资相比较,留存收益筹资不需要发生筹资费用,资本成本较低。

2. 维持公司的控制权分布

利用留存收益筹资,不用对外发行新股或吸收新投资者,由此增加的权益资本不会改变公司的股权结构,不会稀释原有股东的控制权。

3. 筹资数额有限

留存收益的最大数额是企业到期的净利润和以前年度未分配利润之和,不像外部筹资一次性可以筹集大量资金。如果企业发生亏损,那么当年就没有利润留存。另外,股东和投资者从自身期望出发,往往希望企业每年发放一定的利润,保持一定的利润分配比例。

第三节 负债资金筹集

负债融资是指通过负债筹集资金。负债融资的特点表现为:筹集的资金具有使用上的时间性,需要到期偿还;不论企业经营业绩好坏,都需支付债务利息,从而形成企业固定的负担;其资本成本一般比普通股筹资的成本低,而且不会分散投资者对企业的控制权。

一、短期借款

短期借款是指企业向银行或其他非银行金融机构借入的、偿还期在一年之内的各种款项。短期借款主要包括生产周转借款、临时借款、结算借款等。

企业举借短期借款,首先必须提出申请,经审查同意后借贷双方签订借款合同,注明借款的用途、金额、利率、期限、还款方式、违约责任等;然后企业根据借款合同办理借款手续;借款手续完毕,企业便可取得借款。

(一)短期借款的信用条件

1. 信贷限额

信贷限额是指银行对借款人规定的无担保贷款的最高额。信贷限额的有效期通常为一年,但银行并不承担必须提供全部信贷限额的义务。如果企业信誉恶化,即使有信贷限额,也可能得不到借款。

2.周转信贷协定

周转信贷协定是指银行具有法律义务地承诺提供不超过某一最高限额的贷款协定。在协定的有效期内,只要企业的借款总额未超过最高限额,银行必须满足企业在任何时候提出的借款要求。企业享用周转信贷协定,通常要就贷款限额的未使用部分付给银行一笔承诺费,这是银行向企业提供此项贷款的一种附加条件。周转信贷协定的有效期通常超过一年,但实际上贷款每几个月发放一次,所以这种信贷具有短期借款和长期借款的双重特点。

3.补偿性余额

补偿性余额是指银行要求借款企业在银行中保持按贷款限额或实际借用额,按一定的百分比(一般为10%~20%)计算的最低存款余额。补偿性余额有助于银行降低贷款风险;但对借款企业来说,补偿性余额则提高了借款的实际利率,加重了企业的利息负担。

4.借款抵押

银行向财务风险较大的企业或对其信誉不甚有把握的企业发放贷款,有时需要有抵押品担保,以减少自己蒙受损失的风险。

5.偿还条件

贷款的偿还有到期一次性偿还和在贷款期内定期(每月、季)等额偿还两种方式。

6.其他承诺

银行有时还要求企业为取得借款而做出其他承诺,如及时提供财务报表、保持适当的财务水平(如特定的流动比率)等。

(二)短期借款的成本

由于受到本息偿还方式及其他附加条件的影响,短期借款的实际利率与名义利率常常会产生差异。因此,考虑短期借款成本必须结合本息偿还方式及其他附加条件,才能做出正确的评价。

1.收款法下的借款成本

收款法是到期一次性支付本息的方法。在收款法下,借款的本息都在到期时一次性清偿,这时借款的名义利率与实际利率一致。因此,收款法下的借款成本就是借款的名义利率。但是,如果有其他附加条件,则应另行考虑。

2.贴现法下的借款成本

贴现法是银行向企业发放贷款时,先从本金中扣除利息部分,而到期时借款企业则要偿还贷款全部本金的一种计息方法。采用这种方法,企业可利用的贷款额只有本金减去利息部分后的差额。因此,贴现法下的借款实际利率高于名义利率。

3.加息法下的借款成本

加息法是分期等额偿还本息的方法。在分期等额偿还贷款的情况下,银行将根据名义利率计算的利息加到贷款本金上,计算出贷款的本息和,要求企业在贷款期内分期偿还本息之和的金额。由于贷款分期均衡偿还,借款企业实际上只平均使用了贷款本金的半数,却支付了全额利息。这样,企业所负担的实际利率约为名义利率的两倍。

(三)短期借款筹资的优缺点

短期借款筹资方式和长期借款、发行股票等筹资方式相比,具有灵活简便、速度快、时效性强等优点;不足之处是使用时间短、财务风险大,在有附加条件的情况下,资本成本往往比较高。

二、长期借款

长期借款是指企业向银行或其他非银行金融机构借入的、使用期超过一年的借款,主要用于购建固定资产和满足长期流动资金占用的需要。

(一)长期借款的种类

我国目前各金融机构的长期借款主要有以下几种划分方式。

1. 按照用途的不同

长期借款可分为固定资产投资借款、更新改造借款、科技开发和新产品试制借款等。

2. 按照提供贷款机构的不同

长期借款可分为政策性银行贷款和商业银行贷款等。

3. 根据企业有无担保

长期借款可分为信用贷款和抵押贷款。信用贷款是指不需要企业提供抵押品,仅凭其信用或担保人信誉而发放的贷款。抵押贷款是指要求企业以抵押品作为担保的贷款。

(二)取得长期借款的条件

我国金融部门对企业发放贷款的原则是:按计划发放、择优扶植、有物资保证、按期归还。

企业申请贷款一般应具备的条件有:第一,独立核算、自负盈亏、有法人资格。第二,经营方向和业务范围符合国家产业政策,借款用途属于银行贷款办法规定的范围。第三,借款企业具有一定的物资和财产保证,担保单位具有相应的经济实力。第四,具有偿还贷款的能力。第五,财务管理和经济核算制度健全,资金使用效益及企业经济效益良好。第六,在银行设有账户,办理结算。

(三)长期借款的程序

1. 提出借款申请

企业必须先向银行递交借款申请报告,说明借款原因、借款时间、借款数额、使用计划、还款计划等内容。同时,企业还应准备必要的说明企业具备上述借款条件的资料。

2. 银行审批

银行接到借款申请后,依据"按计划发放、择优扶植、有物资保证、按期归还"的原则,审核企业的借款条件,以确定是否给予贷款。

3. 签订借款合同

借款申请被批准后,借贷双方应就贷款条件进行谈判,然后签订借款合同。

4. 取得借款

借款合同签订后，企业即可在核定的指标范围内，根据用款计划或实际需要，一次或分次将借款转入企业的存款结算账户进行支用。

5. 归还借款

贷款到期时，借款企业应按照借款合同的规定，按期清偿贷款本金与利息或续签合同，否则银行可根据合同规定，从借款企业的存款账户中扣还贷款本息及罚息。

（四）长期借款合同的内容

1. 借款合同的基本条款

借款合同应具备以下基本条款：第一，借款种类与借款用途；第二，借款金额、借款利率与借款期限；第三，还款资金来源及还款方式；第四，保证条款；第五，违约责任。

2. 借款合同的限制条款

银行避免和降低贷款风险的一个重要措施是，要求借款人接受基本条款以外的其他限制性条款，主要包括：第一，对借款企业流动资金保持量的规定，其目的在于保持借款企业资金的流动性和偿债能力；第二，对支付现金股利和再购入股票的限制，其目的在于限制现金外流；第三，对资本支出规模的限制，其目的在于减少企业日后不得不变卖固定资产以偿还贷款的可能性，仍着眼于保持借款企业资金的流动性；第四，限制其他长期债务，其目的在于防止其他贷款人取得对企业资产的优先求偿权。

（五）长期借款筹资的优缺点

1. 长期借款筹资的优点

第一，筹资速度快，手续简便。向银行借款，通常只要银行审批通过，而无须其他行政管理部门或社会中介机构的审批。只要企业具备借款条件，就可在较短的时间内、以较少的费用取得借款。第二，资本成本低。银行借款利率一般比债券要低，且利息费用可全部在所得税前列支，而且由于借款是在企业与银行之间直接协商确定的，故不存在交易成本，因此其资本成本相对较低。第三，借款弹性大。借款合同是一种经济合同，只要双方同意即可修改借款条件，从而帮助企业缓解财务困难，扩大筹资弹性。

2. 长期借款筹资的缺点

第一，财务风险大。长期借款加大了企业负债的比重，固定的利息和到期本金的支付加大了企业的财务压力，增加了企业的财务风险。第二，限制条款多。长期借款取得时的保护性条款在降低银行风险的同时，也使企业在筹资和投资方面受到极大的限制，降低了企业生产经营的灵活性，影响了企业未来的资金运作。

三、发行公司债券

公司债券是公司为筹集资金而发行的、约定在一定期限还本付息的有价证券，它反映了企业与债券持有人之间的债权债务关系。发行公司债券是企业向社会筹集资金的重要方式。债券的基本要素有以下几个方面：第一，债券面值，即债券的票面金额，是债券到期时偿还债务的金额；第二，债券的期限，债券都有明确的到期日，债券期限从数天到几十年不等；

第三,利率和利息,债券上通常都载有利率,一般为固定利率,近些年也有浮动利率,债券的利率一般是年利率;第四,债券的价格,理论上,债券的面值就应是它的价格,但由于市场利率等因素的影响,债券的市场价格常常脱离它的面值。

（一）公司债券的种类

公司债券有很多形式,大致有如下分类。

1. 按债券上是否记有持券人的姓名或名称

公司债券可分为记名债券和不记名债券。记名债券是指企业发行债券时,债券购买者姓名和地址在发行债券企业登记的一种债券,偿付本息时,按名册付款。不记名债券即带有息票的债券,企业发行这种债券时无须登记购买者姓名,持有人凭息票领取到期利息,凭到期债券收回本金。

2. 按能否转换为公司股票

公司债券可分为可转换债券和不可转换债券。可转换债券是指债券持有人按规定的条件将债券转换为股票。不可转换债券是指债券持有人不能把持有的债券转换为股票。

3. 按有无特定的财产担保

公司债券可分为抵押债券和信用债券。抵押债券是以企业特定财产为抵押担保的债券。这里的"特定财产"可以是动产、不动产或其他企业股票等。如果发行企业无力偿还到期本息,持有人或作为其代表的信托人有权处置抵押品作为补偿。信用债券是凭借企业信用而发行的债券。由于这种债券无抵押品作为保证,因此债券持有人要承担一定的风险。同时,这种债券的利率往往高于有抵押担保的债券利率。

4. 按利率的不同

公司债券可分为固定利率债券和浮动利率债券。固定利率债券是指利率在发行时即已确定并载于债券券面,即使市场利率发生了变化也不调整。浮动利率债券是指利率水平在发行债券之初不固定,在发行期内按某一基准利率(如银行存款利率、政府债券利率)的变动方向进行调整的债券。

5. 按偿还方式的不同

公司债券可分为定期还本债券和分期还本债券。定期还本债券是指规定在将来到期日一次偿还本息的债券。分期还本债券是指在约定期限内分次偿还本息的债券。

（二）发行公司债券的资格与条件

公司发行债券,必须具备规定的发行资格与条件。

1. 发行公司债券的资格

《中华人民共和国公司法》(以下简称《公司法》)规定,股份有限公司、国有独资公司和两个以上的国有企业或者其他两个以上的国有投资主体投资设立的有限责任公司,有资格发行公司债券。

2. 发行公司债券的条件

有资格发行债券的公司,必须具备以下条件:

第一,股份有限公司的净资产额不低于人民币3000万元,有限责任公司的净资产额不低于人民币6000万元。第二,累计债券余额不超过公司净资产额的40%。第三,最近3年平均可分配利润足以支付公司债券1年的利息。第四,筹集的资金投向符合国家产业政策。第五,债券的利率不超过国务院限定的利率水平。第六,国务院规定的其他条件。

(三)发行公司债券的程序

1. 发行公司债券的决议或决定

股份有限公司和符合要求的有限责任公司发行公司债券事宜,由股东(大)会依公司章程规定的议事方式和表决程序做出决议;国有独资公司发行公司债券事宜,由国家授权投资的机构或者国家授权的部门做出决定;由董事会提出发行申请。

2. 发行公司债券的申请与批准

公司债券发行人必须向中华人民共和国国家发展和改革委员会(以下简称"国家发改委")提交《公司法》规定的申请文件和国家发改委规定的有关文件。国务院授权的部门应当自受理公司债券发行申请文件之日起3个月内做出决定;不予审批的,应当做出说明。国务院授权的部门对于已做出的审批发行的决定,发现不符合法律、行政法规规定的,应当予以撤销;尚未发行的,应停止发行;已经发行的,公司债券持有人可以按照发行价并加算银行同期存款利息,要求发行人返还。

3. 制定募集办法并予以公告

发行公司债券的申请被批准后,公司(发行人)应制定公司募集办法,并公告社会。

4. 募集借款

公司(发行人)公告债券募集办法后,即可开始募集工作。公司(发行人)应当配置公司债券应募书。债券认购人应填写应募书,并缴纳债券款项,领取公司债券。

(四)公司债券发行价格的确定

公司债券的发行价格是指公司债券在发行市场上发行时所使用的价格。通常,公司债券的发行价格有平价发行、溢价发行和折价发行三种。当债券按面值发行时叫平价发行;当债券按高于面值的价格发行时叫溢价发行;当债券按低于面值的价格发行时叫折价发行。

对于公司债券的发行价格,发行人与投资者是从不同角度来看待的,发行人考虑的是发行收入能否补偿未来所应支付的本息,投资者考虑的则是放弃资金使用权而应该获取的收益。由于公司债券的还本期限一般在1年以上,因此在确定公司债券的发行价格时,不仅应考虑债券票面利率与市场平均利率之间的关系,还应考虑债券资金所包含的时间价值。据此,公司债券发行价格可按下列公式计算:

$$发行价格 = \sum_{i=1}^{n} \frac{年利息}{(1+市场利率)^t} + \frac{面值}{(1+市场利率)^n}$$

公式中:n——债券期限;t——付息期数;市场利率——债券发行时的市场利率。

(五)公司债券筹资的优缺点

1. 公司债券筹资的优点

第一,资本成本低。由于债权人承担的风险小于股东承担的风险,加之债券利息在所得税前支付,具有一定的抵税作用,因此公司债券筹资的成本低于股票筹资的成本。第二,筹资对象广,市场大。与银行借款相比,公司债券的发行对象是众多的社会投资者,资金充裕,筹资潜力大。第三,可获得财务杠杆利益。当全部资本收益率大于借款利率时,公司债券筹资可以提高自有资金的收益率,带来财务杠杆利益。

2.公司债券筹资的缺点

第一,财务风险大。公司债券筹资提高了企业的负债比率,固定的利息支付负担和本金偿还义务增加了企业的财务负担和破产风险,加大了企业未来举债的难度。第二,限制条件多。首先,企业发行公司债券必须具备相应的资格,符合严格的条件,这在一定程度上限制了企业对公司债券筹资方式的使用;其次,发行公司债券时的各种限制性条款将会影响公司正常发展及未来举债的能力。

四、融资租赁

(一)租赁的含义

租赁是指出租人在承租人给予一定报酬的条件下,授予承租人在约定的期限内占有和使用财产权利的一种契约性行为。

(二)租赁的种类

1.经营租赁

经营租赁又称营业租赁,是典型的租赁形式,通常为短期租赁。经营租赁的特点有:第一,承租人可随时向出租人提出租赁资产要求。第二,租赁期短,不涉及长期而固定的义务。第三,租赁合同比较灵活,在合理的限制条件范围内,双方可以解除租赁契约。第四,租赁期满,租赁资产一般归还给出租人。第五,出租人提供专门服务,如设备的保养、维修、保险等。

2.融资租赁

融资租赁又称财务租赁,它是区别于经营租赁的一种长期租赁形式,由于它可以满足企业对资产的长期需要,有时也称为资本租赁。融资租赁是现代租赁的主要形式。融资租赁的特点有:第一,一般由承租人向出租人提出正式申请,由出租人融通资金引进承租人所需设备,然后再租给承租人使用。第二,租期较长,租期一般为租赁资产寿命的一半以上。第三,租赁合同比较稳定。在租期内,承租人必须连续支付租金,非经双方同意,中途不得退租。第四,租赁期满后,租赁资产的处置有三种方法可供选择:将设备作价转让给承租人;由出租人收回;延长租期续租;第五,在租赁期内,出租人一般不提供维修和保养设备等方面的服务。

(三)融资租赁的形式

融资租赁可分为如下三种形式。

1.售后租赁

售后租赁是指根据协议,企业将某资产卖给出租人,再将其租回使用。从事售后租赁的出租人为租赁公司等金融机构。

2. 直接租赁

直接租赁是指承租人直接向出租人承租所需要的资产，并付出租金。直接租赁的出租人主要是制造厂商、租赁公司。

3. 杠杆租赁

杠杆租赁涉及承租人、出租人和资金出借者三方当事人。从承租人的角度来看，这种租赁与其他租赁形式并无区别，但对出租人却不同。出租人只出购买资产所需的部分资金（如30%），作为自己的投资；另外以该资产作为担保向资金出借者借入其余资金（如70%）。

（四）融资租赁租金的计算

在租赁筹资方式下，承租人要按合同规定向租赁人支付租金。租金的数额和支付方式对承租人的未来财务状况具有直接的影响，也是租赁筹资决策的重要依据。

1. 融资租赁租金的构成

融资租赁的租金包括设备价款和租息两部分。其中，租息又包括租赁人的融资成本、租赁手续费等。

第一，设备价款是租金的主要内容，它由设备的买价、运杂费和途中保险费等构成。第二，融资成本是指租赁人购买租赁设备所筹资金的成本，即设备租赁期间的利息。第三，租赁手续费包括租赁人承办租赁设备的营业费用和一定的利润。租赁手续费的高低一般无固定的标准，可由承租人与租赁人协商确定。

2. 租金的支付方式

租金的支付方式也影响到租金的计算。租金通常采用分次支付的方式，租金的支付方式具体可以分为以下几种类型：

第一，按支付时期的长短，租金的支付方式可以分为年付、半年付、季付和月付等。

第二，按支付时期的先后，租金的支付方式可以分为先付租金和后付租金两种。先付租金是指在期初支付；后付租金是指在期末支付。

第三，按每期支付金额的多少，租金的支付方式可以分为等额支付和不等额支付两种。

3. 租金的计算方法

在我国融资租赁业务中，计算租金的方法一般采用等额年金法。等额年金法是利用年金现值的计算公式经变换后计算每期支付租金的方法。因租金有先付租金和后付租金两种支付方式，需分别说明。

第一，后付租金的计算。承租人与租赁人商定的租金支付方式，大多为后付等额租金，即普通年金。根据年资本回收额的计算公式，我们可以确定后付租金方式下每年年末支付租金数额的计算公式为：

$$A = P/(P/A, i, n)$$

第二，先付租金计算。承租企业有时可能会与租赁公司商定，采取先付等额租金的方式支付租金。根据预付金的现值方式，可得出先付等额租金的计算方式：

$$A = P/[(P/A, i, n-1) + 1]$$

4.融资租赁筹资的优缺点

(1)融资租赁筹资的优点

第一,筹资速度快。租赁往往比借款购置设备更迅速、更灵活。第二,限制条款少,手续简便。只要供需双方达成协议即可。第三,设备淘汰风险小。承租人在签订租赁合同确定租期时,已根据自身的生产技术发展情况考虑了可能出现的无形损耗因素,因而可避免自行购置发生陈旧而造成的损失。第四,财务风险小。租金在整个租期内分摊,不用到期归还大量本金。第五,税收负担轻。租金可在税前扣除,具有抵免所得税的效用。

(2)融资租赁筹资的缺点

第一,资本成本较高,这是其最主要的缺点。一般来说,融资租赁的租金要比举借银行借款或发行债券所负担的利息高得多。第二,由于承租人在租赁期内无资产所有权,因而不能根据自身的要求自行处置租赁资产。

五、商业信用

商业信用是指商品交易中的延期付款或延期交货而形成的借贷关系,是企业之间的一种直接信用关系。商业信用已成为企业普遍使用的短期资金筹集方式。

(一)商业信用的形式

商业信用的形式有应付账款、应付票据、预收货款。

1.应付账款

应付账款即赊购商品形成的欠款,是一种典型的商业信用形式。应付账款是卖方向买方提供商业信用,允许买方收到商品后不立即付款,可延续一定时间付款。

2.应付票据

应付票据是一种期票,即由出票人出票,由承诺人允诺在一定时期内支付一定款项的书面证明。这种票据由购货方或销货方开出,由购货方承兑或请求开户银行承兑。

在应付票据商业信用形式下,延期付款期限一般为1~6个月,最长不超过9个月。应付票据有带息和不带息两种,西方国家一般带息,属于有代价信用,我国一般不带息,属于免费信用。

3.预收货款

预收货款是销货方在交货前向购货方预先收取部分或全部货款所发生的负债,这项负债要用以后的商品或劳务偿还,这实际等于向购货方借一笔款项。

(二)商业信用的条件

商业信用条件是指销货人对付款时间和现金折扣所做的具体规定。如"2/10,N/30"便属于一种信用条件。从总体上看,信用条件主要有以下几种形式。

1.预收货款

一般用于以下两种情况:企业已知买方信用欠佳;销售生产周期长、售价高的商品。

2.延期付款,但不涉及现金折扣

这里指卖方允许买方在交易发生后的一定时期内按发票金额支付货款。"N/30"是指卖方允许买方在30天内按发票金额支付货款。该条件下的信用期一般为30~60天,有些季节性的生产企业可能为其顾客提供更长的信用期。

3.延期付款,但早付款可享受现金折扣

这里指买方在卖方规定的折扣期内付款可享受给定的现金折扣。如"2/10,N/30"表示信用期为30天,买方在10天内付款,可以享受2%的现金折扣;如买方超过10天付款,不享受现金折扣。提供现金折扣的目的是加速货款的回收。现金折扣率一般为发票金额的1%~5%。

(三)现金折扣成本的计算

现金折扣成本是指买方赊购商品时,卖方提供现金折扣,买方没有利用,放弃享受现金折扣的机会成本。

放弃现金折扣的信用成本是相当昂贵的,比借款利率高出很多,若无特殊情况,还是享受现金折扣为好。

(四)商业信用筹资的优缺点

1.商业信用筹资的优点

(1)筹资便利

因为商业信用与商品买卖同时进行,属于一种自然性融资,随时可以随着购销行为的产生获得这项资金。

(2)筹资成本低

如果没有现金折扣,或企业不放弃现金折扣,则利用商业信用筹资没有实际成本。

(3)限制条件少

商业信用无须担保和抵押,与其他筹资方式相比,限制条件较少。

2.商业信用筹资的缺点

(1)期限短

商业信用的期限一般都很短,资金不能长期占用。

(2)现金折扣成本高

如果放弃现金折扣,会付出较高的资本成本。

第四节 企业资金需要量的预测

资金的需要量是筹资的数量依据,必须科学合理地进行预测。筹资数量预测的目的,是保证筹集的资金既能满足生产经营的需要,又不会产生资金多余而闲置。

资金需要量的预测方法有定性预测法、销售百分比法、资金习性预测法等。

一、定性预测法

定性预测法是指依靠预测者个人的经验、主观分析和判断能力,对未来时期资金的需求量进行估计和推算的方法。这种方法通常采取召开专业人员座谈会和专家论证会等形式,常常在缺乏完整的历史资料下采用,它不能揭示资金需要量与相关因素的关系,预测结果的准确性较差,一般只作为预测的辅助方法。

二、销售百分比法

销售百分比法,是将反映生产经营规模的销售因素与反映资金占用的资产因素联系起来,根据销售额与资产之间的比例关系,预计企业的外部筹资需要量。销售百分比法首先假设某些资产与销售额存在稳定的百分比关系,根据销售额与资产之间的比例关系预计资产额,根据资产额预计相应的负债和所有者权益,进而确定筹资需要量。

采用销售百分比法确定资金需要量的基本步骤如下所示。

(一)确定随销售额变动而变动的资产和负债项目

资产是资金使用的结果,随着销售额的变动,经营性资产项目将占用更多的资金。同时,随着经营性资产的增加,相应的经营性短期债务也会增加,如存货增加会导致应付账款增加,此类债务称之为"自动性债务",可以为企业提供暂时性资金。经营性资产与经营性负债的差额通常与销售额保持稳定的比例关系。这里,经营性资产项目包括库存现金、应收账款、存货等项目;而经营性负债项目包括应付票据、应付账款等项目,不包括短期借款、长期负债等筹资性负债。

(二)确定经营性资产与经营性负债有关项目与销售额的稳定比例关系

如果企业资金周转的营运效率保持不变,经营性资产与经营性负债将会随销售额的变动而呈正比例变动,保持稳定的百分比关系。企业应根据历史资料和同业情况,剔除不合理的资金占用,寻找与销售额的稳定百分比关系。

(三)确定需要增加的筹资数量

预计由于销售增长而需要的资金需求增长额,扣除利润留存后,即为所需要的外部筹资额。即有:

$$对外资金的需求量 = \frac{A}{S_1} \times \Delta S - \frac{B}{S_1} \times \Delta S - P \cdot E \cdot S_2$$

公式中:A——随销售额而变化的敏感性资产;

B——随销售额而变化的敏感性负债;

S_1——基期销售额;

S_2——预测期销售额;

ΔS——销售变动额;

P——销售净利率;

E——利润留存率；

$\dfrac{A}{S_1}$——敏感资产与销售额的关系百分比；

$\dfrac{B}{S_1}$——敏感负债与销售额的关系百分比。

三、资金习性预测法

资金习性预测法，是指根据资金习性预测未来资金需要量的一种方法。所谓资金习性，是指资金的变动同产销量变动之间的依存关系。按照资金同产销量之间的依存关系，可以把资金区分为不变资金、变动资金和半变动资金。

（一）不变资金

指在一定的产销量范围内，不随着产销量的变动而变动的那部分资金，包括为维持营业而占用的最低数额的现金，原材料的保险储备，必要的成品储备和厂房、机器设备等固定资产占用的资金。

（二）变动资金

指随着产销量的变动而成比例变动的那部分资金，一般包括直接构成产品实体的原材料、外构件等占用的资金。

（三）半变动资金

指虽受产销量变化的影响但并不成比例变动的那部分资金，如一些辅助材料占用的资金。半变动资金可以通过一定的方法分解为不变资金和变动资金两部分。

资金习性预测法，就是对资金习性进行分析，将其划分为变动资金和不变资金，根据资金与产销量之间的数量关系来建立数学模型，再根据历史资料预测资金需要量。预测的基本模型为：

$$y = a + bx$$

公式中：y——资金需要量；

　　　　a——不变资金；

　　　　b——单位产销量所需要的变动资金；

　　　　x——产销量。

通过将历史数据代入模型，用线性回归法和高低点法得出 a、b 值后，再将预计销售量代入已知模型，即可计算出预计资金需要量。

资金习性预测法包括线性回归法和高低点法两种。

1. 线性回归法

线性回归法是按照企业历史上资金占用总额与产销量的关系，运用最小平方法原理计算不变资金和单位销售额的变动资金的一种资金习性分析方法。其计算公式为：

$$a = \dfrac{\sum X_i^2 \sum Y_i - \sum X_i \sum X_i Y_i}{n \sum X_i^2 - (\sum X_i)^2}$$

$$b=\frac{n\sum X_i \sum Y_i - \sum X_i \sum Y_i}{n\sum X_i^2 - (\sum X_i)^2}$$

$$\text{或 } b=\frac{\sum Y_i - na}{n\sum X_i}$$

2. 高低点法

高低点法是在相关范围内,根据资金量的最高点和产销量的最高点之间的线性关系,以及资金量的最低点与产销量的最低点之间的线性关系,推算出资金中不变资金(a)和单位产销量所需变动资金(b)的数值,进而计算出预测期的资金需要量。

根据资金习性预测法的基本预测模型可知:

$$Y_H = a + bX_H$$

$$Y_L = a + bX_L$$

$$b = \frac{Y_H - Y_L}{X_H - X_L}$$

根据上述两式解得:

$$a = Y_H - bX_H \text{ 或 } a = Y_L - bX_L$$

预测期的资金需要量＝(a＋b)×预测期产销量

注意:高低点的选择以自变量为依据。

企业筹集资金是资金运作的起点,筹资工作的好坏直接影响企业效益的好坏,进而影响企业收益分配。企业的资金由权益资金和负债资金两部分组成。企业权益资金的筹集可通过吸收直接投资、发行股票、留存收益等方式筹集。股票按股东权利和义务的不同,可分为普通股和优先股。股票的发行价格有平价、溢价和折价。我国目前不允许折价发行。企业负债资金可通过银行借款、发行债券、租赁、商业信用等方式筹集。商业信用是一种自然性融资,主要有应付账款、应付票据和预收货款等形式。在有现金折扣的赊销方式下,若买方在现金折扣期内付款,就不会发生商业信用成本;但若买方放弃了现金折扣,则会发生商业信用筹资机会成本,亦即放弃现金折扣的成本。筹资的数量应当合理,不管采取什么筹资方式,都必须预先合理确定资金的需要量,根据需要筹资。企业可用销售百分比法等预测资金需要量。

第三章　项目投资管理

项目决策关系到企业的生死存亡。企业进行项目投资决策时,需要考察与项目相关的现金流量,包括项目投资额、收入、成本、税收等,并且要采用一定的方法进行可行性评价。

第一节　项目投资概述

一、项目投资的特点

项目投资是一种以特定项目为对象,直接与新建项目或更新改造项目有关的长期投资行为。企业投资项目主要可分为以新增生产能力为目的的新建项目和以恢复或改善生产能力为目的的更新改造项目两大类。一般来说,项目投资具有以下特点。

(一)项目投资的回收时间较长

项目投资决策一经做出,便会在较长时间内影响企业,一般的项目投资都需要几年、十几年甚至几十年才能回收。因此,项目投资对企业的命运有着决定性的影响。这就要求企业在进行项目投资前,进行认真的可行性研究。

(二)项目投资的变现能力较差

项目投资一旦完成,其实物形态往往是厂房、机器设备等固定资产。这些资产不易改变用途,出售困难,变现能力差。想改变用途的话,要付出较大代价。因此,项目投资具有不可逆转性。

(三)项目投资的风险较大

投资项目交付使用后的收益情况,受内部、外部各种因素制约,这些因素之间的相互关系也是错综复杂的。因此,在投资中无法对未来各因素的发展变化做出完全准确的预测,导致投资风险较大。

(四)项目投资的资金占用数量相对稳定

项目投资一经完成,在资金占用数量上便保持相对稳定,不像流动资产投资那样经常变动。这是因为,在相关业务量范围内,实际投资项目营运能力的增加,并不需要立即增加项目投资,通过挖掘潜力、提高效率,可以使现有投资项目完成增加的业务量。而实际投资项目营运能力的下降,也不可能使已投入的资金减少。

(五)项目投资数额多

项目投资一般都需要较多的资金,对企业的现金流量和财务状况有很大的影响。企业必须合理安排资金预算,适时筹措资金,尽可能减轻企业财务压力。

(六)项目投资的次数相对较少

与流动资产的投资相比,项目投资一般较少发生,特别是大规模的项目投资,一般要几年甚至几十年才发生一次。

二、项目投资管理的程序

项目投资管理的程序一般包括如下几个步骤。

(一)投资项目的提出

企业大规模的战略性投资项目,由企业的高层领导提出,其方案一般由生产、技术、市场、财务等各方面专家组成的专门小组拟定;而战术性投资项目由基层或中层人员提出,其方案由主管部门组织人员拟定。

(二)投资项目的评价

投资项目的评价主要涉及如下几项工作:一是把提出的投资项目进行分类,为分析评价做好准备;二是计算有关项目的预计收入和成本,预测投资项目的现金流量;三是运用各种投资评价指标,把各项投资按可行性的顺序进行排队;四是写出评价报告,递呈上级批准。

(三)投资项目的决策

投资项目经过评价后,应有权批准者审批。投资额较小的项目,有时中层经理就有决策权;投资额较大的项目一般由总经理决策;投资额特别大的项目要由董事会甚至股东大会投票表决。决策结果一般可分为以下三种:一是采纳建议,批准项目;二是拒绝建议,否定项目;三是责令重新调查研究。

(四)投资项目的实施

决定对某项目进行投资后,要积极筹措资金,实施投资。在项目投资实施过程中,要对工程进度、工程质量和成本开支严格加以控制,以保证投资项目保质保量如期完成。

(五)投资项目的再评价

投资项目实施过程中,要继续严密注视作为决策依据的信息是否可靠,情况是否变化。如遇重大变化,应对原方案重新审议。必要时,应终止投资。投资项目完成后,最好继续观察评价若干年,检查原预测是否准确、原决策是否正确,以便改进以后预测、决策的程序和方法。

第二节 项目投资现金流量分析

一、现金流量的概念

所谓现金流量,在项目投资决策中是指一个项目引起的企业现金支出和现金收入增加的数量。企业在进行项目投资的时候,都需要用特定的指标对项目投资的可行性进行分析,而这些指标的计算,都是以项目的现金流量为基础的。因此,现金流量是评价投资方案是否可行时必须事先计算的一个基础性数据。

二、现金流量的内容

现金流量包括现金流出量、现金流入量和现金净流量三个具体内容。

（一）现金流出量

一个项目的现金流出量是指该项目引起的企业现金支出的增加额。企业如果购置一条生产线，通常会引起以下现金流出。

1. 购置生产线的价款

购置生产线的价款，企业有可能分几次支出，也可能一次性支出。

2. 企业垫支的流动资金

由于购置了新的生产线，导致企业生产能力扩大，引起对流动资金需求的增加。企业需要追加的流动资金，应列入该项目的现金流出量。这些资金，只有在营业终结或出售该生产线时才能收回。

（二）现金流入量

一个项目的现金流入量，是指该项目引起的企业现金收入的增加额。企业如果购置一条生产线，通常会引起以下现金流入。

1. 营业现金流入

购置生产线扩大了企业的生产能力，使企业销售收入增加。扣除有关的付现成本增量后的余额，是该生产线引起的一项现金流入。

$$营业现金流入 = 销售收入 - 付现成本$$

付现成本在这里是指需要每年支付现金的成本。成本中不需要每年支付现金的部分称为非付现成本，主要是折旧费。所以，付现成本可以用销售成本减折旧来估计。

$$付现成本 = 销售成本 - 折旧$$

如果从每年现金流动的结果来看，增加的现金流入来自两部分：一部分是利润造成的货币增值；另一部分是以货币形式收回的折旧。

$$营业现金流入 = 销售收入 - 付现成本$$
$$= 销售收入 - （销售成本 - 折旧）$$
$$= 利润 + 折旧$$

其中，利润指的是税前利润，若考虑扣除所得税的影响，可得出年净营业现金流入量（营业现金流入量）的计算公式：

$$年净营业现金流入 = 销售收入 - 付现成本 - 所得税$$
$$= 净利润 + 折旧$$

2. 该生产线出售（报废）时的残值收入

资产出售或报废时的残值收入，是由于当初购置该生产线引起的，应当作为投资项目的一项现金流入。

3. 收回的流动资金

该生产线出售（报废）时，企业可以相应增加流动资金，收回的资金可以用于别处，因此应将其作为该项目的一项现金流入。

（三）现金净流量

现金净流量是指一定期间现金流入量和现金流出量的差额。流入量大于流出量时，净流量为正值；反之，净流量为负值。

三、现金流量与利润

为了正确地评价投资项目的优劣，必须正确地计算现金流量。利润是按照权责发生制确定的，而现金流量是根据收付实现制确定的，两者既有联系又有区别。

利润与现金流量的差异主要表现在以下几个方面：第一，购置固定资产时付出大量现金不计入成本。第二，将固定资产的价值以折旧形式逐期计入成本时，不需要付出现金。第三，计算利润时不考虑垫支的流动资金的数量和回收的时间。第四，只要销售行为确定，就计算为当期的销售收入，尽管其中有一部分当期没有收到现金。第五，项目寿命终了时，以现金的形式收回的固定资金和垫支的流动资金在计算利润时也得不到反映。

在投资决策中，研究的重点是现金流量，而把利润的研究放在次要地位，其原因在于以下几点。

（一）采用现金流量有利于科学地考虑时间价值因素

科学的投资决策必须认真考虑资金的时间价值，这就要求在决策时一定要弄清每笔预期收入款项和支出款项的具体时间。因此，在衡量方案优劣时，应根据各投资项目寿命周期内各年的现金流量，按照资本成本，结合资金的时间价值来确定。而利润的计算，并不考虑资金的时间价值。

（二）采用现金流量能使投资决策更加符合客观实际情况

在长期投资决策中，应用现金流量能更科学、更客观地评价投资方案的优劣，而利润则明显地存在不科学、不客观的成分。这主要是利润的计算没有一个统一的标准，在一定程度上要受到存货估价、费用摊派和折旧计提的不同方法的影响。因而，净利润的计算比现金流量的计算有更大的主观随意性，作为决策的主要依据不太可靠。此外，利润反映的是某一会计账目中的应计现金流量，而不是实际的现金流量。如果未以实际收到的现金收入作为收益，则具有较大风险，容易高估投资项目的经济效益，存在不科学、不合理的成分。

第三节 项目投资决策评价指标的计算与评价

项目投资评价时使用的指标分为两类：一类是非贴现指标，即没有考虑时间价值因素的指标，主要包括回收期、会计收益率等；另一类是贴现指标，即考虑了时间价值因素的指标，主要包括净现值、内含报酬率、现值指数等。根据分析评价指标的类别，项目投资评价分析的方法，也被分为非贴现的分析评价方法和贴现的分析评价方法两种。

一、项目投资决策评价指标的类型

项目投资决策评价的指标主要有投资收益率、静态投资回收期、净现值、净现值率、现值指数、内含报酬率等。

(一)按是否考虑资金时间价值

评价指标按是否考虑资金时间价值,可分为非贴现评价指标和贴现评价指标两大类。非贴现评价指标是指在计算过程中不考虑资金时间价值因素的指标,又称为静态指标。与非贴现评价指标相反,贴现评价指标在计算过程中充分考虑和利用资金时间价值,又称为动态指标。

(二)按指标性质

评价指标按指标性质的不同,可分为在一定范围内越大越好的正指标和在一定范围内越小越好的反指标两大类。投资收益率、净现值、净现值率、现值指数和内含报酬率属于正指标,静态投资回收期属于反指标。

(三)按指标数量特征

评价指标按指标数量特征的不同,可分为绝对量指标和相对量指标。前者包括以时间为计量单位的静态投资回收期指标和以价值量为计量单位的净现值指标;后者包括净现值率、现值指数、内含报酬率等。

(四)按指标重要性

评价指标按其在决策中所处地位的不同,可分为主要指标、次要指标和辅助指标。净现值、内含报酬率等为主要指标,静态投资回收期为次要指标,投资收益率为辅助指标。

(五)按指标计算的难易程度

评价指标按其计算难易程度的不同,可分为简单指标和复杂指标。投资收益率、静态投资回收期、净现值率和现值指数为简单指标,净现值和内含报酬率为复杂指标。

二、静态评价指标的计算与分析

(一)投资回收期

投资回收期是指收回全部投资额所需要的时间。投资回收期越短,投资效益越好,方案为佳;反之,方案为差。在原始投资一次支出,每年现金净流入量相等时:

$$回收期=原始投资额/每年现金净流入量$$

使用投资回收期作为投资决策评价指标时,如果备选方案的投资回收期大于可接受的最长投资回收期,那么应当放弃该方案;反之,如果备选方案的投资回收期小于可接受的最长投资回收期,那么该方案可以接受。

投资回收期计算简便,并且容易理解。它的缺点在于:不仅忽视了资金的时间价值,而且没有考虑回收期以后的收益。事实上,有战略意义的长期投资,往往早期收益较低,而中后期收益较高。投资回收期法优先考虑急功近利的项目,可能导致放弃长期成功的方案。

(二)总投资收益率

总投资收益率又称投资报酬率(ROI),是指项目投资方案的年平均息税前利润占项目总投资的百分比。总投资收益率的计算公式为:

总投资收益率＝年息税前利润/项目总投资×100％

投资项目决策原则:投资项目的投资收益率属于正指标,越高越好。投资收益率≥基准投资收益率,项目可行。

1.采用总投资收益率指标的优点

第一,该指标是衡量盈利的简单方法,容易理解。第二,相对于投资回收期,考虑了整个项目寿命期的全部利润。

2.采用总投资收益率指标的缺点

第一,没有考虑资金的时间价值因素。第二,不能正确反映建设期长短、投资方式的不同和是否有回收额等条件对项目的影响。第三,分子、分母计算口径的可比性较差。

三、动态评价指标的计算与分析

(一)净现值

1.净现值的计算方法

所谓净现值(NPV),是指对于特定方案未来现金流入的现值与未来现金流出的现值之间的差额。净现值法的基本原理是:将某投资项目投产后的现金流量按照预定的投资收益率折算到该项目开始建设的当年,以确定折现后的现金流入和现金流出的数值,然后相减。若现金流入的现值大于现金流出的现值,净现值为正值,表明投资不仅能获得符合预定报酬的期望利益,而且还可得到以正值差额表示的现值利益,这在经济上是有利的;反之,若现金流入的现值小于现金流出的现值,则表明投资回收水平低于预定报酬率,这在经济上是不合算的。

净现值的计算公式是:

$$NPV = \sum_{i=1}^{n} \frac{A_t}{(1+i)^t} - A_0$$

公式中:NPV——净现值;

A_t——第 t 年的现金流入量;

i——预定的投资收益率;

N——期间数;

A_0——原始投资(现金流出量)。

计算方案的净现值时,一般分以下几步:第一,计算方案每年的营业现金净流量。第二,将每年的营业现金净流量折算成现值。如果每年的营业现金净流量相等,则按年金现值系数折成现值;如果每年的营业现金净流量不相等,则先按复利现值系数对每年的营业现金净流量折现,然后加以合计。第三,汇总各年的营业现金净流量现值,求出投资方案的净现值。

2.净现值的评价标准

根据净现值来进行投资决策时,标准是:当只有一个备选方案时,如果净现值大于 0,采纳;反之,放弃。如果存在两个或两个以上的备选方案,应选择净现值最大的那一个。

3.净现值法的优缺点

净现值法考虑了资金的时间价值,考虑了各种投资方案的净收益,是一种较好的投资决策方法。

但它的缺点也很明显。首先,净现值是一个绝对数,不能直接反映投资方案的实际收益率水平。当各个项目投资额不等时,仅用净现值法不能确定投资项目的优劣。其次,现金净流量的测算和预期投资收益率的确定比较困难,而其正确性对计算净现值有重要影响。最后,净现值法计算过程烦琐,较难理解和掌握。

(二)净现值率

1.净现值率的计算方法

净现值率(NPVR)是指投资项目的净现值占原始投资现值总和的百分比。其计算公式为:

$$NPVR = \frac{投资项目净现值}{原始投资现值总和} \times 100\%$$

2.净现值率的评价标准

净现值率是一个相对量评价指标,采用净现值率进行投资项目评价的标准是:当 NPVR≥0 时,项目可行;当 NPVR<0 时,项目不可行。

3.净现值率法的优缺点

(1)净现值率法的优点

第一,考虑了资金的时间价值;第二,可以动态地反映投资项目的资金投入与产出之间的关系。

(2)净现值率法的缺点

第一,不能直接反映投资项目的实际收益率;第二,在资本决策过程中,可能导致片面追求较高的净现值率,在企业资本充足的情况下,有降低企业投资利润总额的可能。

(三)现值指数

1.现值指数的计算方法

所谓现值指数(PVI),是指未来现金流入现值与现金流出现值的比率。

现值指数的计算公式如下:

$$PVI = \left[\sum_{i=1}^{n} \frac{A_t}{(1+i)^t} \right] / A_0$$

公式中:PVI——现值指数;

A_t——第 t 年的现金流入量;

i——预定的投资收益率;

n——期间数;

A_0——原始投资(现金流出量)。

2.现值指数的评价指标

根据现值指数来进行投资决策时,标准是:当只有一个备选方案时,如果现值指数大于

1,采纳;反之,放弃。如果存在两个或两个以上的备选方案,应选择现值指数最大的那一个。

3. 现值指数法的优缺点

(1)现值指数法的优点

使用现值指数法进行长期投资决策,既考虑了资金的时间价值,又能真实地反映投资方案的获利水平,有利于在原始投资额不同的方案之间进行对比。

(2)现值指数法的缺点

无法直接反映投资项目的实际收益率,且计算过程比净现值的计算过程复杂,计算口径也不一致。

(四)内含报酬率

1. 内含报酬率的计算方法

所谓内含报酬率,是指能够使未来现金流入量现值等于未来现金流出量现值的贴现率(IRR),或者说,是使投资方案净现值为 0 的贴现率。

$$NPV=0 \text{ 或 } \sum_{t=1}^{n} \frac{A_t}{(1+i)^t} = A_0$$

如果方案每年的营业现金净流量相同,内含报酬率可以进行以下计算。

(1)计算年金现值系数

内含报酬率要求净现值为 0,即:

$$A_t \times 年金现值系数(P/A,i,n) = A_0$$
$$年金现值系数(P/A,i,n) = A_0/A_t$$

(2)查年金现值系数表

在同一期数内,查出最接近的两个临界系数和临界贴现率。

(3)用内插法求出该投资方案的内含报酬率

如果方案每年的营业现金净流量不相同,内含报酬率的计算则要用逐步测试法。首先估计一个贴现率,用它来计算方案的净现值。如果净现值大于 0,说明方案本身的报酬率超过估计的贴现率,应提高贴现率后进一步测试;如果净现值小于 0,说明方案本身的报酬率低于估计的贴现率,应降低贴现率后进一步测试。经过多次测试,寻找出使净现值接近于 0 的贴现率,即为方案本身的内含报酬率。

2. 内含报酬率的评价标准

运用内含报酬率法进行投资决策,主要是确定一个合适的资本成本。若内含报酬率大于资本成本,则方案可行;若内含报酬率小于资本成本,则方案不可行。若多个方案的内含报酬率均大于资本成本,则选择内含报酬率较高的方案。

从计算结果看,假设公司资本成本为 10%,则 A、B 两个方案均可选择,但方案 B 内含报酬率高于方案 A,应优先考虑方案 B。

3. 内含报酬率法的优缺点

内含报酬率法考虑了资金的时间价值,反映了投资项目的真实报酬率,概念也易于理解。但该方法计算过程比较复杂,特别是每年营业现金净流量不等的投资项目,一般要经过多次测算才能算出。

第四节　项目投资评价方法的应用

一、单一投资项目的财务可行性分析

如果某一投资项目的评价指标同时满足以下条件,则可以断定,该投资项目无论从哪个方面来看,都具备财务可行性,可以接受此投资方案。这些条件是:第一,NPV≥0;第二,NPVR≥0;第三,PVI≥1;第四,IRRA≥i(i为资本成本或投资项目的行业基准利率,下同);第五,P≤P₀(P为静态投资回收期,P₀为标准静态投资回收期,下同);第六,ROI≥i(i为基准投资收益率,下同)。

如果某一投资项目的评价指标不满足上述条件,即发生以下情况:第一,NPV<0;第二,NPVR<0;第三,PVI<1;第四,IRR<i;第五,P>P₀;第六,ROI<i,则可以断定,该投资项目无论从哪个方面来看,都不具备财务可行性,毫无疑问,此时应当放弃该投资项目。

当静态投资回收期(次要指标)或投资收益率(辅助指标)的评价结论与净现值等主要指标的评价结论发生矛盾时,应当以主要指标的结论为准。

在评价过程中,如果发现某项目的主要指标 NPV≥0,NPVR≥0,PVI≥1.IRR≥i,但次要指标或辅助指标 P>P₀ 或 ROI<i,则可断定该项目基本上具有财务可行性。相反,如果出现 NPV<0,NPVR<0,PVI<1,IRR<i 的情况,即使 P<P₀ 或 ROI≥i,也可基本断定该项目不具有财务可行性。

二、多个互斥项目的财务可行性分析

企业在进行项目投资决策时,常常会遇到必须从多个可供选择的投资项目中选择一个的情况,这就是互斥项目的投资决策问题。互斥项目投资决策过程就是在每一个入选方案已具备财务可行性的前提下,利用具体决策方法比较各个方案的优劣,利用评价指标从各个备选方案中最终选出一个最优方案的过程。

互斥项目投资决策的方法主要有净现值法、净现值率法、差额投资内含报酬率法和年等额净回收额法等。

(一)净现值法和净现值率法

净现值法和净现值率法适用于原始投资相同且项目计算期相等的多方案比较决策,即可以选择净现值或净现值率大的方案作为最优方案。

(二)差额投资内含报酬率法和年等额净回收额法

差额投资内含报酬率法和年等额净回收额法适用于原始投资不相同的多项目的比较,后者尤其适用于项目计算期不同的多项目的比较决策。

1. 差额投资内含报酬率法

差额投资内含报酬率法是指在计算出两个原始投资额不相等的投资项目的差量现金净流量的基础上,计算出差额内含报酬率,并据以判断这两个投资项目孰优孰劣的方法。在此法下,当差额投资内含报酬率指标大于或等于基准收益率或设定贴现率时,原始投资额大的项目较优;反之,则投资少的项目较优。

差额投资内含报酬率法与内含报酬率法的计算过程一样,只是差额投资内含报酬率法所依据的是差量现金净流量。差额投资内含报酬率法还经常被用于更新改造项目的决策。当某项目的差额投资内含报酬率指标大于或等于基准收益率或设定贴现率时,该项目应当进行更新改造;反之,该项目就不应当进行更新改造。

2. 年等额净回收额法

年等额净回收额法是指根据所有投资项目的年等额净回收额指标的大小来选择最优项目的一种投资决策方法。某一方案年等额净回收额等于该方案净现值与相关的资本回收系数的乘积。若某方案净现值为 NPV,设定折现率或基准收益率为 i,项目计算期为 n,则年等额净回收额的计算公式为:

$$A = NPV \cdot (A/P, i, n) = NPV/(P/A, i, n)$$

公式中:A——该项目的年等额净回收额;

(A/P, i, n)——第 n 年折现率为 i 的资本回收系数;

(P/A, i, n)——第 n 年折现率为 i 的年金现值系数。

采用年等额净回收额的方法是在所有投资项目中,以年等额净回收额最大的项目为优。

项目投资是一种以特定项目为对象,直接与新建项目或更新改造项目有关的长期投资行为。与项目投资决策有关的现金流量是进行项目投资分析的基础。投资评价决策的指标主要有两大类:一类是非贴现指标,包括投资回收期、会计收益率;另一类是贴现指标,包括净现值、净现值率、现值指数、内含报酬率。

第四章 会计基础知识

第一节 认识会计理论

一、会计的概念

会计是适应社会生产力水平的不断提高和经济管理的需要而产生的一项对社会经济活动进行基础管理的活动。在现代市场经济条件下,会计已经超出了传统定义的范畴,更广泛地起着服务于社会经济生活和推动社会生产力水平提高的重要作用,并以提高经济效益为终极目标。我们把会计定义为:会计是以货币为主要计量单位,采用一系列专门方法,对企事业单位实际发生的交易或者事项进行连续、系统、全面、综合的核算与监督,以提供真实、有用的会计信息,并在此基础上对经济活动加以预测、控制和决策。它既是一个经济信息系统,也是一项管理活动。

(一)会计是一种语言,是一种国际通用的商业语言

把会计表述成一种国际通用的商业语言是十分恰当的。人类的任何交往和任何活动都必须借助于可以相互沟通的共同语言。没有对语言的理解就无法表达真实的思想和目的。随着世界经济一体化进程的加剧,不同国家、不同地区具有不同文化背景的经济组织之间,需要进行商品、技术、人员以及信息上的交流与沟通,这种交流与沟通需要一种特殊的商业语言,即会计语言。

在现代市场经济条件下,公认的会计原则和会计方法已经被国际社会所普遍接受:会计必须对已经发生的经济活动及时地、客观地进行记录与科学计量,并将这些记录以会计的特殊语言——会计报表信息的形式,按照规范化要求列示于财务报告之中。在经营活动和会计处理过程中,只要遵循一般公认会计原则,采用规范化的记账方法、会计程序和会计报表,就能使人们看懂不同企业、不同地区甚至不同国家的会计信息,了解这些企业、地区、国家所发生的经济业务和经营成果状况,使得处于不同地域、有着不同文化背景和处在不同经济发展水平的人们,无论是投资人还是职业经理,都能够使用国际通用的会计词汇和会计概念,并凭借会计这种特殊的商业语言进行交流与沟通。可以预言,随着国际贸易和国际技术合作的日益频繁和经营管理活动的国际化,会计作为商业语言的作用将显得更加重要,会计在对社会经济资源的优化配置过程中所起的特殊作用也将更加明显。

(二)会计是一个信息系统

将会计定义为信息系统必须从会计目标——提供会计信息谈起:会计以提供信息为职业目标,这一目标成为创建会计理论体系的起点。会计为什么要提供信息?会计信息的需

求群体在哪里？谁最需要会计信息？对这些问题的解决将有助于会计理论体系和会计报告体系的构建与完善。

首先，企业的经营管理者需要信息。在现代市场竞争日益激烈的今天，企业的经营管理者必须对本企业产品在生产经营过程中的原材料采购成本、生产过程、产品销售状况、各种产品的成本费用支出状况以及企业的各项期间费用支出情况有全面清楚的了解，这样才能把握市场脉搏，从而做出符合实际的经营决策。

其次，作为企业现实投资人的股东和存在于社会中的众多潜在投资人需要信息。作为已经将资本投入企业的股东，在两权分离的现代企业制度下，他们虽然远离企业的生产经营活动，但投资人的身份使得他们从关心投资收益的角度关注企业的经营过程及其结果。他们会通过各种途径去采集企业的各种信息，以判断自己的投资决策是否正确。作为拥有一定量资本正在寻找最佳投资项目的潜在投资人，企业对外公开披露的财务信息也会引导他们的资金投向。

另外，不仅企业内部的经营管理者和投资人需要信息，政府有关经济管理部门、证券监管部门、债权人以至社会公众都与企业有着千丝万缕的联系，都在不同程度地通过会计信息来了解某个企业的生产经营状况。一句话，提供会计信息是为了满足各种信息使用者的需求，人们要求会计提供的数据真实可靠，并能满足其需要。而会计作为一个信息系统，通过会计数据的收集、加工、分类和汇总，并进行客观的报告和披露，才能发挥应有的作用。

（三）会计是一种提供管理与决策信息的过程，是一种管理活动

为了使企业这一独立的经济实体能够通过自身的生产经营活动获取生存与发展的机会，企业管理者应当充分利用通过会计工作进行加工、处理而生成的信息，使之成为管理当局经营决策的依据，帮助决策者制定生产经营计划，指导和控制当期的经营活动，管好、用好企业的各项财产物资，合理分配、有效利用各种物质资源和人力资源，并通过管理科学水平的提高加速企业的发展，确保企业在不断提高经济效益的同时提升企业的市场地位。

二、会计的特点

会计的特点是指会计和其他经济核算的不同点。它有以下三个基本特点。

（一）以货币为主要计量单位

会计要反映和监督会计内容，需要运用多种计量尺度，包括实物尺度（如千克、件等）、劳动尺度（如工时、工日等），但实物量度和劳动量度可以作为辅助量度，只有货币量度始终是会计最基本的、统一的、主要的计量尺度。

（二）以会计凭证为依据，并严格遵循会计规范

会计的任何记录和计量都必须以会计凭证为依据，这就使会计信息具有真实性和可验证性。只有经过审核无误的原始凭证（凭据）才能据以编制记账凭证，登记账簿进行加工处理。在会计核算的各个阶段都必须严格遵循会计规范，包括会计准则和会计制度，以保证会计记录和会计信息的真实性、可靠性和一致性。

(三)具有连续性、系统性、全面性和综合性

在进行会计核算时,以经济业务发生的时间先后为顺序连续地、不间断地进行登记,对每一次经济业务都无一遗漏地进行登记,不能任意取舍,要做到全面完整。登记时,要进行分类整理,使之系统化,而不能杂乱无章,并通过价值量进行综合、汇总,以完整地反映经济活动的过程和结果。

三、会计的职能

会计的基本职能包括会计核算和会计监督两大职能。

(一)会计的核算职能

会计核算职能是指主要运用货币计量形式,通过确认、计量、记录和报告,从数量上连续、系统和完整地反映各个单位的经济活动情况,为加强经济管理和提高经济效益提供会计信息。

(二)会计的监督职能

会计的监督职能是指会计人员在进行会计核算的同时,对特定主体经济活动的真实性、合法性和合理性进行审查。

真实性审查,即以实际发生的交易或事项为依据确认、计量和报告。

合法性审查,即经济业务要符合国家有关法律法规。

合理性审查,即符合企业内部有关规定,如是否超支等。

通过会计监督能正确地处理好国家与企业的关系,促使企业改善经济管理水平,提高企业的经济效益。

(三)两大职能的关系

会计核算和会计监督两者有着相辅相成、辩证统一的关系。会计核算是会计监督的基础,而会计监督是会计核算的保证。两者必须结合起来发挥作用,才能正确、及时、完整地反映经济活动,有效地提高经济效益。如果没有可靠的、完整的会计核算资料,会计监督就没有客观依据。反之只有会计核算没有会计监督,会计核算也就没有意义。

随着社会经济的发展和经济管理的现代化,会计的职能也会随之发生变化,一些新的职能不断出现。一般来说,除了会计核算和会计监督两个基本职能之外,还有分析经济情况、预测经济前景、参与经济决策等各种控制职能。

(四)会计的引申职能

会计的引申职能很多,比较一致的观点是会计具有参与经营决策的功能,即会计的决策职能。从会计的产生与发展过程中可以看出,会计工作始终是作为一种经营管理工作而存在并发挥作用的。从原始会计对社会经济活动的投资与产生的简单计量、记录与计算,到现代管理会计从财务会计中分离出来形成一种专门为企业经营管理者提供管理信息的职业,会计参与管理与决策的程度在不断提高和延伸,并已经成为现代市场经济中促进经济发展不可缺少的管理手段,这种管理与决策职能将随着生产力水平的不断提高和企业经济业务复杂化程度的加深而逐渐增强,使会计成为企业管理中不可缺少的组成部分。

会计的核算、监督与决策三种职能的关系是：核算职能是监督与决策职能的基础；监督与决策职能必须借助于核算职能提供的基础会计信息。

四、会计的对象

会计对象是指会计核算和会计监督的内容。具体地讲，会计对象是指企事业单位在日常经营活动中所表现出的资金及其运动。凡是特定主体能够以货币表现的经济活动，都是会计核算和监督的内容，也就是会计的对象，通常又称为价值运动或资金运动。

以工业企业为例，说明企业的资金运动及其过程。

工业企业是从事产品生产和销售的营利性经济组织，其再生产过程是以生产过程为中心的供应、生产和销售过程的统一。

企业的资金运动表现为：资金的投入、资金的循环与周转以及资金退出三部分。

资金投入是企业生产经营活动的起点。包括企业所有者（投资者）投入和债权人投入。投入企业的资金一部分构成流动资产，另一部分构成非流动资产。

资金的循环和周转分为供应、生产、销售三个阶段。供应过程是生产的准备过程。在供应过程中，企业要购买原材料，发生材料价款、运输费、装卸费等材料采购成本，与供应单位发生货款的结算关系。这时，企业的资金从货币资金形态转化为储备资金形态。在生产过程中，生产工人加工产品时，发生原材料消耗的材料费、固定资产磨损的折旧费、生产工人工资等，同时，还将发生企业与工人之间的工资结算关系、与有关单位之间的劳务结算关系等。这时，企业的资金从货币资金形态转化为生产资金形态；随着固定资产等劳动手段的消耗，固定资产和其他劳动手段的价值通过折旧或摊销的形式部分地转化为生产资金形态。当产品制成后，资金又从生产资金形态转化为成品资金形态。在销售过程中，将生产的产品销售出去，发生有关销售费用（如广告费等）、收回货款、交纳税金等业务活动，并同购货单位发生货款的结算关系、同税务机关发生税务结算关系等。企业获得的销售收入，扣除各项费用成本后的利润，还要提取盈余公积并向所有者分配利润。这时，企业的资金从成品资金形态转化为货币资金形态。

资金的退出包括偿还各项债务、上交各项税金、向所有者分配利润等。

企业因资金的投入、循环和周转及资金的退出等经济活动而引起的各项资源的增减变化、各项成本费用的形成和支出、各项收入的取得以及损益的发生、实现和分配，共同构成了会计对象的内容。

五、会计核算的基本方法

会计方法是指为发挥会计职能作用、完成会计任务而采取的各种程序方法的总称。一般包括会计核算方法、会计分析方法和会计检查方法。其中会计核算方法是会计方法中最基本的方法，这里主要介绍会计核算方法。

会计核算方法是对经济活动进行核算和监督所用的方法，主要包括设置会计科目与账户、复式记账、填制凭证、登记账簿、成本核算、财产清查和编制会计报表七种。

（一）设置会计科目与账户

设置会计科目是对会计对象的具体内容进行分类核算和监督的一种专门方法,账户是对会计对象的具体内容所做的分类,设置会计科目与账户是为了便于对会计对象的具体内容进行分门别类反映和监督。会计对象的内容复杂繁多,如果不进行适当分类,就不容易进行会计核算,利用账户分类地记录各项经济业务,有利于更好地提供管理所需要的信息。

（二）复式记账

复式记账是对任何一项经济业务都以相等的金额在两个或两个以上的账户中进行登记的一种会计方法,复式记账可以完整地反映经济业务的来龙去脉,并能通过账户的平衡关系检查账簿记录的正确性。

复式记账法包括借贷记账法、增减记账法和收付记账法三种,我国会计准则和企业会计制度规定,企业会计核算必须使用借贷记账法。

（三）填制凭证

会计凭证是记录经济业务发生或完成情况的一种书面证明。企业在经济活动的过程中会发生大量的经济业务,这些经济业务会引起经济状况和结果的变化,并记录在各种原始凭证上。会计对填制或取得的这些原始凭证进行处理加工,形成有用的会计信息供企业作为管理决策的参考。所以说,填制并审核凭证是会计工作的一个重要环节。

（四）登记账簿

账簿是具有一定格式,能连续、系统、全面地记录经济业务的簿籍。登记账簿要以会计凭证为依据,运用账户和复式记账的方法,将发生的经济业务分门别类地而又相互联系地在账簿中进行登记,以便完整系统地提供会计信息。账簿还是编制会计报表的主要依据。

（五）成本核算

企业在生产经营的过程中会发生相应的耗费,比如采购费用、生产费用、销售费用等,为了考核成本和计算盈亏,需要把这些费用按照一定的成本对象加以归集和分配,以确定各成本对象的总成本和单位成本,以便进一步计算企业的经营成果。

（六）财产清查

财产清查是对各项财产、物资进行实地盘点和核对,查明财产物资、货币资金和结算款项的实有数额,确定其账面结存数额和实际结存数额是否一致,以保证账实相符的一种会计专门方法。由于种种原因,财产物资的账面记录与实际结存情况不一定完全一致,这就需要对财产物资进行清查,发现账实不符则查明原因,并及时调整账面记录,以保证账实相符,同时保护财产的安全完整。

（七）编制会计报表

会计报表是以账簿记录为依据,经加工整理而形成的书面报告。编制会计报表是为了总括反映企业的财务状况和经营成果,是编制下期计划及预算的主要依据,也是企业内外决策者必须参考的重要信息。

以上会计的核算方法,是相互联系、密切配合、相互制约的,它们构成了一个完整的方法体系。在日常会计核算中,必须正确地运用这些方法,对于企业日常所发生的各项经济业务,都要填制和审核会计凭证;按照规定的账户运用复式记账法登记账簿;对于生产经营过程中发生的各项费用,应当进行成本核算;通过财产清查,保证账证相符、账账相符、账实相符,并在此基础上根据账簿记录编制会计报表。

第二节 会计基本假设与会计信息质量要求

一、会计假设

会计的基本假设,也叫会计基本假定,又称会计核算的前提条件,是指为了保证会计工作的正常进行而对会计核算的范围、内容、基本程序和方法所做的限定,并在此基础上建立会计原则。我国的会计准则提出了四条基本假定,即会计主体、持续经营、会计分期和货币计量。

(一)会计主体

会计主体是指会计工作为之服务的经济组织和责任实体。会计主体假设为会计核算工作规定了空间范围,会计只能核算和监督其特定主体的经济活动。

会计主体为日常的会计处理提供了空间依据,会计主体不同于法律主体。一般来说,法律主体往往是一个会计主体,例如,一个企业作为一个法律主体,应当建立会计核算体系,独立反映其财务状况、经营成果和现金流量。但是,会计主体不一定是法律主体,比如在企业集团里,一个母公司拥有若干个子公司,在企业集团母公司的统一领导下开展经营活动。为了全面反映这个企业集团的财务状况、经营成果和现金流量,就有必要将这个企业集团的财务状况、经营成果和现金流量予以综合反映。有时,为了内部管理需要,也对企业内部的部门单独加以核算,并编制出内部会计报表,企业内部划出的核算单位也可以视为一个会计主体,但它不是一个法律主体。

(二)持续经营

持续经营假设是指企业的生产经营活动正常,将按照既定的目标继续经营下去,在可预见的将来,不会破产清算。持续经营假设为会计核算工作规定了时间范围。企业会计确认、计量和报告应当以持续经营为基本前提。在这个基本前提下,会计便可认定企业拥有的资产将会在正常的经营过程中被合理地支配和耗用,企业的债务也将在持续经营中得到有序的补偿。由于持续经营是根据企业发展的一般情况所做的设定,企业在生产经营过程中缩减经营规模甚至破产倒闭的可能性总是存在的。为此,往往要求定期对企业持续经营这一前提做出分析和判断。一旦判定企业不符合持续经营前提,就应当改变会计核算的方法。

(三)会计分期

会计分期是指将会计主体持续不断的经营活动人为划分为相等的、较短的会计期间,以便分期考核其经营活动的成果。

在会计分期假设下,企业应当划分会计期间、分期结算账目和编制财务报告。会计期间通常分为年度和中期。中期,是指短于一个完整的会计年度的报告期间。

根据持续经营假设,一个企业将按当前的规模和状态持续经营下去。但是,无论是企业的生产经营决策人还是投资者、债权人等的决策都需要及时的信息,都需要将企业持续的生产经营活动划分为一个个连续的、长短相同的期间,分期确认、计量和报告企业的财务状况、经营成果和现金流量。明确会计分期假设意义重大。由于会计分期,才产生了当期与以前期间、以后期间的差别;才使不同类型的会计主体有了记账的基准,进而出现了折旧、摊销等会计处理方法。

会计期间通常分为年度和中期。会计年度,一般采用日历年度,即从每年的1月1日起至12月31日;中期,一般指半年度、季度、月度。

在我国,会计准则明确规定,采取公历年度,自每年1月1日至12月31日止。

(四)货币计量

货币计量是指会计主体在财务会计确认、计量和报告时以货币计量反映会计主体的生产经营活动。货币计量包含两层意义。

第一,会计核算要以货币作为主要的计量尺度。会计法规定会计核算以人民币为记账本位币,业务收支以人民币以外的货币为主的单位,可以选定其中一种作为记账本位币,但是编报的财务会计报表应当折算为人民币。在以货币作为主要计量单位的同时,有必要也应当以实物量度和劳动量度作为补充。

第二,假设币值是稳定的。因为只有在币值稳定或相对稳定的情况下,不同时点上的资产的价值才有可比性,不同期间的收入和费用才能进行比较,并计算确定其经营成果,会计核算提供的会计信息才能真实反映会计主体的经济活动情况。

会计核算的四个基本假设具有相互依存、相互补充的关系:会计主体确立了会计核算的空间范围;持续经营和会计分期确立了会计核算的时间长度,而货币计量为会计核算提供了必要手段。

二、会计信息质量要求原则

《企业会计准则》对会计信息质量要求的准则,包括可靠性、相关性、可理解性、可比性、实质重于形式、重要性、谨慎性、及时性。这些准则都是为了保证会计信息的质量而提出的,是会计确认、计量和报告质量的保证。

(一)可靠性

是指企业应当以实际发生的交易或者事项为依据进行会计确认、计量和报告,如实反映符合确认和计量要求的各项会计要素及其他相关信息,保证会计信息真实可靠、内容完整。会计工作所提供的信息是国家宏观经济管理的重要信息来源,是包括投资者在内的各个方面做出经济决策的重要依据,如果会计信息不能真实反映企业的实际情况,会计工作就失去了存在的意义,甚至会误导会计信息使用者,导致经济决策的失误。

(二)相关性

它是指企业提供的会计信息应当与财务会计报告使用者的经济决策需要相关,有助于财务会计报告使用者对企业过去、现在或者未来的情况做出评价或者预测。

(三)可理解性

它是指企业提供的会计信息应当清晰明了,便于财务会计报告使用者理解和使用。可理解性原则对于会计信息的使用者来说是非常重要的,所以会计核算要尽量使会计信息通俗易懂,简单明了。这一原则要求,会计记录应当准确、清晰,填制会计凭证、登记会计账簿必须做到依据合法、账户对应关系清楚、文字摘要完整;在编制会计报表时,项目勾稽关系清楚、项目完整、数字准确。

(四)可比性

可比性要求企业提供的会计信息应当相互可比。主要包括以下两层含义。

1.同一企业不同时期可比

为了便于投资者等财务报告使用者了解企业财务状况、经营成果和现金流量的变化趋势,比较企业在不同时期的财务报告信息,全面、客观地评价过去、预测未来,从而做出决策,会计信息质量的可比性要求同一企业不同时期发生的相同或者相似的交易或者事项,应当采用一致的会计政策,不得随意变更。但是,满足会计信息可比性要求,并非表明企业不得变更会计政策,如果按照规定或者在会计政策变更后可以提供更可靠、更相关的会计信息的,就有必要变更会计政策,以向使用者提供更为有用的信息,但是有关会计政策变更的情况,应当在附注中予以说明。

2.不同企业相同会计期间可比

为了便于投资者等财务报告使用者评价不同企业的财务状况、经营成果和现金流量及其变动情况,从而有助于使用者做出科学合理的决策,会计信息质量的可比性要求不同企业同一会计期间发生的相同或者相似的交易或者事项,应当采用规定的、一致的会计政策,确保会计信息口径一致、相互可比,以使不同企业按照一致的确认、计量和报告要求提供有关会计信息。

会计信息可比性的贯彻执行,既保证了会计信息"纵向"上的稳定性,也满足了"横向"评价的需求。税务人员利用符合可比性要求的会计信息,在税收实务中能够完成多项工作,比如,税收成长性预测、税收预警分析、纳税评估和税务稽查等。

(五)实质重于形式

实质重于形式是指企业应当按照交易或事项的经济实质进行会计核算,而不应当仅仅按照它们的法律形式作为会计核算的依据。为了真实反映企业的财务状况和经营成果,就不能仅仅根据经济业务的外在表现形式来进行核算,而要反映其经济实质。比如,法律可能写明商品的所有权已经转移给买方,但事实上卖方仍享有该资产的未来经济利益。如果不考虑经济实质,仅看其法律形式,就不能真实反映这笔业务对企业的影响。

(六)重要性

重要性要求企业提供的会计信息应当反映与企业财务状况、经营成果和现金流量有关的所有重要交易或者事项。

企业财务报告中提供的某项会计信息,如果被省略或者错报会影响使用者据此做出的经济决策,该信息就具有重要性。重要性的应用需要依赖职业判断,企业应当根据其所处环境和实际情况,从项目的性质和金额大小两个方面来判断其重要性。例如,企业发生的某些支出金额较小,虽然从支出受益期来看,可能需要在若干会计期间进行分摊,但根据重要性要求,可以一次性计入当期损益。

我国要求上市公司提供季度财务报告。考虑到季度财务报告披露的时间较短,从成本效益原则的角度考虑,季度财务报告没有必要像年度财务报告那样披露详细的附注信息。为此,我国中期财务报告会计准则规定,公司季度财务报告附注应当以年初至本中期末为基础编制,披露自上年度资产负债表日之后发生的且有助于理解企业财务状况、经营成果和现金流量变化情况的重要交易或者事项。对于与理解本中期财务状况、经营成果和现金流量有关的重要交易或者事项,也应当在附注中作相应披露。这一附注披露的要求,就体现了会计信息质量的重要性要求。

税法严格遵循税收法定原则,不会因为某项业务对当期损益产生影响程度的大小,而改变纳税义务的确定,或者改变纳税义务发生的时间和金额。

(七)谨慎性

谨慎性要求企业对交易或者事项进行会计确认、计量和报告时,应当保持应有的谨慎,不应高估资产或者收益,低估负债或者费用。

在市场经济环境下,企业的生产经营活动面临着许多风险和不确定性,如应收款项的可收回性、固定资产的使用寿命、无形资产的使用寿命、售出存货可能发生的退货或者返修等。会计信息质量的谨慎性要求,是指企业在面临不确定性因素的情况下,做出职业判断时,应当保持应有的谨慎,充分估计到各种风险和损失,既不高估资产或者收益,也不低估负债或者费用。例如,要求企业对可能发生的资产减值损失计提资产减值准备、对售出商品可能发生的保修义务等确认预计负债等,体现了会计信息质量的谨慎性要求。

谨慎性的应用并不允许企业设置秘密准备,如果企业故意低估资产或者收益,或者故意高估负债或者费用,将不符合会计信息的可靠性和相关性要求,损害会计信息的质量,扭曲企业实际的财务状况和经营成果,从而对使用者的决策产生误导,这是企业会计准则所不允许的。

税法基于公平原则的需要,对于纳税人基于风险防范而确认的、具有预见性质的费用或者损失一般情况下不予接受,税法除另有规定外,强调费用或损失只有在实际发生时,才会被确认,所以会计信息中满足谨慎性要求的内容,在进行涉税分析时,通常情况下都需要进行纳税调整,应该引起足够的重视。

(八)及时性

企业对于已经发生的交易或事项,应当及时进行会计确认、计量和报告,不得提前或延后。这一原则要求,在经济业务发生后,应及时取得有关凭据;及时对会计数据进行处理,编制财务报告;及时将会计信息传递,按照规定的时限提供给有关方面。

三、确认和计量的一般原则

(一)权责发生制原则

权责发生制原则,是指企业按收入的权利和支出的义务是否归属于本期来确认收入、费用的标准,而不是按款项的实际收支是否在本期发生,也就是以应收应付为标准。在权责发生制下,凡是属于本期实现的收入和发生的费用,无论款项是否实际收到或实际付出,都应作为本期的收入和费用入账;凡是不属于本期的收入和费用,即使款项在本期收到或付出,也不作为本期的收入和费用处理。比如:企业于 5 月 15 日销售商品一批,6 月 5 日收到货款,存入银行,应作为 5 月份的收入;因为收入的权利在 5 月份就实现了。

与权责发生制相对应,是收付实现制。收付实现制也称现收现付制,是以实际收到或付出款项作为确认收入或费用的依据。如上例货款是在 6 月份收到,无论这款项是不是由本月业务实际发生的,都作为 6 月份收入。

《企业会计准则——基本准则》规定,企业会计的确认、计量和报告应当以权责发生制为基础。

(二)配比原则

配比原则,是指一个会计期间的收入和与其相关的成本、费用相配比,以便计算当期的损益。具体有两层含义:一是因果配比,将收入与其相关的成本费用配比,如将销售商品的主营业务收入与主营业务成本相互配比;二是时间配比,将一定时期的收入与同时期的费用相配比,如将当期的所有收入与当期应负担所有成本、费用相配比。

(三)划分收益性支出与资本性支出原则

凡支出的效益仅与本会计年度(或一个营业周期)相关的,应当作为收益性支出;凡支出的效益与几个会计年度(或几个营业周期)相关的,应当作为资本性支出。

会计核算应当合理划分收益性支出和资本性支出。如果一项收益性支出按资本性支出处理,就会造成少计费用而多计资产,出现当期利润虚增而资产价值偏高的现象;如果一项资本性支出按收益性支出处理,则会出现多计费用少计资产,以致当期利润虚减而资产价值偏低的结果。

(四)历史成本原则

历史成本原则,又称实际成本原则或原始成本原则,是指企业的各项财产物资应当按照取得或购建时发生的实际支出进行计价。物价变动时,除国家另有规定外,不得调整账面价值。历史成本的依据是,成本是实际发生的,有客观依据,便于核查,也容易确定,比较可靠;历史成本数据比较容易取得。按照此原则,企业的资产应以取得时所耗费的一切成本作为入账和计价的基础,而且此成本也是其以后分摊转为费用的基础。

四、会计计量

会计计量是根据一定的计量标准和计量方法,将符合确认条件的会计要素登记入账并列报于财务报表而确定其金额的过程。企业应当按照规定的会计计量属性进行计量,确定相关金额。会计计量的内容是经济活动中能用货币表现的方面。

根据《企业会计准则》的规定,会计计量属性主要包括以下几点。

(一)历史成本

资产按照购置时支付的现金或者现金等价物的金额,或者按照购置资产时所付出的对价的公允价值计算。负债按照因承担现时义务而收到的款项或者资产的金额,或者承担现时义务的合同金额,或者按照日常活动中为偿还负债预期需要支付的现金或者现金等价物的金额计算。

(二)重置成本

在重置成本计量下,资产按照现在购买相同或者相似资产所需支付的现金或者现金等价物的金额计量。负债按照现在偿付该项债务所需支付的现金或者现金等价物的金额计量。

(三)可变现净值

在可变现净值计量下,资产按照其正常对外销售所能收到现金或者现金等价物的金额扣减该资产至完工时估计将要发生的成本、估计的销售费用以及相关税费后的金额计量。

(四)现值

资产按照预计从其持续使用和最终处置中所产生的未来净现金流入量的折现金额计算。负债按照预计期限内需要偿还的未来净现金流出量的折现金额计算。

(五)公允价值

资产和负债按照在公平交易中,熟悉情况的交易双方自愿进行资产交换或者债务清偿的金额计算。企业在对会计要素进行计量时,一般应当采用历史成本,采用重置成本、可变现净值、现值、公允价值计量的,应当保证所确定的会计要素金额能够取得并可靠计量。

需要指出的是,会计计量属性的选择及运用与会计信息质量需求、会计目标等理论因素以及经济环境、会计技术环境、经济利益因素、计量属性本身的复杂程度等现实因素密切相关。今后,随着我国市场经济体制的不断完善,新经济利益格局的形成,会计人员素质的不断提高,我们可以在不同的形势下,选择相应的计量属性,从而更好地进行会计确认和计量,达到会计的目标。

第三节 会计要素与会计等式

一、会计要素

会计要素是会计核算对象的基本分类,是会计对象的具体化,也是进行确认和计量的依据。我国《企业会计准则》将会计要素分为资产、负债、所有者权益(股东权益)、收入、费用(成本)和利润六个会计要素。

(一)资产

1. 资产的概念

资产,是指企业过去的交易或者事项形成的、由企业拥有或控制的、预期会给企业带来经济利益的经济资源。它是企业从事生产经营的物质基础,并以各种形态,分布或占用在生产经营过程的不同方面,包括各种财产、债权和其他权利。资产从本质上讲是一种资源,它可以作为生产要素投入生产经营中去,这就把它同一些不能投入再生产的耗费项目区分开来。

2. 资产的基本特征

(1)资产是由企业过去的交易或者事项形成的。
(2)资产预期会给企业带来经济利益。
(3)资产应为企业拥有或者控制的资源。

3. 资产的内容

资产按其流动性划分,可以分为流动资产和非流动资产。

流动资产是指可以在一年内或超过一年的一个营业周期内变现、耗用的资产,如现金、银行存款、应收款项、短期投资、存货等。非流动资产是指变现期间或使用寿命超过一年或长于一年的一个营业周期的资产,包括长期投资、固定资产、无形资产、长期待摊费用、其他资产。

按流动性对资产进行分类,有助于掌握企业资产的变现能力,从而进一步分析企业的偿债能力和支付能力。一般来说,流动资产所占比重越大,说明企业资产的变现能力越强。流动资产中,货币资金、短期投资比重越大,则支付能力越强。

(二)负债

1. 负债的概念

负债是指由于过去的交易或事项所形成的现时义务,履行该义务会导致经济利益流出企业。

2. 负债的基本特征

第一,负债是一种现时义务,它是由过去发生的交易或事项引起的、企业目前实际所承担的经济责任。企业预计将来会发生的交易或事项形成的义务,不属于现时义务,不应当确认为负债。比如,企业接受了银行的贷款后就形成了银行借款这项负债;如果企业仅仅是计划向银行借款,实际上还没有付诸行动,则企业就不存在负债。

第二,负债是由过去的交易或事项形成的。例如赊购材料导致的应付账款,向银行借入的各种借款会产生偿还贷款的义务等。只有源于已发生的交易或事项,会计上才有可能确认为负债。对于企业正在筹划的未来交易或事项,如企业的业务计划等,并不构成企业的负债。

第三,负债的清偿预期会导致经济利益流出企业。即负债到期,企业往往要以资产(如货币资金等)或提供劳务的方式偿还债务,这种偿还方式会导致经济利益流出企业。凡是不会引起未来经济利益流出企业的交易或事项不是企业的负债。

3. 负债的内容

负债按其流动性划分,分为流动负债和长期负债。

流动负债是指在一年内或超过一年的一个营业周期内偿还的债务。如短期借款、应付款项、应付工资、应交税金等。长期负债是指在一年以上或超过一年的一个营业周期以上偿还的债务。如应付债券、长期借款、长期应付款等。

(三)所有者权益

1. 所有者权益的概念

所有者权益是企业投资者对企业净资产的所有权,其金额为资产减去负债后的余额,又称为净资产。

2. 所有者权益的基本特征

(1)企业不需偿还所有者权益。所有者权益不像负债那样需要偿还,除非发生清算等情形。

(2)企业清算时,负债往往优先获得清偿,而所有者权益只有在清偿所有的负债之后才能获得返还。

(3)所有者能凭借所有者权益参与利润的分配,而负债则不能参与利润分配。

3. 所有者权益的内容

所有者权益包括实收资本(在股份制企业称为股本)、资本公积、盈余公积和未分配利润。

(1)实收资本:指所有者按出资比例实际投入企业的资本。

(2)资本公积:指由投资者投入但不构成实收资本,或从其他非收益来源取得,由全体所有者共同享有的资金。包括资本溢价、资产评估增值、接受捐赠、外币折算差额等。

(3)盈余公积:按照规定从企业的税后利润中提取的公积金。主要用来弥补企业以前的亏损和转增资本。一般包括法定盈余公积和任意盈余公积。

(4)未分配利润:本年度没有分配完的利润,可以留待下一年度进行分配。盈余公积和未分配利润又统称为留存收益。

(四)收入

1. 收入的概念

收入是指企业在销售商品、提供劳务及他人使用本企业资产等日常经营活动中所形成的、会导致所有者权益增加的、与所有者投入资本无关的经济利益的总流入。

2. 收入的基本特征

(1)收入是在企业日常经济活动中产生,而不是从偶发的交易或事项中产生。

(2)收入可能表现为企业资产的增加,也可能表现为企业负债的减少,或两者兼而有之。

(3)收入能导致企业所有者权益的增加,但与所有者投入资本无关。

(4)收入只包括本企业经济利益的流入,而不包括为第三方或客户代收的款项,且经济利益的流入能够可靠计量。

3.收入的内容

收入可分为主营业务收入和其他业务收入。其中主营业务收入是企业在从事日常活动中的主要经营业务中实现的收入,如企业的销售商品、银行的贷款和结算收入等。其他业务收入是企业在主营业务收入以外的其他活动中所实现的收入,如工业企业销售原材料、提供非工业性劳务收入等。

(五)费用

1.费用的概念

费用是指企业在生产和销售商品、提供劳务等日常经济活动中所发生的、会导致所有者权益减少的、与向所有者分配利润无关的经济利益的总流出。

2.费用的基本特征

根据费用的定义,费用具有以下特征:

(1)费用是在企业日常经营活动中发生的,是企业为获得或保持其赢利能力而付出的代价。例如,商业企业在营业时,为了获取商品售价,即营业收入,首先必须买进商品,再转手售出,其费用包括买进商品的成本以及其他各种费用开支,如推销费用、工资费用、利息费用等。

再如,企业处置固定资产而发生的损失,虽然会导致所有者权益减少和经济利益的总流出,但不属于企业的日常活动,因此不应确认为企业的费用,而应确认为营业外支出。

因此,费用可以理解为企业在取得营业收入过程中所产生的资产的消耗或流出,其目的是取得营业收入,获得更多的新资产。

(2)费用会导致经济利益的流出,该流出不包括向所有者分配的利润。费用应当会导致经济利益的流出,费用的发生会使资产减少或负债增加。费用表现为企业在经营过程中发生的各种支出或耗费,其表现形式包括现金或者现金等价物的流出,或存货、固定资产、无形资产等的耗费。企业向所有者分配利润也会导致经济利益的流出,但这种流出属于所有者权益的抵减项目,因而不应确认为费用,应当将其排除在费用之外。

(3)费用最终会导致所有者权益的减少。费用最终会导致所有者权益的减少,如企业发生的办公费、差旅费、水电费等,都会导致企业资产减少,从而减少企业的利润,并最终导致企业所有者权益的减少。不会导致所有者权益减少的经济利益的流出不符合费用的定义,不应确认为费用。因此,无论是何种行业,企业能否以最小的费用换取最大的收入,是衡量其经营绩效最有效的尺度。

3.费用的内容

费用可分为两类:一类是应计入成本的费用,这类费用是企业为生产产品、提供劳务等发生的费用,应计入产品成本、劳务成本,包括直接材料、直接人工和制造费用;另一类是不应计入成本的费用,这类费用是直接计入当期损益的相关费用,包括管理费用、财务费用、销售费用、资产减值损失。

(六)利润

1. 利润的概念

利润是企业在一定会计期间内的经营成果,它是收入扣减费用后,再加上直接计入当期利润的利得,减去直接计入当期利润的损失后的差额。其中收入扣减费用后的净额反映的是企业日常活动的业绩;直接计入当期利润的利得和损失反映的是企业非日常活动的业绩。直接计入当期利润的利得和损失,是指应当计入当期损益、会导致所有者权益增减变动、与所有者投入资本或者向所有者分配利润无关的利得和损失,如营业外收入和营业外支出。

在一个会计年度,如果不考虑利得和损失的话,若企业的收入超过费用,则表示企业实现利润;反之,则表示企业发生亏损。通常利润反映的是企业的经营业绩情况,是评价企业管理层业绩的一项重要指标,也是投资者、债权人等做出投资决策、信贷决策等的重要参考指标。

2. 利润的内容

利润为营业利润和营业外收支净额等两个项目的总额减去所得税费用之后的余额。其计算公式为:

营业利润=营业收入-营业成本-营业税金及附加-销售费用-管理费用-财务费用-
　　　　资产减值损失+公允价值变动净收益+投资净收益
营业收入=主营业务收入+其他业务收入营业成本
　　　　=主营业务成本+其他业务成本投资净收益
　　　　=投资收益-投资损失
公允价值变动净收益=公允价值变动收益-公允价值变动损失利润总额
　　　　=营业利润+营业外收支净额
净利润=利润总额-所得税费用

会计六大要素,其中资产、负债及所有者权益能够反映企业在某一个时点的财务状况,因此这三个要素属于静态要素,在资产负债表中予以列示;收入、费用及利润能够反映企业在某一个期间的经营成果,因此这三个要素属于动态要素。

二、会计等式

(一)会计基本等式

1. 资产与权益的恒等关系

资产与权益的恒等关系,用公式表示即:

$$资产=负债+所有者权益$$

企业为了开展生产经营活动,就必须拥有一定量的资产。这些资产都有一定的资金来源,都是投资人或债权人提供的,所以投资人和债权人对企业资产都有要求权。这种要求权称为权益。

资产和权益是同一事物(经济资源)的两个侧面,有一定量的资产,就必定有其相应的资金来源；反之，有一定的资金来源，也必然表现为等量的资产。也就是说，资产和权益相互依存，金额相等。这种客观存在的、必然相等的关系，称为会计等式。即："资产＝负债＋所有者权益"，这是最基本的会计等式，又称静态等式。它反映企业在某一时日的资产、负债和所有者权益三者之间存在的恒等关系，是制定各项会计核算方法的理论基础。

2.收入、费用与利润的关系

企业在经营过程中会发生收入，同时，为了获得收入也需发生相应的费用，将一定期间发生的收入与当期发生的费用相减后，就是该期实现的财务成果，即利润。用公式表示为：

收入－费用＝利润

该等式是动态等式，它反映了企业在一定期间的经营活动业绩，是编制利润表的理论依据。

3.会计基本等式的转化形式

由静态会计等式"资产＝负债＋所有者权益"和动态会计等式"收入－费用＝利润"综合而成的全面反映企业的财务状况和经营成果的等式，即：

资产＝负债＋所有者权益＋(收入－费用)。

上述综合等式说明，由于利润本身就是所有者权益的一个组成部分，因此，该表达式仍然可以写为"资产＝负债＋所有者权益"。

在会计等式的各个表达式中，"资产＝负债＋所有者权益"被称为基本等式，"资产＝负债＋所有者权益＋(收入－费用)"被称为扩展等式。

(二)会计等式的恒等性

1.经济业务的类型

经济业务也称为会计事项，是指凡能客观地利用货币计量，并足以影响会计要素变动的经济活动。企业的经济业务多种多样，并且是不断变化的，根据各项经济业务引起会计要素变动的规律，可以将之进行分类，企业发生的经济业务类型，概括起来主要有以下四种：

(1)资产与权益同时增加。

(2)资产与权益同时减少。

(3)资产之间有增有减。

(4)权益之间有增有减。

2.会计等式的恒等性

企业的经济业务是千变万化的，随着经济业务的发生，企业的资产、负债和所有者权益会不断发生增减变动，但无论怎样变化，都不会破坏基本会计等式的平衡关系。

第五章 会计凭证

第一节 会计凭证的作用与分类

会计凭证,简称凭证,是记录经济业务、明确经济责任、作为记账依据的书面证明。正确填制和严格审核凭证是会计工作的起点和基础。

一、会计凭证的作用

为了反映经济活动的全貌,必须将会计主体的任一经济活动都登记入账。而登记入账必须有凭有据,先办理会计凭证。这就是说,人们不能直接将经济业务登记到账簿中去,应当按照有关规定和程序取得或填制会计凭证,经过审核无误的会计凭证才能作为登记账簿的书面证明,并据以登记账簿。在办会计凭证的过程中,有关部门和人员要在会计凭证上盖章签字,以表示对会计凭证的真实性、正确性和合法性负责。因此,填制和审核凭证对于实现会计职能和完成会计工作具有重要的意义。

(一)如实反映各项经济业务的实际情况

任何经济业务,如资金的取得和运用、销售收入的取得、财产物资的采购、生产经营过程中发生各项耗费、财务成果的形成和分配等,都需要取得或填制会计凭证,并以其为记账依据。会计凭证详细地记载了经济业务发生的具体内容,反映经济业务的发生、执行和完成情况。填制和审核凭证,是保证会计核算客观性和及时性的基础。

(二)为登记账簿提供依据

只有经过审核无误的会计凭证才能作为记账的依据,没有会计凭证就不能记账,也就无法进一步进行其他会计核算。根据会计凭证记账可避免记账的主观随意性,使会计信息的质量得到可靠保证。

(三)确保经济业务合理合法

在记账前,会计人员通过审核会计凭证可以检查发生的经济业务是否符合国家有关方针、政策、制度、法律和法规,是否符合本单位的相关制度和规定,是否如实地反映经济业务的内容,已填制的会计凭证是否正确,等等,从而保证会计监督的有效性,及时发现会计核算和经营管理工作中存在的问题,防止不合理、不合法的经济业务发生,使企业的经济活动健康地发展。

(四)便于分清经济责任

会计凭证不仅记录了经济业务的内容,而且要求有关部门和人员签名盖章,以对会计凭证的真实性、正确性、合法性负责,增强有关人员的责任感。日后即使发现问题,也可根据凭证上部门和经办人员的记录进行进一步追查,明确经济责任,必要时追究相应的法律责任。

二、会计凭证的分类

按照填制的程序和用途,会计凭证可以分为原始凭证和记账凭证两大类。

(一)原始凭证的分类

原始凭证,亦称单据,是在经济业务发生时取得或填制的,用以记录和证明经济业务发生和完成的情况,并作为记账原始依据的会计凭证。原始凭证作为填制记账凭证或登记账簿的原始依据,其作用主要是证明与会计事项相关的经济业务实际发生和完成的情况,因此,凡是不能起到这种作用的一切单据,如材料或商品的请购单、经济合同、派工单等,均不能作为会计核算的原始凭证,而只能作为原始凭证的附件。

1. 按来源分类

按来源不同,原始凭证可分为外来原始凭证和自制原始凭证。

(1)外来原始凭证

外来原始凭证是与外单位发生经济业务时,从外单位或个人处取得的原始凭证,如购货时由销货方开具的发货票或增值税专用发票、付款时由收款单位开具的收据、银行收款通知、铁路运单等。由于经济业务不同,外来原始凭证的形式各有差异。

(2)自制原始凭证

自制原始凭证是指由本单位自行制作并由内部经办业务的部门和人员在执行或完成某项经济业务时填制的仅供本单位内部使用的原始凭证。常用的自制原始凭证有收料单、领料单、限额领料单、产品入库单、产品出库单、销货发票、借款单、差旅费报销单、收款收据、成本计算单、扣款通知单、折旧计算表、工资结算单等。

2. 按填制手续分类

按填制手续不同,原始凭证可分为一次凭证、累计原始凭证和汇总原始凭证。

(1)一次凭证

一次凭证是指填制手续一次完成,一次记录一项或若干项同类经济业务的原始凭证。一次凭证的特点是填制一次完成,已填列的凭证不能重复使用。外来的原始凭证都是一次凭证,自制的领料单、借款单、发货票等都是一次凭证。

(2)累计原始凭证

累计原始凭证是指在一定时期内,在一张凭证上连续地记载同类重复发生的经济业务的原始凭证。累计原始凭证既可以随时计算累计数及结余数,以便按计划或限额进行控制,又可以减少凭证张数,简化填制手续。工业企业的限额领料单和费用限额卡均属于累计原始凭证。

(3)汇总原始凭证

汇总原始凭证又称为原始凭证汇总表。为了简化会计核算的记账凭证编制工作,将一定时期内反映同类经济业务的若干张原始凭证加以汇总,编制成一张汇总原始凭证,用以集中反映某项经济业务发生的总括情况,如收料凭证汇总表、发料凭证汇总表、工资汇总表等。

(二)记账凭证的分类

记账凭证,俗称传票,是将审核无误的原始凭证或汇总原始凭证进行归类整理而编制的,是用来确定会计分录、作为登记账簿直接依据的会计凭证。由于日常经济业务比较繁杂,相应的原始凭证形式和格式也就多种多样,直接根据原始凭证登记账簿容易发生差错。因此,会计人员在按规定对原始凭证审核后,必须先经过一定的归类和整理,为有关原始凭证所记载的经济业务确定应借、应贷的会计科目和金额,即确定会计分录,然后根据记账凭证登记账簿。可见,原始凭证是记账凭证的重要附件和依据。记账凭证记载的是会计信息,从原始凭证到记账凭证是经济信息转换成会计信息的过程,是一种质的飞跃。

1.按是否与货币资金有关分类

按是否与货币资金有关,记账凭证可分为收款凭证、付款凭证和转账凭证。

(1)收款凭证

收款凭证是用来记录银行存款和现金收入业务的记账凭证,是根据货币资金收入业务的原始凭证填制的。根据借方科目是"银行存款"还是"库存现金",收款凭证又具体分为银行存款收款凭证和现金收款凭证。凡涉及银行存款、现金收入业务的原始凭证,都应编制收款凭证。

(2)付款凭证

付款凭证是用来记录银行存款和库存现金支付业务的记账凭证,是根据货币资金支付业务的原始凭证填制的。根据贷方科目是"银行存款"还是"库存现金",付款凭证又具体分为银行存款付款凭证和现金付款凭证。对涉及银行存款、库存现金支出业务的原始凭证,应编制付款凭证。对于涉及库存现金与银行存款之间的收付业务,如将现金送存银行或从银行提取现金,一律只填制付款凭证,不填制收款凭证。这就是说,当从银行提取现金时,应编制银行存款付款凭证;当将现金送存银行时,应编制现金付款凭证。这样处理既能避免重复记账,又有利于加强对付款业务的管理。

收款凭证和付款凭证是登记库存现金日记账、银行存款日记账以及有关明细账和总账等账簿的依据,也是出纳员办理收款、付款业务的依据。

(3)转账凭证

转账凭证是记录与银行存款或库存现金收付无关的转账业务的凭证,是根据不涉及货币资金收付的其他原始凭证填制的记账凭证。有的转账凭证没有或不需要填制原始凭证,可直接根据有关账簿资料填制,但需要在转账凭证上注明出处。转账凭证是登记转账日记账、明细分类账和总分类账等有关账簿的依据。

2.按使用范围分类

按使用范围不同,记账凭证可分为通用记账凭证和专用记账凭证。

(1)通用记账凭证

通用记账凭证是一种不分收款、付款和转账业务,任何经济业务都统一使用同一种格式的记账凭证。这种凭证一般适合业务不多、凭证数量少的单位。

(2)专用记账凭证

专用记账凭证是按经济业务的某种特定属性定向使用的记账凭证。如前面介绍的专门用于记录货币资金收、付款业务的收付款凭证,专门用于记录转账业务的转账凭证。

3. 按填制方式分类

按填制方式不同,记账凭证可分为复式(或复项)记账凭证和单式(或单项)记账凭证。

(1)复式记账凭证

复式记账凭证是把每项经济业务所涉及的会计科目集中填制在一张记账凭证上。无论是专用的还是通用的记账凭证,都是复式记账凭证。复式记账凭证的优点是,可以集中反映账户的对应关系,有利于了解经济业务的全貌;减少凭证数量,节约人力、物力和财力;有利于对该凭证进行审核和检查。

(2)单式记账凭证

单式记账凭证是指每张记账凭证只填制一个会计科目。如果一项经济业务的会计分录涉及两个会计科目,就要填制两张记账凭证;如果一项经济业务的会计分录涉及多个会计科目,就要填制多张记账凭证。这就意味着,单式记账凭证将一个会计分录所涉及的会计科目分散记入两张或两张以上记账凭证。其中,填列借方账户的记账凭证称为借项记账凭证,填列贷方账户的记账凭证称为贷项记账凭证。单式记账凭证的优点是,有利于汇总计算每一个会计科目的发生额,从而减少登账的工作量。

在实际工作中,为了简化登记总分类账的工作,可以把许多记账凭证按一定形式汇总编制成各种汇总凭证或科目汇总表。按汇总的方法和范围不同,汇总记账凭证可分为分类汇总记账凭证和全部汇总记账凭证。分类汇总记账凭证主要是对收款凭证、付款凭证和转账凭证分别进行汇总,形成汇总收款凭证、汇总付款凭证和汇总转账凭证;全部汇总记账凭证即按各会计账户名称分别进行汇总,形成科目汇总表。

第二节 原始凭证

一、原始凭证的基本要素

由于经济业务多种多样,相应的经济管理的要求也不同,因此用来记录经济业务的原始凭证的格式和内容会有不同的特点。但是,无论哪一种原始凭证都必须如实反映经济活动的发生和完成情况,并明确有关部门和人员的责任。也就是说,任何原始凭证都必须具备若干基本要素,这些基本要素如下。

(1)原始凭证的名称。其标明原始凭证所记录的经济业务的种类,如收料单、销货单、借款单等。

(2)原始凭证的填制日期及编号。其一般是经济业务发生或完成日期,若经济业务发生或完成时没有及时填制,应以实际填制日期为准。

(3)接受原始凭证的单位的名称。注明接受单位名称,便于查明经济业务的来龙去脉。

(4)填制凭证的单位的名称、填制人员及经办人员的签名或盖章,用于明确经济责任。如果是外来原始凭证,还必须有填制单位所盖的公章。所谓"公章",应是具有法律效力和规定用途,能够证明单位身份和性质的印鉴,如业务公章、财务专用章、发票专用章、收款专用章或结算专用章等。

(5)经济业务内容摘要。其说明经济业务的项目、名称和有关事项。

(6)经济业务涉及的实物数量、单价、金额和总额等。

二、原始凭证的填制

原始凭证作为会计核算的原始证明,必须真实、正确和可靠。根据财政部印发的《会计基础工作规范》和其他相关会计法规的规定,原始凭证的填制应该遵循以下几项基本要求和若干具体规定。

(一)填制原始凭证的基本要求

1. 记录真实

原始凭证的内容和数字必须反映经济业务的实际情况,凭证上的日期、经济业务的内容、数量金额等,不得随意填写、匡算、估算,不得有任何弄虚作假行为。原始凭证内容的真实、可靠,是保证会计信息客观、有效的基础和前提。

2. 内容完整

凡是原始凭证应该填写的内容,都必须逐项填写齐全,手续完备,不得随意省略或遗漏。除了某些特殊外来原始凭证,如火车票、汽车票等,其他从外单位取得的原始凭证都必须盖有填制单位的公章,没有公章的外来原始凭证属于无效的凭证,不能作为编制记账凭证的依据。从个人处取得的原始凭证,必须有填制人员的签名或盖章。自制原始凭证必须有经办部门负责人或其指定的人员的签名或盖章。购买实物的原始凭证,必须有验收证明。实物入账后,要按照规定办理验收手续,以明确经济责任,保证账实相符。支付款项的原始凭证必须有收款单位和收款人的收款证明。保证原始凭证内容完整和手续完备,是明确经济责任、实施会计监督的有效手段。

3. 填制及时

原始凭证应在经济业务发生或完成时及时填制,以便及时办理后续业务,并按规定程序和手续将凭证送交会计部门,不得随意拖延和积压凭证,避免事后填制造成差错。此外,及时填制凭证还能使会计核算与经济业务尽量同步,有利于提高会计信息的质量。

(二)填制原始凭证的具体规定

1. 书写要求

(1)书写用笔

原始凭证要用蓝色或黑色墨水笔书写,不得使用圆珠笔和铅笔填写;文字端正,清晰整洁,易于辨认,不得使用未经国务院公布的简化字。

(2)阿拉伯数字

金额数字前面应当书写货币币种符号或货币名称简写和币种符号,且币种符号与阿拉伯金额数字之间不留空位。凡是阿拉伯数字前写有货币符号的,数字后面不再写"元"。所有以元为单位(其他货币种类为货币基本单位,下同)的阿拉伯数字,除表示单价等情况外,一律填写到角、分。无角、分的,角位和分位可写"00",或者符号"-";有角无分的,分位应当写"0",不得用符号"-"代替。

(3)汉字大写金额数字

汉字大写金额数字,如零、壹、贰、参、肆、伍、陆、柒、捌、玖、拾、仟、万、亿等,一律用正楷或者行书体书写,不得用。一、二、三、四、五、六、七、八、九、十等字样代替,不得任意自造简化字。汉字大写金额数字到"元"或者"角"为止的,应当加写"整"字断尾;大写金额数字有"分"的,分字后面不写"整"字。汉字大写金额数字前未印有货币名称字样的,应当加填货币名称,且货币名称与金额数字之间不得留有空位。如果金额中间有一个"0"或连续几个"0",则大写金额只用一个"零"字表示。如金额￥1800040.20,汉字大写金额应为人民币壹佰捌拾万零肆拾元贰角整。另外,填有大写和小写金额的原始凭证,大写与小写金额必须相符。

(4)空隙和高度

阿拉伯数字应当一个一个写,不得连笔写,特别注意连续写几个"0"时要单个写,不要将几个"0"一笔写完。数字排列要整齐,数字之间的空隙要均匀,不宜过大。此外,一般要求文字或数字的高度占凭证横格高度的1/2,并且要紧靠横格底线书写,使上方能留出一定空位,以便需要更正时可以再次书写。

(5)多联凭证

对于一式几联的原始凭证,应当注明各联的用途,并且只能以一联作为报销凭证;一式几联的发票和收据,必须用双面复写纸(发票和收据本身具备复写纸功能的除外)套写,并且每一联都必须写透,防止出现上联清楚、下联模糊甚至上下联金额不一致等现象。

(6)错误更正

原始凭证所记载的各项内容均不得随意涂改、刮擦、挖补,否则为无效凭证。原始凭证若填写错误,应当由开具单位重开或者更正,更正工作必须由原始凭证出具单位负责,并在更正处加盖出具单位和经手人印章。但原始凭证金额错误的,不得在原始凭证上更正,应当由出具单位重开。提交银行的各种结算凭证上的数字一律不得更改,如遇凭证填写错误,应加盖"作废"戳记,保存备查,并重新填写。

(7)连续编号

各种原始凭证必须连续编号,以备查考。如果凭证上已预先印定编号,如发票、支票、收据等,作废时应当加盖"作废"戳记,连同存根和其他各联一起保存,不得随意撕毁,不得缺联。

2.其他有关规定

(1)经上级有关部门批准的经济业务事项,应当将批准文件作为原始凭证附件。如果批准文件需要单独归档,应当在凭证上注明批准机关名称、日期和文件字号。

(2)职工公出借款凭据,必须附在记账凭证之后。收回借款时,应当另开收据或者退还借据副本,不得退还原借款收据。

(3)发生销货退回的,要先填制退货红字发票,冲销原有记录。但红字发票不能作为退款的证明。退款时必须有退货验收证明,必须取得对方的收款收据或者汇款银行的凭证,不得以退货发票代替收据。

(4)原始凭证遗失处理。从外单位取得的原始凭证如有遗失,应当取得原开出单位盖有公章的证明,注明原来凭证的号码、金额和内容等,或根据原始凭证存根复印一份,并由经办人员签名,报经办单位会计机构负责人和单位负责人批准后,代作原始凭证。如果确实无法取得证明,如火车票、轮船票、飞机票等凭证,则由当事人写出详细情况,经经办单位会计机构负责人和单位负责人批准后,代作原始凭证。

(5)原始凭证分割。若一张原始凭证所列支的金额需要几个单位共同负担,应开具原始凭证分割单,将其他单位负担的部分单独列出,凭此结算所发生的款项。原始凭证分割单必须具备原始凭证的基本要素,包括凭证名称、填制凭证的日期及单位名称、接受凭证单位名称、经济业务内容摘要、数量、单价、金额、费用分摊情况、经办人签章等。

三、原始凭证的审核

为了如实反映经济业务的发生和完成情况,充分发挥会计的监督职能,保证会计信息的真实、可靠,应由专门人员严格审核原始凭证。对原始凭证的审核主要从形式和实质两方面进行。

(一)原始凭证的形式审核

原始凭证形式上的审核,侧重于审核凭证是否按照要求规范填写,办理凭证的相关手续是否完备。

1. 完整性审核

根据原始凭证的构成要素,审核凭证中应填写的项目是否填写齐全,是否有漏项情况,日期是否完整,数字是否清晰,文字是否工整,凭证联次是否正确,有关经办人员是否都已签名或盖章,是否经过主管人员审批同意,等等。

2. 正确性审核

审核原始凭证各项计算及其相关部分是否正确,如凭证的摘要和数字是否填写清楚、正确,数量、单价、金额、合计数是否正确,大小写金额是否相符,等等。

(二)原始凭证的实质审核

对于原始凭证的审核,更重要的是实质审核,即审核原始凭证的真实性、合法性、合规性和合理性,审核原始凭证所载的经济内容是否符合有关政策、法令、制度、计划、预算和合同等的规定,是否符合审批权限,有无伪造凭证等不法行为。

1. 真实性审核

真实性审核包括两方面：一是审核凭证所记载的经济业务是否真实，包括凭证日期是否真实、业务内容是否真实、数据是否真实等内容，审查开出发票的单位是否存在；二是凭证本身是否真实，尤其对于外来原始凭证，还要审核凭证是否为税务统一发票，防止以假冒的原始凭证记账。

2. 合规性审核

根据国家有关的法规、政策和本单位相关规章制度，审核凭证所记载的经济业务是否有违反国家法律法规的问题，是否符合费用开支标准和规定的审批权限，是否符合企业生产经营需要，是否符合计划、预算，等等。

上述审核完毕，对于完全符合要求的原始凭证，会计人员应及时据以填制记账凭证；对于真实、合法、合理，但形式上不够完整或计算有误的原始凭证，会计人员可将其退回经办人员，更正后再进行有关会计处理；对于不真实、不合法的原始凭证，会计机构和会计人员有权拒绝接受，并向单位负责人报告，及时制止、纠正不法行为。

第三节 记账凭证

一、记账凭证的基本要素

记账凭证虽有不同种类，但是每一种记账凭证都要对原始凭证进行整理、归类，都是用来确定会计分录并据以登记账簿的一种会计凭证。记账凭证必须具备下列几项基本要素：

(1) 记账凭证的名称；

(2) 填制凭证的日期和凭证的编号；

(3) 经济业务内容摘要；

(4) 应借应贷的账户名称（包括总分类账户和明细分类账户）和金额，即会计分录；

(5) 所附原始凭证的张数；

(6) 填制、审核、记账、会计主管等有关人员的签名或盖章，收款凭证和付款凭证还需有出纳人员的签章。

二、记账凭证的填制

填制记账凭证是会计核算的重要环节，正确填制凭证是保证账簿记录正确的基础。填制记账凭证应符合一些基本要求，如原始凭证审核无误、摘要填写简明扼要、内容附件完整无缺、会计分录编制正确、凭证书写清楚规范等。记账凭证填制的具体要求和注意事项如下。

（一）合理选择记账凭证类别

对于经济业务不多的单位，可以选用通用记账凭证。而对于业务频繁、凭证数量多的单位,则应选择专用记账凭证或单式记账凭证。对于采用专用记账凭证的单位,会计人员对原始凭证审核无误后,应根据经济业务的具体情况,正确选择应使用的收款凭证、付款凭证或转账凭证。为了避免重复记账,对于涉及库存现金和银行存款之间以及不同银行存款之间的划转业务,只填制付款凭证,不填制收款凭证。

(二)正确填写记账凭证日期

收款凭证和付款凭证的日期应按本单位库存现金或银行存款实际收入、付出的日期填写,一般是会计人员编制记账凭证的当日;转账凭证原则上也按编制凭证的日期填写,但是编制本月调整分录和月终结账分录时,应填写本月月末日期。

(三)摘要填写准确、扼要

摘要是对经济业务的简要说明,不论是手工填制凭证还是计算机填制凭证,都要在记账凭证上填写摘要。摘要应符合两个要求:一是能准确地表述经济业务的基本内容;二是简明扼要,容易理解。为此,摘要应清楚表述以下内容:

(1)发生经济业务的单位或个人。例如,编制购入物资的记账凭证,应在摘要中写出从"×××公司"购入;编制材料费用分配的记账凭证,应在摘要中写出"生产车间""厂部"……领用;编制费用报销记账凭证,应在摘要中写出"×××"报销。

(2)当一笔经济业务涉及两个以上(不含两个)一级科目时,应根据经济业务和各会计科目的特点分别填写摘要。

(3)经济业务的主要内容。例如,"计提8月份固定资产折旧""×××报销出差北京差旅费"。

(4)其他关键内容。例如,重要收据的号码等。

此外,对于购买货物,要写明供货单位名称及所购货物的主要品种和数量;对于收、付款业务,要写明收、付款对象的名称和款项内容,使用银行支票的最好写上支票号码;对于应收、应付、预收、预付款以及分期收款发出商品的债权、债务业务,应写明对方单位名称、业务经办人、发生时间等内容;对于盈溢、损失等事项,应写明发生部门及责任人、发生原因等;对于冲销和补充等业务,应写明冲销或补充的记账凭证的号码及日期,如写明"更正某日某号凭证错账""冲减退货进项税额"等。总之,摘要应能够清楚地反映经济业务的来龙去脉。

(四)正确编制会计分录

根据经济业务内容确定应借、应贷的会计科目名称及金额是编制记账凭证最实质的要求。首先,各会计科目的总账科目要使用规范,各级明细科目要填写齐全,以便登记总分类账和明细分类账;其次,账户对应关系要清晰,尽量保持一借一贷、一借多贷和多借一贷的对应关系,一般应避免编制多借多贷的会计分录;再次,一张记账凭证一般只反映一项经济业务,不要将不同类型、不同内容的业务合并编制在一张记账凭证上;最后,金额必须与所附原始凭证完全一致,并且符合数字书写规范,角、分位不留空格,对于金额栏的空行,应画斜线或一条"S"形线予以注销。合计金额的第一位数字前要填写币种符号,如人民币符号"￥",不是合计金额,则不填写货币符号。

(五)正确选择编号方法

记账凭证应当连续编号,目的是分清会计事项处理的先后顺序,便于记账凭证与会计账簿之间的核对,确保记账凭证的完整。记账凭证的编号方法有多种,总的来说,有按月编号(业务极少的单位也可按年编号)、按编制凭证的顺序编号、一张记账凭证只编一个号等方法。具体方法应根据本单位采用的记账凭证的种类来确定。

(1)通用记账凭证,采用顺序编号法。将本月发生的经济业务按会计处理顺序,以自然数1,2,3……连续编号,一直编到本月最后一张。

(2)专用记账凭证,采用字号编号法。字号编号法是一种分类编号法,将不同类型的记账凭证用字加以区别,再将同类记账凭证按会计事项处理顺序连续编号。它具体又可以分两种情况,一种是纯粹的字号编号法,另一种是双重编号法。纯粹的字号编号法仅按凭证的类别编号,它既可以按三类格式编号,也可以按五类格式编号。三类格式编号是将收款凭证、付款凭证和转账凭证分别编为"收""付""转"三类,如"收字第××号""付字第××号"和"转字第××号";更细的是五类格式编号法,即将现金收款凭证、现金付款凭证、银行存款收款凭证、银行存款付款凭证和转账凭证分别编为"现收""现付""银收""银付"和"转"五类,如"现收字第××号""现付字第××号""银收字第××号""银付字第××号"和"转字第××号"。双重编号法是将月份内记账凭证的总字号顺序编号与类别编号相结合的一种编号方法,如某一张付款凭证的编号为"总字第××号,付字第××号"。

上述不同的编号方法举例如下:20××年12月8日收到一笔银行存款,是该月第52笔业务,第6笔收款业务,第2笔银行收款业务,则运用通用记账凭证编号为"第52号",运用字号编号法编号为"收字第6号"或"收字第2号",运用双重编号法编号为"总字第52号,收字第6号"或"总字第52号,银收字第2号"。

有时会计分录所涉及的科目较多,一张记账凭证填列不下,可以填制两张或两张以上记账凭证,这时可以采用分数编号法。分数编号法适合于单式记账凭证的编号,它既可以与顺序编号法结合使用,也可以与字号编号法结合使用。但不论采用哪种方法编号,都应在每月最末一张记账凭证的编号旁加注"全"字,以防记账凭证散失。

(六)注明记账凭证的附件

记账凭证一般应附有原始凭证,并注明其张数。凡属收、付款业务的记账凭证都必须有原始凭证;转账业务一般也应附原始凭证,如赊销、赊购、材料领用、产品入库、各项摊提等,只有当更正错账和期末结账时才可以不附原始凭证。

附件的张数要用阿拉伯数字填写,并在记账凭证上注明。记账凭证张数计算的原则是:没有经过汇总的原始凭证,按自然张数计算,有一张算一张;经过汇总的原始凭证,每一张汇总单或汇总表算一张。例如,某职工填报的差旅费报销单上附有车票、船票、住宿发票等原始凭证26张,这26张原始凭证在差旅费报销单上的"所附原始凭证张数"栏内已做了登记,它们属于附件的附件,在计算记账凭证所附原始凭证张数时,这一张差旅费报销单连同其所附的26张原始凭证一起算作一张。财会部门编制的原始凭证汇总表所附的原始凭证,一般也作为附件的附件处理,原始凭证汇总表连同其所附的原始凭证算在一起作为一张附件。但是,属收、付款业务的,其附件张数的计算要做特殊处理,应把汇总表及所附的原始凭证或说明性质的材料均算在张数内,有一张算一张。当一张或几张原始凭证涉及几张记账凭证时,可将原始凭证附在其中一张主要的记账凭证后面,并在摘要栏内注明"本凭证附件包括××号记账凭证业务"字样,在未附原始凭证的记账凭证摘要栏内注明"原始凭证附于××号记账凭证后面"字样,以备查阅,或附上该原始凭证的复印件。

三、记账凭证的审核

为了保证记账凭证符合记账要求和账簿记录的正确性,在记账前必须对记账凭证认真审核。对于记账凭证的审核,主要从形式和内容两方面入手。

(一)记账凭证的形式审核

从形式上审核记账凭证,主要是审核记账凭证的填写是否符合填制要求、凭证的各项要素是否填写齐全、有关人员是否签章等。

(二)记账凭证的内容审核

(1)根据国家财经法规、方针政策和本单位规章制度审核记账凭证所反映的经济业务是否合法、合理。

(2)审核记账凭证所填列的会计分录是否正确,包括会计科目运用是否恰当、对应关系是否清晰、借贷金额是否平衡等。

(3)审核所附的原始凭证的内容和张数是否与记账凭证所填列的相关内容相符,原始凭证的合计金额与记账凭证金额是否一致,即审核证证是否相符。

此外,对于电算化账务系统,审核凭证比手工账务系统更加重要。因为,在电算化账务系统中,编制并输入记账凭证几乎是唯一的人工操作,所有的账簿数据都是由计算机自动计算汇总产生的,用户无法在记账过程中再次确认和计量。因此,只有做好记账凭证的审核工作,才能确保账簿数据和报表数据正确。

无论是什么形式的账务系统,只有将记账凭证审核无误才能据以登记账簿。如发现记账凭证有错误,应及时查明原因,按规定方法更正。

第四节 会计凭证的传递与保管

一、会计凭证的传递

会计凭证的传递是指会计凭证从填制(或取得)到归档保管的整个过程中,在本单位内部各有关部门和人员之间,按规定的时间、路线办理业务手续和进行处理的过程。合理组织会计凭证的传递活动,能及时、真实地反映和监督经济业务的发生和完成情况,有利于各部门和有关人员分工协作,使经济活动能够在正确的轨道上运行;有利于考核经办业务的有关部门和人员是否按照规定的手续办事,从而强化经营管理上的责任制,提高经营管理水平,提高经济活动的效率。

企业的会计凭证是从不同渠道取得或填制的,所记载的经济业务不同,涉及的部门和人员不同,办理的业务手续也不同。为了既保证经济业务有序进行,又保证会计凭证及时处理,有必要为各种会计凭证规定一个合理的传递程序,使经济业务和会计工作环环相扣,相互监督,提高工作效率。

会计凭证的传递主要涉及传递程序和传递时间两方面内容,要制定合理的凭证传递程序和时间应遵循的总体原则为,满足内部控制制度的要求,同时尽量提高工作效率。各单位会计凭证传递的具体要求,要视其经济业务特点、内部机构的设置、人员分工以及管理上的要求而定,一般应考虑以下两个方面。

(一)合理设计会计凭证的传递环节

在日常经济活动中,各单位的经济业务往往环节众多且程序复杂,并不存在适合各单位使用的统一的凭证传递程序。但是,每一项业务都必须按照内部牵制要求进行环节控制。会计凭证的传递包括原始凭证传递和记账凭证传递,一般来说,原始凭证的传递程序相对较为复杂,涉及企业的业务部门、管理部门和会计部门,而记账凭证一般只会在会计部门内部传递,其传递程序较为简单。合理设计原始凭证的传递程序,能够有效实现对相关业务环节的职责牵制、分权牵制和物理牵制;正确设计记账凭证的传递程序,能够有效发挥会计的簿记牵制作用,从而使会计控制真正起到内部控制的作用。原始凭证的传递程序应恰当地体现在凭证各个联次的用途上,分别将其送交有关部门,这样既可以保证有关部门及时进行业务处理,避免因等待凭证而延误时间,又便于有关部门各自将所需的凭证归档保管,互不冲突。例如,对于外购原材料并验收入库的业务,一般应由单位的供应部门填制一式数联的收料单,然后交仓库使其据以验收材料;仓库保管人员验收后填列实收数,并先由指定人员复核,再由仓库记账人员登记入账;随后,仓库将收料单的验收联送供应部门核对和记录,将收料单的记账联送交会计部门,会计部门审核后据以编制记账凭证。在明确凭证传递环节的基础上,还要规定凭证传递的每一环节所涉及的部门和人员应办理的手续和相应的责任。如对于销售业务,应规定发货票上各联次应经过的销售、运输、仓库和会计等部门应完成哪些手续、负什么责任。

(二)合理确定会计凭证在各环节停留的时间

会计凭证传递除了符合内部牵制要求外,还要讲求经济业务和会计处理的工作效率。内部牵制是一种控制手段,其本身并不是目的。凭证若经过不必要的环节或在某些环节滞留时间过长,就会影响凭证的传递速度,进而影响经济业务的效率和经济活动目标的实现。因此,各单位要根据有关部门和人员办理经济业务各项手续的必要时间,同相关部门和人员协商确定会计凭证在各环节停留的时间,规定凭证在各环节停留的合理时间,防止拖延和积压会计凭证,以确保凭证的及时和准确传递。此外,为了保证会计核算的及时性和真实性,所有会计凭证的传递都必须在报告期内完成,不允许跨期传递。

二、会计凭证的保管

会计凭证的保管是指会计凭证在登记入账后的整理、装订和归档备查工作。会计凭证是重要的会计档案和经济资料,各单位都必须加以妥善保管,不得丢失或随意销毁。根据财政部、国家档案局发布的《会计档案管理办法》的相关规定,会计凭证的保管方法和要求如下。

(一)装订会计凭证

在装订之前,原始凭证一般是用回形针或大头针固定在记账凭证后面,在这段时间内,要及时传递凭证,严防在传递过程中散失。应定期(每日、每旬或每月)将记账凭证按编号顺序整理,检查有无缺号和附件是否齐全,然后装订成册。装订时应加上封面和封底,在装订线上贴上封签,加盖会计人员印章,不得任意拆装。在会计凭证封面上应注明单位名称、所属年度和月份、起讫日期以及记账凭证种类、张数、起讫编号等。

(二)专人保管

会计凭证在装订后存档前,应由会计部门指定人员负责保管,但出纳不得兼管会计档案。年度终了,可暂由会计部门保管1年(最长不超过3年),期满后应由会计部门编造清册,将其移交给本单位档案部门,由档案部门保管。保管时,应防止受损、弄脏、霉烂以及鼠咬虫蛀等。

(三)特殊原始凭证的归档

对于某些重要原始凭证,如各种经济合同和涉外文件等凭证,为了便于日后查阅,应另编目录,单独装订保存,同时在记账凭证上注明"附件另订";对于性质相同、数量过多或各种随时需要查阅的原始凭证,如收料单、发料单、发货票等,可以不附在记账凭证后面,单独装订保管,在封面上注明记账凭证种类、日期、编号,同时在记账凭证上注明"附件另订"和原始凭证的名称及编号。

(四)调阅规定

作为会计档案,原始凭证不得外借。如果其他单位因特殊原因需要使用原始凭证,经本单位负责人批准,可以查阅或者复制,并填写"会计档案调阅表",详细填写调阅会计凭证的名称、调阅日期、调阅人姓名和工作单位、调阅理由、归还日期、调阅批准人等。调阅人员一般不准将会计凭证携带外出。需复制的,要说明所复制的会计凭证名称、张数,经本单位领导同意后在本单位财会人员监督下进行,并应登记与签字。

(五)保管期限

从会计年度终了的第一天算起,原始凭证、记账凭证、汇总凭证和会计档案移交清册的保管期限均为30年,银行对账单和银行存款余额调节表的保管期限均为10年。应严格遵守会计凭证的保管期限要求,期满前不得销毁。对于保存期满的会计凭证,也不得自行销毁,应履行必要的销毁程序。保管期满的会计凭证,应由本单位档案机构会同会计机构提出销毁意见,编制会计档案销毁清册,并由本单位负责人在销毁清册上签署批准意见,然后再履行规定的监销程序,方能销毁保管期满的会计凭证。

第六章 会计账簿

第一节 认知会计账簿

一、会计账簿的意义

会计账簿,是按照会计科目开设账户,并运用一定格式和数量的账页来序时、分类地记录和反映经济业务的簿籍。

在实际工作中,任何单位所发生的经济业务,都必须取得、填制并审核会计凭证,对经济业务的详细内容加以记录,以反映和监督各项经济业务的完成情况。但会计凭证数量多而且分散,每张会计凭证只能各自反映其不同的经济业务,说明个别经济业务的内容,而不能连续、系统、全面地反映企业、经济单位在一定时期内同类和全部资金增减变化情况,不能满足经济管理的要求。因此,有必要设置账簿,以便把会计凭证所提供的多而且分散的会计资料加以归类整理,登记到有关会计账簿中。这样可以了解各项财产物资和资金的增减变动情况,正确计算成本、费用和利润,系统地、全面地为经济管理提供各种必要的数据资料和经济信息。

因此,设置和登记账簿是会计核算工作的一个重要环节,对加强经济管理有十分重要的意义,概括起来有如下几个方面。

(1)账簿是系统地归纳和积累会计核算资料的工具。通过设置账簿可以系统、全面地反映财产物资和资金增减变动情况,为经济管理提供系统与完整的会计资料,为经济活动提供历史资料,通过设置和登记账簿,可以对经济业务进行分类核算和序时核算,获得各种总括资料和明细分类核算资料,从而为经济管理和经济活动分析提供系统而完整的会计资料。

(2)账簿是核算单位财务和经营成果以及编制会计报表的依据。账簿记录的各项数据资料是分析经济活动过程及其结果的重要资料来源。根据账簿提供的总括核算资料和明细核算资料可以计算出各项财务指标,正确地计算出费用成本和利润,据以考核费用成本计划和利润计划的完成情况,综合反映财务成果。同时,账簿资料又是编制会计报表的直接依据,会计报表是否正确、及时,与会计账簿有着密切的关系。此外,正确设置账簿有利于会计人员的分工和内部牵制。

(3)账簿是反映、监督经济活动,考核各部门经济责任的重要手段。账簿记录了一定时期资金运用和取得情况,能提供费用、成本、销售收入和财务成果等资料,有利于进行经济活动分析,总结经验,提出措施,改进工作,提高经济效益。

二、会计账簿的分类

由于各企业的经济活动存在差别,对生产经营管理的要求不尽一致,因而各企业所设置的账簿也有所不同,而账簿本身也多种多样,不同的账簿其用途、格式、登记方式也各不相同。要正确设置和登记账簿,就需要了解账簿的分类。

(一)账簿按用途分类

账簿按其不同用途一般可分为序时账簿、分类账簿、联合账簿和备查账簿。

1. 序时账簿

序时账簿又称日记账,是按照经济业务发生的先后顺序逐日逐笔登记的账簿。在实际工作中,时间的先后顺序通常是指会计凭证的先后顺序,即按会计部门收到会计凭证的先后顺序逐日逐笔登记。

序时账簿按其记录经济业务内容的不同,分为普通日记账和特种日记账。普通日记账又称通用日记账,是根据经济业务发生的先后顺序逐日逐笔登记全部经济业务的会计账簿。普通日记账产生于记账凭证之前,通常把每天发生的经济业务,按照时间的先后顺序,直接根据原始凭证在普通日记账上逐笔编制会计分录,所以也称为"分录簿"。特种日记账是用来记录单位某些需要特别关注、大量发生的经济业务并起汇总作用的会计账簿。特种日记账按记录经济业务的内容不同可分为库存现金日记账、银行存款日记账、销货日记账、购货日记账、应收账款日记账、应付账款日记账等。

2. 分类账簿

分类账簿是指对全部经济业务按照总分类账户和明细分类账户进行分类登记的账簿。它可以系统地归纳、综合并集中反映同类经济业务发生的情况,从分类账簿的每一个账户里可以得到各个会计要素及其构成内容增减变动的资料,进而为编制财务报表与加强经济管理提供有关资产、负债、所有者权益、收入、费用、利润总括和详细的分类资料。分类账簿按其记载内容的详简程度不同可分为总分类账和明细分类账。总分类账亦称总账,是按照总分类账户分类设置并登记全部经济业务的会计账簿。明细分类账又称明细账,是按照明细账户进行分类登记的账簿。

3. 联合账簿

联合账簿是指序时账簿和分类账簿联合在一起的账簿,它兼有序时账簿和分类账簿的特点。在经济业务比较简单、总分类账户为数不多的企业,为了简化记账工作,可以在同一账簿中既序时又分类地登记经济业务,日记总账便是典型的联合账簿。

4. 备查账簿

备查账簿又称辅助登记簿,是对某些在序时账和分类账中未能记载或记载不全的事项进行补充登记的账簿。设置和登记这种账簿的目的是,在正式账簿之外对某些经济业务的内容提供有用的参考资料或补充信息,如固定资产登记簿、委托加工材料登记簿、代管商品物资登记簿等。备查账簿不是真正的账簿,它不受总账的控制,没有固定的账页格式,与其他账簿之间也没有严格的勾稽关系,各单位可以根据需要灵活设置。

(二)账簿按外表形式分类

账簿按其外表的不同可分为订本式账簿、活页账簿、卡片式账簿和磁性媒介质式"账簿"。

订本式账簿又称订本账,是指账簿在启用前就将许多张账页装订成册并连续编号的账簿。这种账簿账页固定,能够避免账页散失和人为地抽换账页,保证账簿记录的安全性。由于账页是固定的,就没有随意增减的弹性,因此,在使用前必须先估计每一个账户需要使用的账页,留出足够的空白,如果预留账页过多,会造成资源的浪费,预留账页过少,则会影响账簿记录的连续性。另外,在同一时期内,一本账只能由一个人登记,不便于分工记账。一般带有统御和控制作用的账簿及重要的账簿选用定本式账簿,如总分类账、库存现金日记账、银行存款日记账等。

活页式账簿又称活页账,是指平时用零散账页记录经济业务并将已使用的账页用夹子固定,年末再将本年所登记的账页装订成册并连续编号的账簿。这种账簿可以根据记账实际的需要随时增加账页,便于记账分工,节省账页,而且登记也方便,但容易出现账页散失和被人为抽换等问题。因此,在使用时应预先对账页连续编号,并由有关人员在账页上加盖印章,年末应将其装订成册,以便保存。活页式账簿一般适用于明细分类账。

卡片式账簿又称卡片账,是指用印有记账格式和特定内容的卡片登记经济业务的账簿。这是一种特殊的活页式账簿,卡片不固定在一起,卡片的数量可以随经济业务的多少而增减,使用比较灵活,保管比较方便,有利于详细记录经济业务的具体内容,可以跨年度使用,无须经常更换,但容易散失。卡片平时一般应装置在卡片箱内,使用完毕不再登账时,应将卡片穿孔固定保管。卡片式账簿一般适用于所记录内容比较固定的明细账,如固定资产等。

磁性媒介质式"账簿"是指储存在电脑中的账簿。这类形式的账簿不具有传统账簿的形式,在会计电算化企业中,账是存放在磁性媒介质如磁盘上的,在作为文件打印输出前是看不见摸不着的,打印输出后虽然也具有书面形式,但已经不存在完整严密的账簿体系,只是根据需要打印输出会计记录和数据,可以是部分的记录和数据,也可以是全部的记录和数据。

(三)账簿按账页格式分类

账簿按账页的不同格式可分为三栏式账簿、多栏式账簿、数量金额式账簿和平行登记式账簿。

三栏式账簿是由设置借方、贷方和余额三个金额栏的账页组成的账簿,适用于只提供价值核算指标的项目,如总账,库存现金日记账,银行存款日记账,债券、债务类明细账等。

多栏式账簿是在借方和贷方的某一方或两方下面分设若干栏目,详细反映借方、贷方金额组成情况的账簿。多栏式账簿只设金额栏,不设数量栏,适用于核算项目较多,且管理上要求提供各核算项目详细信息的明细分类账簿,如收入、成本类明细账等。

数量金额式账簿是在借方、贷方和余额栏下分设数量、单价、金额三个栏目,从而使账簿记录既提供金额指标又提供数量指标的账簿。数量金额式账簿适用于既需要提供价值信息又需要提供实物数量信息的明细分类账簿,如原材料明细账、库存商品明细账等。

平行登记式账簿是指将前后密切相关的经济业务的借方和贷方登记在同一行的账簿,

目的是加强对这类经济业务的监督,如原材料采购明细账等。

三、账簿的内容

账簿应具备以下内容。

(1)封面要标明单位、账簿名称及会计年度。

(2)扉页一般用于记载账簿的启用日期、截止日期、页数、册次、经管账簿人员一览表、会计主管人员签章、账户目录等。

(3)账页,它是账簿用来记录经济业务的载体,其格式因记录经济业务的内容不同而有所不同,但基本内容包括:账户的名称、登记账户的日期栏、凭证种类和号数栏、摘要栏、金额栏、总页次和分户页次等。

第二节 账簿使用规则

一、账簿启用规则

为保证账簿记录的合法性和账簿资料的完整性,明确记账责任,会计人员启用新账簿时,应遵循下列规则。

(一)认真填写封面及账簿启用和经管人员一览表

启用会计凭证时应在账簿封面上写明单位名称和账簿名称,并在账簿扉页附账簿启用和经管人员一览表(简称启用表)。启用表内容主要包括:账簿名称、启用日期、账簿页数、记账人员和会计机构负责人、会计主管人员姓名,并加盖名章和单位公章。

启用订本式账簿应当从第一页到最后一页顺序编定页数,不得跳页、缺号。使用活页式账簿应当按账户的顺序编号,并须定期装订成册,装订后再按实际使用的账页顺序编定页码,另加目录,记明每个账户的名称和页次。

(二)严格交接手续

记账人员或者会计机构负责人、会计主管人员调动工作时,必须办理账簿交接手续,在账簿启用和经管人员一览表中注明交接日期、交接人员和监交人员姓名,并由双方交接人员签名或者盖章,以明确有关人员的责任,增强有关人员的责任感,维护会计记录的严肃性。

(三)及时结转旧账

每年年初更换新账时,应将旧账的各账户余额过入新账的余额栏,并在摘要栏中注明"上年结转"字样。

二、账簿登记规则

登记账簿时,一般应遵循以下原则,以保证账簿提供信息的质量。

(1)必须以经过审核无误的会计凭证为依据登记账簿。为保证账簿记录的客观正确,必须以审核无误的会计凭证为依据。登记时应当将会计凭证的日期、凭证字号、经济业务摘要和金额逐项记入账簿内。

（2）必须使用蓝黑墨水或者碳素墨水的钢笔书写，不许用铅笔或圆珠笔（银行的复写账簿除外）记账。由于各种账簿归档保管年限，国家规定一般都在10年以上，有些关系到重要经济资料的账簿则要长期保管，因此，要求账簿纪录保持清晰、耐久，以便长期查核使用，防止涂改。红色墨水通常用于更正错账、冲账、画线，在不设借贷、收付的多栏式账簿中登记减少以及账簿余额前没有印有余额方向出现负数时。

（3）必须按顺序逐页、逐行登记。记账时应按账户页次顺序逐页登记，不得跳行、隔页。如果发生跳行、隔页时，应在空行和空页处用红色墨水画对角线注销，并注明"此行空白"或"此页空白"字样，并由记账人员签章证明。

（4）登记账簿时，每一笔账都要写明日期、凭证号数、摘要和金额。登账后，要在记账凭证上注明所记账簿的页数，或画"√"，表示已经登记入账，避免重记和漏记。

（5）文字和数字书写必须工整、规范。记账要保持清晰、整洁，记账文字和数字都要端正、清楚，不得潦草。文字和数字都应紧靠行格底线书写，只占格距的1/2，留有余地，以便更正错误时书写正确的文字和数字。

（6）凡需结出余额的账户，在结出余额后，应在"借或贷"等栏内写明"借"或"贷"字样。没有余额的账户，应在"借或贷"等栏内写"平"字，并在余额栏内用"0"表示。现金日记账、银行存款日记账必须逐日结出余额。

（7）每账页记完时，应作转页处理。每账页登记完毕结转下页时，要在该账页的最末一行加计发生额合计数和结出余额，并在该行的"摘要栏"注明"过次页"字样；然后，再把这个发生额合计数和余额结转到下一页的第一行内，并在下一页的"摘要"栏内注明"承前页"字样，以保证账簿记录的连续性。

（8）账簿记录如果发生错误，应按照规定的方法进行更正，严禁刮擦、挖补、涂改或用药水消除字迹，不准撕毁账页，也不准重新抄写。

三、账簿的更换

会计账簿是记录和反映经济业务的重要历史资料和证据。在新年度开始时，按照《企业会计制度》规定，要更换原有账簿，使用新账簿。要求是：

（1）总账、日记账和大部分的明细账，要每年更换一次。年初，将旧账簿中的各账户的余额直接计入新账簿中有关账户新账页的第一行"余额"栏内；同时，在"摘要"栏内注明"上年结转"字样，并将旧账页最后一行数字下的空格划一条斜红线注销，在旧账页最后一行"摘要"栏内注明"结转下年"字样。

（2）部分明细账，如固定资产明细账，因年度内变动不多，年初可不必更换账簿；又如材料明细账和债权债务明细账，由于材料品种、规格和往来单位较多，更换新账重抄一遍工作量较大，因此，可以跨年度使用，不必每年更换新账。但需在"摘要"栏内注明"结转下年"字样，以划分新旧年度之间的记录。

四、账簿的保管

会计账簿同会计凭证和会计报表一样,都属于会计档案,是重要的经济档案。因此,各单位要加强对账簿的管理,确保账簿的安全与完整。

(一)对会计账簿进行装订整理

装订前,首先要按账簿启用和经管人员一览表的使用页数核对各个账户是否相符,账页数是否齐全,序号排列是否连续;然后按会计账簿封面、账簿启用表、账户目录、该账簿按页数顺序排列的账页、装订封底的顺序装订。

(二)年终装订成册的账簿,应造册归档保管,并由专人负责

造册归档时,要在各种账簿封面上注明单位名称、账簿名称、会计年度、账簿册数、第几册、页数和会计主管、经办人员签章,并编制"会计账簿归档登记表"。

"会计账簿归档登记表"一式两联,一联由管理人员凭此接收入库,并签章后交会计人员(填表人)自存备查;二联由档案管理人员留存保管。

第三节 账簿的设置与登记方法

一、账簿设置的原则

设置和登记账簿是会计核算的一种基本方法和重要环节,设置账簿是登记账簿的前提,这对于全面反映企事业单位的资产、权益的变动情况,以及提供真实、准确的会计核算资料,具有重要的意义。为此,各单位应根据国家有关会计制度的规定和自身经济活动的特点设置相应的账簿。设置账簿要遵循以下原则。

(1)账簿的设置要确保全面、连续、系统地核算和监督所发生的各项经济业务,为企业经营管理和编制会计报表提供完整、系统的会计信息和资料。由于各单位的经济活动各有特点,业务规模和会计人员配备又不尽相同,所以在设置账簿时,凡是国家有统一规定和要求的,会计主体必须遵照执行,不得自行其是,应依照会计准则和国家统一的规定及本企业的实际情况设置账簿。

(2)在保证满足核算和监督经济业务的前提下,账簿的设置应考虑人力、物力的节约,注意防止重复记账。会计账簿设置的目的是取得管理所需要的资料,因此会计账簿设置也要以满足需要为前提,避免重复设账、记账,浪费人力物力。

(3)账簿的设置,要从所要核算的经济业务的内容和需要提供的核算指标出发,力求简明实用,避免烦琐复杂,以提高会计工作效率。账簿的设置要组织严密、层次分明。账簿之间要互相衔接、互相补充、互相制约,能清晰地反映账户间的对应关系,以便能提供完整、系统的资料。

(4)账簿的设置要从各单位经济活动和业务的特点出发,以利于会计分工和加强岗位责任制。企业规模较大,经济业务必然较多,会计实务操作人员的数量也相应增多,其分工较

细,会计账簿也较复杂,册数也多,在设计时考虑这些特点以适应其需要。反之,企业规模小,经济业务量少,一个会计足够处理全部经济业务,在设计会计账簿时没有必要设多本账,所有的明细分类账集合成一两本即可。

二、账簿的登记方法

(一)日记账的登记方法

日记账又称序时账,分为普通日记账和特种日记账两种。现金日记账和银行存款日记账是常用的两种特种日记账。下面分别说明现金日记账和银行存款日记账的设置和登记方法。

1. 现金日记账的设置和登记方法

现金日记账是用来核算和监督库存现金每日的收入、支出和结存状况的账簿。它由出纳人员根据现金收款凭证、现金付款凭证,按经济业务发生时间的先后顺序,逐日逐笔进行登记。现金日记账的结构一般采用"收入""支出""结余"三栏式。其登记方法如下。

(1)"日期栏"填写与现金实际收、付日期一致的记账凭证的日期。

(2)"凭证栏"填写所入账的收、付款凭证的"字"和"号"。

(3)"摘要栏"填写经济业务的简要内容。

(4)"对方科目栏"填写与"现金"账户发生对应关系的账户的名称。

(5)"收入栏""支出栏"填写每笔业务的现金实际收、付的金额。

(6)现金日记账应进行"日清"。

每日应在本日所记最后一笔经济业务行的下一行(本日合计行)进行本日合计,并在本日合计行内的"摘要栏"填写"本日合计"字样,分别合计本日的收入和支出,并计算出余额,填写在该行内的"收入栏""支出栏"和"余额栏"。

每月期末,应结出当期"收入"栏和"支出"栏的发生额和期末余额,并与"现金"总分类账户核对一致,做到日清月结,账实相符。如账实不符,应查明原因。

2. 银行存款日记账的设置和登记方法

银行存款日记账是用来核算和监督银行存款每日的收入、支出和结余情况的账簿。银行存款日记账应按企业在银行开立的账户和币种分别设置,每个银行账户设置一本日记账。银行存款日记账的结构一般也采用"收入""支出"和"结余"三栏式,由出纳人员根据银行存款的收、付款凭证,逐日逐笔按顺序登记。其登记方法如下。

(1)"日期栏"填写与银行存款实际收、付日期一致的记账凭证的日期。

(2)"凭证栏"填写所入账的收、付款凭证的"字"和"号"。

(3)"摘要栏"填写经济业务的简要内容。

(4)"结算凭证种类、编号栏"填写银行存款收支的凭据名称和编号。

(5)"对方科目栏"填写与"银行存款"账户发生对应关系的账户的名称。

(6)"收入栏""支出栏"填写银行存款实际收、付的金额。

(7)银行存款日记账应定期与"对账单"进行核对。

(二)分类账的设置和登记

分类账有总分类账和明细分类账两类。

1. 总分类账

总分类账也称总账,是按总分类账户进行分类登记,全面、总括地反映和记录经济活动情况,并为编制会计报表提供资料的账簿。通过总账能集中、全面地总括地反映和记录经济业务的总体状况,为进一步进行会计核算提供总括资料。每个企事业单位都必须设置总分类账。

总分类账一般采用订本式账,按照会计科目的编码顺序分别开设账户,并为每个账户预留若干账页。它通常采用三栏式,在账页中设置"借方""贷方"和"余额"三栏。总分类账中的对应科目栏,可以设置也可以不设置。"借或贷"栏是指账户的余额在借方还是在贷方。

总分类账的登记方法取决于企业采用的账务处理程序。会计人员可以根据记账凭证逐笔登记,也可以按不同的汇总方法,定期将有关的记账凭证进行归类汇总,编制成"科目汇总表"或"汇总记账凭证",然后根据"科目汇总表"或"汇总记账凭证"进行登记。

2. 明细分类账的登记方法

明细分类账是根据明细账户开设账页,分类、连续地登记经济业务以提供明细核算资料的账簿。根据实际需要,各种明细账分别按二级科目或明细科目开设账户,并为每个账户预留若干账页,用来分类、连续记录有关资产、负债、所有者权益、收入、费用、利润等详细资料。

根据经济活动的特点及记载反映的需要,以及财产物资管理的不同要求来设计,一般有三栏式明细分类账、数量金额式明细分类账、多栏式明细分类账和横线登记式明细分类账四种。

(1)三栏式明细分类账

三栏式明细分类账账页的格式同总分类账的格式基本相同,它只设借方、贷方和金额三个金额栏,不设数量栏。所不同的是,总分类账簿为订本账,而三栏式明细分类账簿多为活页账。这种账页适用于采用金额核算的应收账款、应付账款等账户的明细核算。

(2)数量金额式明细分类账

数量金额式明细分类账账页格式在收入、发出、结存三栏内,再分别设置"数量""单价"和"金额"等栏目,以分别登记实物的数量和金额。

数量金额式明细分类账适用于既要进行金额明细核算,又要进行数量明细核算的财产物资项目。如"原材料""库存商品"等账户的明细核算。它能提供各种财产物资收入、发出、结存等的数量和金额资料,便于开展业务和加强管理的需要。

(3)多栏式明细分类账

多栏式明细分类账是由会计人员根据审核无误的记账凭证或原始凭证,按照经济业务发生的时间先后顺序逐日逐笔进行登记的。它是根据经济业务的特点和经营管理的需要,在一张账页的借方栏或贷方栏设置若干专栏,集中反映有关明细项目的核算资料。它主要适用于只记金额、不记数量,而且在管理上需要了解其构成内容的费用、成本、收入、利润账户,如"生产成本""制造费用""管理费用""主营业务收入"等账户的明细分类账。"本年利润""利润分配"和"应交税费——应交增值税"等科目所属明细科目则需采用借、贷方均为多栏式的明细账。

(4)横线登记式明细分类账

横线登记式明细分类账是将每一相关业务登记在一行,从而可依据每一行各个栏目的登记是否齐全来判断该项业务的进展情况。此明细分类账适用于登记材料采购业务、应收票据和一次性备用金业务。

各种明细账的登记方法,应根据本单位业务量的大小和经营管理上的需要,以及所记录的经济业务内容而定,可以根据原始凭证、汇总原始凭证或记账凭证逐笔登记,也可以根据这些凭证逐日或定期汇总登记。

(三)备查簿的登记方法

备查簿又称备查登记账簿,它是辅助账簿。一般没有固定的格式,各单位可以根据实际管理需要设计相应的项目内容,如"租入固定资产登记簿"等。通过这种账簿可以为企事业单位的经济管理活动提供必要的补充资料。

第四节　对账与结账

一、对账

(一)对账的概念和意义

所谓对账,就是指会计人员对账簿记录进行核对。会计人员除了做好记账、算账工作,还要做好对账工作,定期(通常是月、季、年末)将会计账簿记录的有关数字与库存实物、货币资金、有价证券、往来单位或个人等进行相互核对,及时发现和纠正记账及计算的差错,做到账证相符、账账相符、账实相符和账表相符,保证账簿记录的真实、正确、可靠,为编制会计报表提供真实可靠的数据资料。

对账工作每年至少进行一次。

(二)对账的内容

对账包括账证核对、账账核对、账实核对三方面的内容。

1. 账证核对

账证核对是指将会计账簿记录与会计凭证进行核对。包括账簿记录与原始凭证、记账凭证记录的时间、凭证字号、内容、金额是否一致,记账方向是否相符等。保证账证相符,是会计核算的基本要求之一,也是账账相符、账实相符和账表相符的基础。

2. 账账核对

账账核对是指对不同会计账簿之间的记录进行核对。通过账账相对,可以检查、验证会计账簿记录的正确性,以便及时发现错账,予以更正,保证账账相符。账账核对的内容主要包括:

(1)将全部总分类账的本期借方发生额合计数与本期贷方发生额合计数核对相符;将全

部总分类账的本期借方余额合计数与本期贷方余额合计数核对相符。

(2)总分类账各账户余额与其所属明细分类账各账户余额之和核对,检查总账金额和其所属明细账金额之和是否相等。

(3)将"现金日记账""银行存款日记账"的期末余额与总分类账中"现金"和"银行存款"账户的期末余额核对相符。

(4)会计部门有关财产物资的明细分类账余额与财产物资保管或使用部门登记的明细账核对相符。

3.账实核对

账实核对是在账账核对的基础上,将各种财产物资的账面余额与实存数额进行核对。通过账簿记录与各项财产实有数的核对,以便于及时发现财产物资和货币资金管理中存在的问题,查明原因,分清责任,改善管理,保证账实相符。账实核对的主要内容包括:

(1)现金日记账账面余额与实地盘点的库存现金实有数相核对。

(2)银行存款日记账账面余额与开户银行账目(银行对账单)相核对。

(3)各种材料、物资明细分类账账面余额与实存数核对。

(4)各种债权债务明细账账面余额与有关债权、债务单位或个人的账面记录核对。

二、结账

(一)结账的概念和意义

结账是指在将本期内所发生的经济业务全部登记入账的基础上,于会计期末按照规定的方法结算账目,包括结计出本期发生额和期末余额。为了正确反映一定时期内在账簿中已经记录的经济业务,总结有关经济活动和财务状况,为编制会计报表提供资料,各单位应在会计期末进行结账。会计期间一般按日历时间划分为年、季、月,结账于各会计期末进行,所以分为月结、季结、年结。

(二)结账的内容

结账工作的内容包括:

(1)查明本期发生的经济业务是否全部入账。

(2)按照权责发生制原则调整和结转有关账项,并在此基础上进行其他有关转账业务的账务处理,以计算确定本期的成本、费用、收入和利润。需要说明的是,不能为了赶编报表而提前结账,也不能将本期发生的经济业务延至下期登账,也不能先编会计报表后结账。

(3)结算各总分类账和明细分类账的本期发生额和期末余额,并将期末余额结转下期,作为下期的期初余额。

(三)结账的方法

结账可分为月度结账、季度结账和年度结账。

1.月度结账

月度结账又称月结,是指在每月终了时进行的结账。月结的方法是:应在各账户本月份最后一笔记录下面画一条通栏红线,表示本月结束;然后,在红线下面结出本月发生额和月末余额,如果没有余额,在余额栏内写上"平"或"θ"符号。同时,在摘要栏内注明"本月合计"或"×月份发生额及余额"字样,最后,再在下面画一条通栏红线,表示月度结账完毕。

2. 季度结账

季度结账又称季结,是指在每季终了时进行的结账。季结的结账方法是:在每季度的最后一个月的月度结账的下一行"摘要"栏内注明"本季度发生额及余额",在借方、贷方、余额三栏分别计算出本季度三个月的借方、贷方发生额合计数及季末余额,然后在此行下面画一条通栏红线,表示季度结账完毕。

3. 年度结账

年度结账又称年结,是指在每年年末进行的结账。年度结账的方法是:应在12月份月结下面结算填列全年12个月的月结发生额和年末余额,如果没有余额,在余额栏内写上"平"或"θ"符号,并在摘要栏内注明"本年合计"或"年度发生额及余额"字样;然后,将年初借(贷)方余额抄列于下一行的借(贷)方栏内,并在摘要栏内注明"年初余额"字样,同时将年末借(贷)方余额再列入下一行的贷(借)方栏内,在摘要栏内注明"结转下年"字样;最后,分别加计借贷方合计数,并在合计数下面划通栏双红线表示封账,完成了年结工作。需要更换新账的,应在新账有关账户的第一行摘要栏内注明"上年结转"或"年初余额"字样,并将上年的年末余额以相同方向记入新账中的余额栏内。

三、更正错账

在账簿的登记过程中,会计人员应按照有关手续和规定进行,力求账簿整洁、正确。但由于各种原因,难免发生记账错误,故为错账。对于账簿记录中所发生的错误,应及时查明原因,并采用正确的方法予以更正。错账的更正主要有三种方法,即划线更正法、红字更正法和补充登记法。

(一)划线更正法

在结账以前,如果发现账簿记录有错误,而记账凭证没有错误,仅属于记账时文字或数字上的笔误,应采用划线更正法。更正的方法是:先将错误的文字或数字用一条红色横线划去,表示注销;再在划线的上方用蓝色字迹写上正确的文字或数字,并在划线处加盖更正人图章,以明确责任。但要注意,划掉错误数字时,应将整笔数字划掉,不能只划掉其中一个或几个写错的数字,并保持被划去的字迹仍可清晰辨认。

(二)红字更正法

红字更正法是指由于记账凭证错误而使账簿记录发生错误,而用红字冲销原记账凭证,以更正账簿记录的一种方法。当出现下列两种情况之一时,可采用红字更正法。

(1)记账后发现记账凭证中的应借、应贷会计科目有错误,而引起的记账错误。更正的方法是:用红字填写一张与原记账凭证完全相同的记账凭证,以示注销原记账凭证,然后用蓝字填写一张正确的记账凭证,并据以记账。

(2)记账后发现记账凭证和账簿记录中应借、应贷会计科目无误,只是所记金额大于应记金额。更正的方法是:按多记金额用红字编制一张原记账凭证应借、应贷科目完全相同的记账凭证,以冲销多记金额,并据以记账。

(三)补充登记法

补充登记法又称补充更正法。若记账后发现记账凭证和账簿记录中应借、应贷会计科目无误,只是所记金额小于应记金额,则采用补充更正法进行更正。更正的方法是:按少记的金额用蓝字编制一张与原记账凭证应借、应贷科目完全相同的记账凭证,以补充少记的金额,并据以记账。

第七章 会计信息化的发展

第一节 我国会计信息化的发展历程

一、我国会计信息化发展历程及其对会计理论的影响

(一)会计信息化的萌芽——会计电算化(1978~1998年)

我国的大多数学者根据理论研究特点,将这一时期的会计信息化细分为两个阶段:前十年是对会计电算化理论基础的构建,包括会计电算化的内容和会计核算软件单项应用研究;后十年主要是对商品化会计核算软件整体研制、评审与推广及对会计软件市场发展的研究。

1. 会计电算化的试验探索及无序发展阶段(1978~1988年)

这一阶段,我国还处于改革开放初期,工作重点是恢复、健全会计核算制度,对计算机应用还处于起步阶段,计算机信息处理技术还比较落后,设备和人才都很缺乏,对于会计信息化的理论研究也相对较少,整个20世纪80年代十年期间相关研究文章只有98篇,会计信息化发展相对缓慢。这一时期的学者主要以专著的形式来研究会计信息化,代表作品主要有中国人民大学王景新教授撰写的我国第一部会计电算化专著《会计信息系统的分析与设计》以及《电子计算机在会计中的应用》。1987年11月中国会计学会成立了会计电算化研究组,会计电算化的理论研究开始得到重视。

2. 会计电算化的有序发展阶段(1989~1998年)

随着会计电算化的深入开展,要求加强组织、规划、管理的呼声越来越高,各地区、各部门也逐步开始了对会计电算化工作的组织和管理。财政部从1989年开始对会计电算化进行宏观管理,制定并颁布了一系列的管理制度,如《会计电算化管理办法》《会计电算化工作规范》等,基本上形成了会计软件市场并逐步走向成熟。20世纪90年代中后期推出"两则""两制"及全国范围内的会计大培训及会计电算化初级上岗证的施行,使我国的会计电算化事业取得了突飞猛进的发展。

会计信息化理论研究在这一时期也得到了长足的发展。袁树民较早地阐明了电算化会计系统的设计要经过系统分析、系统设计、系统实施及系统运行与维护四个阶段的生命周期法,并指出作为一个完整的会计信息系统应该包括会计核算系统、会计管理系统和决策支持系统三个子系统。郭文东对计算机会计信息系统的人机接口设计进行了研究。葛世伦从信息系统硬件的可靠性、软件的安全性和组织管理的完备性等方面分析了会计信息系统设计的安全性因素。王景新研究了会计电算化下的内部控制内容与设计,提出了管理制度、职能

分离、授权控制、时序控制、防错纠错措施、修改限制、文件属性控制、安全控制、防毒措施、管理控制、访问控制等十多项控制内容。此时广大学者已经开始对会计信息系统网络环境下的设计、应用以及内部控制进行研究,分析了我国会计软件由核算型向管理型改造的理论基础,确定了网络会计信息系统将成为今后的研究重点。

(二)会计信息化的产生及初步应用(1999~2002年)

随着市场经济的高度发展以及现代金融、证券、保险、期货等金融衍生工具的产生,企业已不再是单纯的生产经营单位,投融资和资本运作以及集团企业下的内部财务资金管理居于越来越重要的地位,并提出了企业集团财务管理的协同管理模式,"会计信息化"这一概念也孕育而生。

(三)会计信息化的推进与发展(2002年至今)

随着会计信息化软件在企业中的广泛应用,我国会计理论界也开始对会计信息化的理论进行更深入研究。

(四)会计信息化对会计理论与实务的影响

如上所述,会计信息化是随计算机网络的快速发展孕育而生,而以网络为基础的会计信息化对传统的会计理论与实务都产生了一定的影响。首先,从会计假设上看,网络虚拟公司及临时性组织的特性,使会计主体可持续经营等会计假设受到冲击,使核算主体模糊,核算期间也只是一次性的交易;其次,网络会计中会计期间的变化,使得权责发生制失去了基础,而收付实现制更加合理;再次,会计信息化变革了账簿形式,以电子账簿取代了纸质账簿,同时,通过对数据的分组、组合,可以生成更加灵活的账簿形式;最后,会计信息化也使审计制度与审计方法发生了变革,会计信息化促进了审计工作的现代化。

二、我国会计信息化的发展现状

虽然我国会计信息化起步较晚,但由于经济的快速发展,企业管理需求的不断提高,我国的会计信息化也伴随着ERP(Enterprise Resource Planning,企业资源计划)的发展而迅速发展。我国的ERP产品,主要有两种:一种是厂商在国外ERP软件基础上结合国内企业实际情况直接开发的ERP产品;另一种是财务软件厂商在面临市场发展势头下降以寻找新增长点而转型开发的ERP产品,强调账务管理的功能。与先进的信息管理理念和信息技术相比,我国的会计信息化存在许多不足:①系统数据的集成性不高。有关调查资料表明,90%以上的大中型企业都实施了会计信息化,部门级财务软件虽然提高了财务人员的工作效率,但实际上形成了信息孤岛,并未给企业整体效益带来明显提高。②管理会计实际运用率不高。③成本管理体系缺陷突出。偏重实际成本核算,内部量本利分析不足,以凭证驱动业务流程,而不是以流程来产生凭证。④以REAL模式(实模式)为代表的新会计模式的应用还需加强。但在国内企业管理环境中,我国的会计软件也存在着一定的优势:①提供了完全满足我国政府及各级财务部门需要的财务报表。②初始设置更加简明,输入界面更符合中国财会人员的习惯。③功能稳定,基本满足了各行业会计工作的要求。

三、会计信息化的未来发展

(一)会计信息化的纵向延伸

1. 由核算型向管理型发展

管理型会计软件不仅是满足日常业务核算的要求,更重要的是满足管理者对企业生产经营活动进行管理和决策的需求。企业管理本身就是一个完整的决策过程,而在会计核算基础上添加一些查询功能、报表分析功能,虽然对管理人员进行企业管理能够起到一定的辅助决策支持作用,但只是对管理者提供了一些制定决策所需的信息;接下来怎样辅助管理者构建、制订出可行的方案,并对被选方案进行分析,保证决策的顺利执行,对决策正确与否进行评价等都没有涉及。企业的财务管理仍然是原来的事后核算,无法进行有效的事前预算和事中控制。因此,开发管理型会计软件就显得尤为重要。

2. 向开放式网络型发展

网络财务软件以整合实现企业的电子商务为目标,能够提供互联网环境下的财务模式和财务运作方式。网络会计软件是以全面会计核算和企业级财务管理为基础,实现购销存业务处理、会计核算和财务监控的一体化管理,为企业经营决策提供预测、控制和分析的手段,并能有效控制企业的成本和经营风险。

3. 将建立 ASP 商务服务

ASP(Application Service Provider,应用服务提供商)是透过因特网提供企业所需的各种应用软件服务。ASP 强调以网络软件服务为核心,替企业提供主机服务及管理和维护应用软件。企业使用这些服务,只需有终端电脑及浏览器,极大地方便了中小企业开展电子商务活动。ASP 所提供的应用环境,无需客户对服务器、软件开发以及其他资源进行先期投资,只需以租赁方式与软件商达成契约性协议,获得对软件的使用许可,企业只需支付少量成本(租金)就可进行信息化管理。

4. 向决策支持型发展

会计信息化的发展一般可分为三个层次:会计核算层,财务管理层,财务决策层,分属于事后核算,事中控制和事前预测、决策。

从目前国内会计信息系统的实际应用情况来看,会计核算系统已逐步普及,发展势头良好,财务管理系统也已逐步为用户理解和接受,而财务决策支持系统的发展尚处于初级阶段,鲜见成功实例。

(二)会计信息化的横向拓展

1. 将融入 ERP 系统中

ERP 系统是一个以销售管理为龙头,以生产和计划系统为核心,整合供应链系统和物料需求计划系统为一体的综合企业管理系统。在整个 ERP 系统中,各子系统之间是融会贯通的统一整体,会计信息系统将逐步融入其他业务管理系统中,实现会计与业务一体化,特别是凭证处理环节将可能完全被整合到其他业务管理系统中去,其原因是会计数据来源于业务管理系统,因此,业务管理系统能够产生几乎所有会计凭证。企业的财会人员也不仅是算账、查账,而将参与企业各方面的管理工作,真正实现企业资金流、物流、信息流的统一与同步。

目前,我国绝大多数企业信息化建设也不断向横向拓展和纵向延伸,在 ERP 功能的基础上,正在与供应链管理(SCM)和客户关系管理(CKM)整合,应用于 SCM 和 CRM 中的电子商务也必将随之融入 ERP 系统,将来 ERP 系统必将成为从供应链、资源计划到客户关系的企业全方位管理信息系统。同时,ERP 还纵向由 MIS 向 DSS 层面延伸。

2. 计算机集成制造系统 CIMS

随着企业规模和效益的发展,在大型企业集团中,绝大多数不采用通用软件,而是结合本企业的特点,将生产工艺(生产线)上实时产生的数据立即传送到企业管理层,再转入企业决策支持层,从而使企业构成一个实用的 CIMS 信息集成系统。CIMS 是数控系统(DCS)与 ERP Ⅱ 集成的产物。

第二节 我国企业会计信息化发展中存在的问题分析

在市场瞬息万变的形势下,企业会计信息化的应用,能为其提供及时、准确和完整的财务信息,从而提高企业管理效率和经济效益,不断提升企业在市场中的核心竞争力。我国企业会计信息化已开展多年,取得了很大的成绩,培养了一批既掌握会计学又了解计算机技术的人才,为我国信息化的发展奠定了很好的基础。但是由于种种原因,我国企业会计信息化发展的总体效果不是很理想。本节针对企业在会计信息化发展中存在的问题进行了认真分析,找出了解决对策,以此切实推进中国信息化的发展。

会计信息化是会计与信息技术的结合,指将会计信息作为管理信息资源,全面运用计算机、网络通信为主的信息技术对其进行获取、加工、传输、应用等处理,为企业经营管理、控制决策和经济运行提供充足、及时、全方位的信息。随着信息化的到来,信息、现代通信技术等资源越来越受到人们的重视。而会计作为企业管理的基础工作,将首当其冲地面临信息化问题。从企业管理信息化的发展历程来看,通过发展会计信息化建立企业信息系统,从而提高企业整体管理水平是企业建立信息化的一条捷径。近年来,一些企业的管理信息化工作在短期内都已建立了自己的信息化系统,包括 OA、DCS 和 ERP 系统等,但从总体来看,我国会计信息化还处在发展之中,因此,有必要研究我国企业目前会计信息化的特点,并就其发展中存在的问题提出相应的对策。

一、我国企业会计信息化的特点

(一)信息化基础良好、基础建设扎实

我国企业,尤其是大型企业,基本上都实现了工业自动化。管理信息化在工业自动化之后出现了强劲的需求,ERP 的资源管理思想正在被广泛接受,大多数企业都自主地提出了管理信息化的实施要求。企业领导层意识到,信息化是一项长期投资,盲目建立信息化、管理不当,也会出现"黑洞"现象,因此,企业在信息化方面的投资是经过深思熟虑的,在网络、硬件、软件、实施环境方面的投资比较合理,充分体现了务实精神。企业从硬件到软件,再到运行环境,在近几年中普遍得到了很大的改善,网络的覆盖面积、宽带及安全设施都走在了前面,从而为今后的信息化发展打下了良好的基础。

(二)企业组织规划良好、信息化分步实施

目前,我国企业基本成立了内部的信息化领导机构,绝大多数企业的领导亲自组织信息化建设,成立了内部的信息管理部门,配置了专业人员组织设计开发工作,部分企业还培养了自己的开发队伍,同时也引进了合作伙伴,从组织上保证了信息化工作的质量。另外,企业一般都做了自己的信息化规划及分步实施计划,规划从企业的实际出发,考虑了战略发展的要求;实施中有重点,重实效,引进了项目方法,有的还引入了信息化的监督机制,注重了培训和流程改善。

(三)信息化理念已形成、企业对资源系统的认识趋于成熟

ERP系统是一个闭环的系统,但其应用网络是开放的,ERP的思想是开放的。企业在信息化的建设中充分认识到了这一点,并在实施中体现了这一理念,有的企业还提出了新的发展与完善要求,如提出了APS(ERP的高级应用)及"动态联盟"的概念,使ERP向外部供应商、客户扩展。

(四)企业信息化的软件平台呈现出了多元化特征

从实施的软件来看,企业选择软件系统供应商的标准各有所异。目前,我国企业信息化采用的软件大致有以下几种。

1. 国外企业集成管理型软件

这种企业管理型软件,一般包括:财务管理、销售预测、采购与库存管理、制造控制、后勤、项目管理、交易处理、服务与维修、分销和运输等内容。其用户往往是规模较大的企业,且以企业居多。这些企业管理规范、分工明确,无论生产流程,还是核算体系都较复杂,而且数据处理量很大。目前这类软件有:SAP(德国)、SSA(美国)、JDE(美国)和BAAN(荷兰)等。

2. 国内企业资源计划系统

这类系统适用于规模适中、很多数据最终要由财务部门处理的用户。其目的是便于管理,提高工作效率、数据的精确性和数据传输的及时性。这类用户采用的模块主要是账务处理、报表、应收、应付、工资和固定资产管理等;而对于仓库、采购、销售、成本等委托软件商或者系统集成商进行开发。这类软件有用友、万能、金算盘、金蝶等。

3. 单项管理的小型财务软件

有许多经营单位只需要单项的管理系统,如账务、工资、进销存等管理。

(五)信息化实施效果参差不齐

总体来看,我国信息化是朝着全面信息化的方向发展的,但是,由于企业信息化起步时

间不同、认识不同、做法各异,我国企业也表现出了不同的信息化道路。大致有以下几种:第一种是一次到位型的,采用了国外的大型 ERP 系统,为以后的应用铺垫了可扩展的平台;第二种是自主开发的模式,投资少,见效快,还培养了自己的信息化队伍;第三种是联合开发的模式,企业提出自己的经营模式,由软件公司实现软件化。各企业的实施模式各有优势,但长期来看,自主开发及联合开发的实施模式是一条具有中国特色的 ERP 之路。

二、我国企业会计信息化发展中存在的问题

(一)企业会计信息化工作的理念较差

一些企业把会计信息化的实施看作是纯技术问题,其实会计信息化绝不仅仅是一个纯技术问题,它涉及企业的业务流程重组,部门职责和权利的重新分工,管理制度制定、贯彻和落实,企业会计信息化是一场管理变革,不是安装了信息化系统就完事了。因此,必须体现出会计信息化的管理思想和意义。这需要企业彻底地转变思想和管理习惯,以适应软件的数据实时情况的管理。在这方面部分企业还停留在软件实施的层面上,过分重视了自动化操作,或是依赖于软件的功能,很少在实施前对企业实际进行透彻的管理分析,自主地提出流程优级化的方案。

(二)企业整体管理水平及内控制度的严密性较差

如果说没有 ERP,企业就不可能进步、不可能发展,那只能说明 ERP 中包含一种使企业行为更加合理、更加有效的操作理念。但是 ERP 仅仅是一种管理手段,如果企业的内控制度不健全、整体管理水平低下,即便有再科学、再完备的信息管理系统也无济于事。会计信息化的真正价值在于其所依据的管理理念,而不是其所使用的计算机软件。其发挥作用的前提是它必须处在一个科学化、现代化的管理体制之中。

目前,我国正在加速进行国有大中型企业建立现代企业制度的改革,正在大范围地进行企业重组和股份制改造工作。重组改制后的企业必须建立真正意义上完善的内控制度和顺应市场的竞争机制,才有可能利用现代化的会计信息系统,把各项管理工作通过资金管理量化后,实现资源的集成管理、实行成本控制和资源的有效配置。

(三)存在"信息孤岛"

多数企业重视财务核算,而忽视了业务核算。从信息化的层面上来说,业务管理在前,是基础,财务管理是在业务管理之上的应用,反过来对业务起到监控和实时核算的作用,所以全面的信息化的实施结果会使企业的财务管理更为精细化。大多数企业都是走了先会计电算化,后业务信息化的道路。所以观念陈旧导致了业务与信息化的业务环节脱节,数据不能共享,财务成为信息化的新"孤岛"现象。

(四)会计信息化从业人员综合素质偏低,缺乏复合人才

目前,我国企业的会计人员很多,而且对会计业务也很精通,但是精通计算机知识的人员却不多,一部分是"半路出家"的信息化会计人员,对计算机知识了解极其有限,无法将计算机知识和会计知识有机结合起来,造成了会计信息化人员知识的不全面、不均衡、不系统。

另外，一些计算机专业人员对会计知识比较贫乏，对运行会计软件过程中出现的问题不能及时解决和处理。所以，长期以来，会计信息化复合人才的缺乏一直是制约我国会计信息化发展的关键问题。虽然有不少部门组织各种培训，但由于培训时间、培训内容、单位事务及个人精力等因素的制约，会计信息化方面的人才总体素质仍然不高。

信息时代，会计信息化的应用对会计人员提出了更高的要求。既要求会计人员要掌握会计专业知识，还要掌握相关的信息技术、网络技术、计算机科学等知识，了解财务软件的使用、保养和维护。会计信息化从业人员综合素质偏低的突出表现是对财务软件的应用方法和技巧掌握得不够透彻和熟练，对软件的认识有局限性，对软件运行过程中出现的故障不能及时排除，导致系统不能正常运行。这个问题已成为企业快速实现、发展会计信息化的障碍。

（五）安全性忧虑

网络是一个开放的环境。在这个环境中一切信息在理论上都是可以被访问到的，除非它们在物理上断开链接，否则很难避免非法侵扰。因此，网络下的会计信息系统很有可能遭受非法访问甚至黑客或病毒的侵扰。这种攻击可能来自系统外部，也可能来自系统内部，而且一旦发生将造成巨大的损失。对于系统安全性的担忧也成为影响企业选择会计信息系统的因素。

三、加强我国企业会计信息化的对策

（一）政府进行有效的宏观调控

要充分利用政府职能部门的调控手段，一方面尽快建立完善的会计软件市场；另一方面要宣传信息化的理念和技术先进性及对管理的推动作用。对企业进行帮助扶持，并组织力量，进行关键技术的攻关。同时，为了我国的财务软件，开发拥有自主知识产权的管理软件，政府相关部门应对我国的会计软件行业进行适度的保护。

（二）加强会计信息化理论的研究

要加强会计信息化理论的研究，企业管理层要认识到会计信息化理论研究的重要性，要从制度、政策上给予支持；会计信息化理论研究人员要把握好理论研究的着力点，把时间和精力放到关键问题的研究上，切实加强会计信息化理论的研究。

（三）加强会计信息化的管理，完善会计信息化的配套法规

通过准则类法规对会计信息化进一步约束，使会计信息化工作走上规范化的道路。应注意数据库的加密技术，防范非法人员的入侵，设计增加在重要数据修改前的自动备份功能。严格机构和人员的管理与控制，严格系统操作环境管理和控制系统。操作过程控制必须制订一套完整且严格的操作规定来实现。操作规程应明确职责、操作程序和注意事项，并形成一套信息化系统文件。建立计算机机房管理制度，给计算机设备创造一个良好的运行环境，保护机器设备，同时防止各种非法人员进入机房，保护会计运行程序和数据的安全。

(四)处理好财务系统与ERP系统的关系、解决"信息孤岛"

目前,由于大多数企业都在信息化的过程中保留了或单独使用了国内的财务系统,一些业务与财务联动控制信息,一般要经过人为转换才能使数据同步或为财务所用,这样,财务的预先防范和实时监控作用没有在ERP系统中得到体现,有悖于信息化的初衷。这类问题可能是大多存在于信息化起步早、基础环境好的企业。因此,独立使用的财务系统就有可能存在"信息孤岛"。因此,企业在会计信息化规划时就要想到财务与业务一体化,处理好财务系统与ERP系统的关系,解决"信息孤岛"现象,这是进一步深化企业信息化的关键环节。

(五)提高会计信息化从业人员素质

要提高会计信息化从业人员素质,加大对会计信息化人才的培养力度,就要针对单位会计人员的特点和工作要求,科学地确定培训内容,做到教育对象层次化,知识结构系统化,更新会计人员的知识,提高会计技能,以适应市场经济的要求。应把会计信息化列入学历培训、会计专业技术资格考试范围之内,以形成必要的外部压力。可通过建立培训中心,抓好在职会计人员的培训,保质保量培训合格人才。还可以在各财经院校开设并逐步增加会计信息化课程,保证会计信息化后继有人。同时,单位会计信息化人员要正确认识会计信息化后自己的作用和地位,敢于从实践中学习,在实践中成长,不断丰富工作经验,提高操作技巧,提高发现问题和解决问题的能力。

总之,会计信息化不仅是会计发展的必然趋势,而且也是企业生存发展的迫切要求,但是应该看到,我国企业会计信息化是一个渐进且艰难的过程,我国会计信息化的发展程度距离现代信息经济的要求还很远,企业会计信息化任重而道远,因此,这必然要求广大的会计工作者积极地适应时代的发展,更好地投入会计信息化的发展历程中。

第三节 会计信息化是社会发展的必然结果

众所周知,会计产生和发展的历史表明,会计是经济发展到一定阶段的产物,任何社会要发展经济,都离不开会计,经济越发展,生产力水平越高,生产规模越大,人们对生产过程和分配过程的管理要求就越高,会计也就越重要。会计正是随着社会经济的发展和科学技术的进步而不断发展变化,经历了一个由简单到复杂,由低级到高级,由不完善到逐步完善的发展过程。纵观会计发展的历史:1494年复式簿记的出现是会计发展史上重要的里程碑,从此,会计开始以一门真正的、完整的、系统的科学而载入史册。这是会计发展史上的第一个里程碑。

18世纪末和19世纪初发生了工业革命,世界的贸易中心转到了英国,给当时的资本主义国家(特别是英国)生产力带来了空前的发展。由此引起了生产组织和经营形式的重大变革,适应资本主义大企业的经营形式——"股份有限公司"出现了。

股份有限公司的基本特点是:资本的所有权和经营权相分离。作为公司外部利害关系人的所有者和公司代表的管理者,从不同角度关心企业的财务状况和经营成果,例如,要求通过会计来保护那些不参加公司管理但又关心公司管理的股东的合法权益。因此,以"自由职业"的身份出现(实际上是为公司股东服务)的"特许"或"注册"会计师协会——爱丁堡会计师协会。从此,扩大了会计的服务对象,发展了会计的核算内容,会计的作用获得了社会的承认。这可以说是会计发展史上的第二个里程碑。

到了20世纪40年代,为了应付激烈的市场竞争,企业广泛实行职能管理与行为科学管理,借以提高产品质量,降低产品成本,扩大企业利润。同时,电子计算技术被运用和推广到会计领域,引起了会计技术的彻底革命,使会计的性质、职能和作用发生了很大的变化。这时,传统的会计逐渐形成了相对独立的两个分支:"财务会计"和"管理会计"。前者主要为企业外部利害关系人提供财务信息,而后者主要帮助企业内部管理层进行经营决策。管理会计的诞生可以说是会计发展史上的第三个里程碑。

联合国研究机构提出了知识经济这个说法。按照世界经济合作与发展组织的定义:知识经济即以知识为基础的经济,是以现代科学技术为核心的,建立在知识信息的生产、存储、使用和消费之上的经济。知识经济既是一种新的经济形态,又是一个新的世界时代。知识经济对旧的经济(工业经济)是一种否定,又是一种提升。它否定了旧经济的主导地位和时代特征地位;提升了旧经济的内在素质和水平,旧的经济靠知识经济增添了新的腾飞的翅膀。知识经济的产生,高新技术的快速发展,给会计理论和模型等方面带来一系列变革和创新。处于企业管理核心地位的会计管理逐步朝着网络化、信息化方向发展,这正是新兴的会计信息化理论产生的动力和源泉。

会计信息化是会计与信息技术的结合,是当今社会对企业财务信息管理提出的一个新要求,是企业会计顺应信息化浪潮所做出的必要举措。会计信息化是采用现代信息技术,对传统的会计模型进行重整,并在重整的现代会计基础上,建立信息技术与会计学科高度融合的、充分开放的现代会计信息系统。为企业经营管理、控制决策和经济运行提供充足、实时、全方位的信息。会计信息化能使业务处理高度自动化,信息高度共享,能够进行主动和实时报告会计信息。

会计信息化不仅仅是将计算机、网络、通信等先进的信息技术引入会计学科,与传统的会计工作相融合,在业务核算、财务处理等方面发挥作用,更代表的是一种与现代信息技术环境相适应的新的内容和理念。如会计基本理论信息化、会计实务信息化、会计教育的信息化、会计管理信息化等。

因此,我们可以毫不夸张地说会计信息化是会计发展史上的又一新的里程碑。全球信息化浪潮冲击着传统社会生活的每一个角落,信息化已成为这个时代的主旋律。会计信息化是社会经济发展的产物,是未来会计的发展方向,也是会计发展的客观规律。对于这个客观规律我们只能去适应它,研究它,更好地利用它,为当今社会发展服务。

要真正实现会计信息化,会计人才是关键。从我国会计人才供给调查报告来看,我国会计中低层人才供给十分充足,而高尖端人才却极度缺乏,供不应求。即手工记账式的人才比比皆是,而真正能够掌握现代信息技术,能够满足会计信息化需要,适应会计信息化发展的人才却非常欠缺。尽管现在有大批受过高等教育的财会专业毕业生走向社会,但据调查,大部分高校会计专业教学还没有真正按照会计信息化的要求来组织教学,无论是师资力量、培养目标定位、课程设置、实践环节、教材编写等与社会发展的现实情况都还存在着很大的差距和问题。因此,本书建议:

第一,全国相关高校会计专业的同行组织一个会计信息化研究的机构。每年至少组织召开一两次会议,对教学中存在的问题和值得总结推广的经验,进行交流。

第二,组织相关专家为更好实施会计信息化教学,对会计专业的教学大纲、课程设置、教材等进行修订和编写。

第三,加强师资培训。大力培养"双师型教师",为教师的进修、学习创造条件,创建和谐、宽松奋发向上的学术环境,加强教师现代信息化教育理论的培养。

第四,各个高校的会计(院)系除了对在校学习的学生加强培养外,还要对在职的会计人员开展培训。因为在职会计人员的素质有待进一步提高,才能满足会计信息化发展的要求。

21世纪将是一个信息化的社会,当今社会正在向"知识经济"时代迈进,随着经济全球化和中国特色社会主义市场经济的深入发展,以及信息技术、网络技术的快速发展和广泛应用,尤其对会计信息化提出了更高要求。在这种背景下,打造一支熟悉国际规则、掌握企业管理、信息技术和会计业务的复合型会计信息化人才队伍,显得十分急切和重要。

会计信息化代表了一种全新的会计思想与观念,是传统的会计理论和现代信息技术、网络技术等相结合的产物,是现代会计发展的必然结果。作为承担会计人才培养的教育工作者,既要看到我国会计信息化取得了长足的进步和发展,也要看到存在的问题和不足,与世界先进国家相比还有很大的差距。一定要明确自己肩上的重任,必须抓住机遇,迎接挑战,为努力推进我国会计信息化的发展做出自己应有的贡献。

第四节 会计信息化的特征及实施条件

随着市场经济体制的逐步确立,在社会经济和网络通信技术的双重推动下,会计电算化逐渐向更高级的阶段——会计信息化方向发展并成为会计工作发展的必然趋势。本节从会计信息化的含义出发,通过对会计电算化和会计信息化区别与联系的介绍,着重对会计信息化的特征以及实施条件做了分析和探讨。

一、会计信息化的内涵

会计信息系统就是通过一定的技术手段,以一定的处理模式对各种相关的会计数据进行收集、加工处理、存储、整理分析,并根据具体要求输出不同形式会计信息系统。会计信息化就是信息技术和会计信息系统融合的过程,即以计算机及网络通信技术为手段,通过建立技术与会计高度融合的开放的会计信息系统,运用会计信息处理软件对与企事业单位有关的会计信息资源进行深度开发和广泛利用,以促进企事业单位发展业务、提高经济效益,并向利益相关者提供多方位信息服务的过程。会计信息化程度主要反映在所使用的技术手段上,取决于经济业务和技术的发展,经济业务的发展导致新的业务形式和业务信息需求的变化;技术(信息技术和管理技术)的发展带来了会计目标和相应会计思想的变革。随着会计信息技术水平的不断提高,会计信息系统在逐步完善,会计信息化的程度也在不断提高。

二、会计信息化与会计电算化的区别与联系

会计学是一门以研究方法论为主的经济应用科学,而研究方法论离不开其技术手段。会计电算化旨在突出信息技术在会计中的作用,强调计算机替代手工核算的技术与方法;会计信息化在于引起人们对网络信息技术在会计中应用的重视及信息技术和会计信息系统融合程度的不断提高。两者没有明确的划分边界,只是同一事物在不同时代的不同称谓。

(一)信息技术与会计信息系统的融合程度不同

会计电算化是信息技术在传统会计模式下的简单应用,只是实现了会计核算环节(报账、算账等)的电子化,在其他环节仍然要依靠手工完成,是会计信息化的初级阶段。会计信息化除了必要的录入审查环节外,全部的业务流程均实现了计算机的自动化。与企事业单位相关的业务数据全部一次性录入单位数据库同时生成会计信息,并且可以按照给定的参数自动生成更具有针对性、操作性的控制和决策报告信息,实现真正意义上的人机交流。不仅如此,会计信息化系统还可以通过授权与外部系统(如证监会、银行、工商、税务、经销商等)相互沟通,进行网上结算、网上报税、网上审计等。

(二)会计职能不同

会计电算化根据已经发生的业务将原始会计信息录入系统,由计算机进行平衡校对后记账,生成会计报表,实现了会计核算的自动化,仍然是事后核算和监督。会计信息化收集了企业内外几乎所有与之相关的业务信息,随时可以将系统产生的会计信息与相关标准信息(定额、预算、行业平均水平等)相比较,通过人机交互作用,实现了事前优化决策、事中实时监控,职能由单纯核算转变为全面管理预测决策。

(三)在企业信息化中的地位不同、开放程度不同

会计电算化阶段,系统使用者主要是单位会计部门,其职能是完成会计日常核算的自动化,输出的会计信息具有较高的专业性和保密性,与部门外部信息隔绝,非财务人员很难知道并加以利用,处于"信息孤岛"的状态。在会计信息化高级阶段,系统几乎涵盖了与企事业单位相关的所有业务数据,单位各部门共同使用单位的同一数据仓库,所有业务信息在发生时分散录入会计信息系统并由计算机网络自动传输、实时转化,根据不同的要求直接生成会计信息或转化为控制信息、综合信息,动态地提供给各部门及决策者使用。

(四)运用的会计模式和理论基础不同

会计电算化强调会计数据处理的规范化,要求会计信息系统的运行按照我国统一会计制度的要求规范操作,立足于财务报告的规范生成;会计信息化阶段,相关业务数据信息在发生时分散录入会计信息系统,相应的会计信息由计算机网络自动传输并计算、分析,根据

不同的要求输出特定的报告,传统会计模式下的财务工作逐步消灭。

随着会计信息化程度的提高,四大基本假设会计主体、持续经营、会计期间、货币计量也受到了全方位的冲击。①随着网络通信技术的快速发展,网络电子商务已经出现,可以预见,不久的将来虚拟公司将大量存在。虚拟公司有自己的经济活动,理所当然是会计主体,但它的存在显然又有别于传统的会计主体;②虚拟公司往往是为了完成一个特定目标而出现,目标完成后随即解体,也不具备持续经营的前提;③会计信息化系统根据相关业务的发生实时输出所需要的会计信息,按项目或作业进行管理并核算,效益更直观、准确,传统会计期间的划分也许只是对外信息呈报的需要了;④各部门共同使用单位的同一数据仓库,会计信息化系统在反映货币计量信息的同时反映非货币计量信息,以多元化信息反映同一项业务的发生,货币计量假设相对弱化。

三、会计信息化的特征

会计信息化的特征显著地体现在其所应用的计算机通信技术及会计信息系统上。

(一)渐进性

会计信息化程度的提高依赖计算机及通信技术的进步,依赖于会计信息系统的逐步完善。从技术上讲,1946年世界上第一台计算机诞生时只是简单的数值计算,今天我们可以运用计算机技术从事航天、军事等复杂问题的研究,这种进步是快速的,但也是渐进性的。从会计信息系统的角度讲,按系统论的观点,系统是一个有着特定功能的有机整体,这种功能的完善是一个漫长的过程,不可能一蹴而就。从会计信息化经历的会计核算、会计管理、会计业务一体化、全面网络会计等发展阶段可以看出信息技术与会计信息系统的融合是逐步递进的一个过程。

(二)动态性

会计信息化的动态性体现在会计信息系统自身的发展进程和会计处理对象即会计数据上。首先,从会计信息系统角度讲,随着经济及计算机通信技术的发展,会计信息系统在会计核算、会计管理、会计业务一体化、全面网络会计各阶段间,从低到高逐步进化完善,这是一个相辅相成的动态过程;其次,从会计数据角度讲,无论是单位内部的数据(例如材料领料单、产量记录)还是单位外部的数据(例如发票、订单),无论什么时间什么地点,一旦发生,都将实时进入会计信息系统中进行分类、计算、更新、汇总、分析等一系列处理操作,以保证会计信息实时地反映单位的财务状况和经营成果。

(三)开放性

会计信息系统实时地处理随时被录入的各相关业务数据,并根据要求输出不同的报告,这决定了会计信息化的开放性。

(四)互动性

会计信息系统具备系统的一般流程:数据录入、整理、分析、储存、报告等环节,同时建立了与人进行多向多位信息交流的方式。一方面,不同的业务人员向单位同一数据库录入数据信息,系统自动转化成会计信息,不同的信息使用人输入自己不同的需求参数可以使系统输出不同要求的信息报告,获得自己所需要的信息;另一方面,信息使用人可以通过对系统的数据处理流程加以调整和改进,来满足特定的信息需求。通过会计信息系统的互动功能,系统和信息使用人同时成为信息的提供者和使用者。

(五)集成性

信息集成的目的是信息共享。与企事业单位有关的所有原始数据只要一次输入会计信息系统,就能做到分次或多次利用,在减少了数据录入工作量的同时,实现了数据的一致、准确与共享。全面实现管理、决策型网络会计是会计信息化的最终目标,突出特点是实现会计信息和业务信息的集成化。可以从以下几个方面来说明。

第一,同一个时间点上,集成三个层面的信息。首先,在会计部门内部实现会计信息和业务信息的一体化集成,即实现会计账簿各分系统之间的信息集成,协调解决会计信息真实性和相关性的矛盾;其次,在企事业单位内部实现会计信息和业务信息的集成,在两者之间实现无缝连接,真正融合在一起;再次,建立企事业单位与外部利益相关人(客户、供应商、银行、税务、财政、审计等)的信息集成。

第二,在时间链上集成与企事业单位相关的历史、目前、未来的所有信息。

第三,统一业务的多重反映。比如,固定资产折旧的计算,现行会计制度规定可以在历史成本的基础上选定一种方法,现在可以选择多种方法同时计算,作为决策的参照。

四、会计信息化实施前提与条件

(一)政府引导、规划、协调和管理

随着政治体制的改革,我国政府的主要职能已逐步转变。在信息技术逐渐发达的今天,政府必须从国民经济和社会发展的全局出发为全社会、全体企事业单位营造一个良好的社会法律、信息、教育环境,对企业信息化建设工作进行宏观规划、协调和管理。当前信息化经济是一个集供应商、生产商、营销商、客户为一体的产业链,同时和工商、银行、税务等政府机构紧密相连,客观上要求与产业链相关的各方面都实现信息化,都能在网络环境下自由完成各自的业务活动,实现各自的职能。所以只有在社会上全面、规模地实现信息化,并且政府真正起到规划、协调、管理的作用,才能真正达到会计信息化的要求。

(二)经济及信息技术的约束

会计信息化的发展程度受所处时代经济及信息技术水平的影响和制约,并反映着一个时代经济及信息技术的发达程度。在社会的不同历史阶段,经济及信息技术的发展水平不同,对会计的影响也不相同。在我国计划经济体制下,随着计算机技术的发展,从传统会计逐步发展到会计电算化;随着市场经济体制的逐步确立,出现了会计管理软件;随着计算机网络通信技术的发展和电子商务等新经济业务形式的出现,高度会计信息化阶段正逐步走来。

(三)现代会计信息系统的建立

会计信息系统的完善标志着信息化的发展程度,而采用何种会计软件则是信息系统完善与否的直接体现。会计信息化的成效如何,视其所用的会计软件在多大程度上提供有价值的会计信息。目前运用现代计算机及网络通信技术,围绕信息增值而设计的会计软件少之又少,所提供的能支持管理、决策的会计信息非常有限。

(四)无纸化凭证的推行

从会计信息化的发展历程可以看出,随着信息化程度的不断提高,会计信息的数据来源将逐步无纸化——数据电子化,这是会计信息化提高的结果,也是会计信息化的必然要求。虽然这些原始电子数据必须通过人脑的会计确认才能进入会计信息系统,但在原始数据全部电子化以后,电子签名将代替手工纸质签名,原始凭证的表现形式将发生革命性的变化。另外,随着市场经济竞争的加剧,会计信息使用者对会计报表报送周期的时间要求将大大缩短甚至具有不确定性,进一步加重了会计人员对相关业务数据进入会计信息系统进行判断和选择的时间要求。

(五)现代会计信息系统内部控制制度的制定

任何一个系统的有效运行,都需要相关控制制度的建立和完善。会计信息系统亦不例外。尽管传统会计内部控制制度在电算化阶段得到了及时的更新和完善,但网络环境比单机甚至局域网要复杂得多。会计信息系统使得相关的不同部门的不同人员在不同地点的不同微机终端上完成相关业务数据的录入并通过网络(internet)进行传输,原始凭证的表现形式电子化,业务数据的会计转化由计算机自动完成并保存。可以看出,会计信息化系统的内部控制由对人的内部控制转变为对人、机控制并重。对人的控制,我们有以前的经验可以借鉴,而网络环境下的对机控制则不同,对我们完全是一个陌生的问题,例如,交易的授权、完整性及正确性不如传统环境下那么明显,网络数据容易被截取与修改等,因而,制定严密完善的内控制度保证会计信息系统对业务活动准确、完整、及时的安全反映是会计信息化成败的关键。

(六)财务人员知识结构的更新

在会计实现信息化前,会计人员只要具有扎实的专业知识,按时保质保量地完成相关业务的会计记录和报表输出即可。而在高度的会计信息化阶段,会计人员不仅要及时地运用扎实的专业知识对进入会计信息系统的业务数据进行会计判断和选择,要利用娴熟的计算机知识(相关计算机程序和系统数据库知识)编制满足不同信息使用者的特定会计报告,更为重要的是,会计人员还要利用丰富的经济学、管理学知识解析和拓展会计信息系统输出的会计信息,为决策者提供最佳的业务预测和决策建议。所以只有财务人员的知识结构及时更新,业务素质得到提高,才能保障会计信息化的顺利实施,充分发挥会计信息化的优势。

总之,随着全球经济的进一步融合和计算机及网络通信技术的进一步提高,构建高度开放的、具有智能化、实时处理能力的会计信息系统已是会计发展的必然趋势。从1981年正式提出会计电算化以来,经过近几十年的努力,我国会计工作的电算化技术已经成熟,已基本具备了向更高程度的会计信息化阶段进军的条件。

第五节　会计信息化对会计理论与实务的影响

会计信息化使会计核算工作更多地利用现代信息技术高速发展的成果,推动了会计理论与会计实务的进一步发展完善,促进了会计管理制度的改革,会计信息化对会计理论和实务必将产生深远影响。本节就网络时代会计信息化的定义、会计信息化对会计理论及实务的影响进行了分析,并在此基础上提出了相应对策。

作为国民经济信息化基础和企业信息化核心的会计信息化,将会计信息作为管理信息资源,全面运用以计算机、网络和通信为主的信息技术,为国民经济平稳运行,为企业管理高效运作提供实时充足的信息。从会计电算化到会计信息化,并不是一个简单的概念变化,它更代表一种会计改革的理念和发展变化趋势。现代信息技术的革命,使会计核算工作更多地利用现代信息技术高速发展的成果,此外,它同样深刻地影响和改变着会计的基本理论体系和方法,但会计信息化和网络会计对传统会计理论体系带来冲击和影响的同时,仍须对一些基本会计理论问题加以肯定并赋予其新的含义和内容。

一、会计信息化的含义

目前在我国,会计信息化是不同于会计电算化的全新理念,如何准确把握其内涵,是目前会计界一直在探讨的课题,不同的专家学者以各种形式表达了他们的观点。会计信息化可以说是从会计电算化、会计信息系统概念的基础上派生的。

早在1999年,谢诗芬教授在《湖南财政与会计》第11期上发表《会计信息化:概念、特征和意义》一文认为:"会计电算化是会计信息化的基础和前提条件","会计信息化就是利用现代信息技术、计算机、网络和通信等,对传统会计模式进行重构,并在重构的现代会计模式上通过深化开发和广泛利用会计信息资源,建立技术与会计高度融合的、开放的现代会计信息系统,以提高会计信息在优化资源配置中的有用性,促进经济发展和社会进步的过程。会计信息化是国民经济信息化和企业信息化的基础和组成部分"。该定义强调会计信息化的本质是一个过程,利用的手段是现代信息技术,其目标是建立现代会计信息系统,作用是提高会计信息的有用性。这种观点符合演绎推理的思维逻辑,先定位会计信息化的概念,然后设计其内容。而在2003年第10期《会计研究》上,杨周南教授发表的《会计管理信息化的ISCA》一文中,作者认为"会计电算化"应该改称为"会计管理信息化",简称"会计信息化"较为确切。何日胜在《我国会计信息化问题初探》中认为,"会计信息化是采用现代信息技术,对传统的会计模型进行重整,并在重整的现代会计基础上,建立信息技术与会计学科高度融合的、充分开放的现代会计信息系统。这种会计信息系统将全面运用现代信息技术,通过网络系统,使业务处理高度自动化,信息高度共享,能够进行主动和实时报告会计信息。"

因此,会计界对于会计信息化概念有不同的理解。会计信息化是一个新概念,实现会计信息化,其重要的目标和根本任务在于建设能够迅速提高企业的现代管理水平、满足现代企业管理需要的新一代会计信息系统,也是将会计电算化发展为会计信息化的现实意义所在。它不仅仅是信息技术运用于会计上的结果,它更代表了一种与现代信息技术环境相适应的新的会计思想。

二、会计信息化对会计基本理论体系的影响

会计理论是由具有一定客观逻辑关系的会计理论要素组合而成的一个系统化有机整体,我国的传统会计理论体系是以会计目标为理论起点,以会计基本假设为前提和会计应用理论为内容的有机整体。会计应用理论是以基础理论为指导,运用于财务会计实践所形成的一系列方法性的理论,主要是制定和实施符合会计实务规范,是引导和制约会计工作的标准、评价会计工作的依据。传统会计应用理论主要有基本会计准则、会计信息质量和会计计量等层次。

(一)对会计目标的影响

会计目标是指在一定的社会条件下,会计工作所要达到的要求和标准,会计目标是决定会计实务发展的方向性因素,是会计最终所要达到的目的。目标是把会计职能具体化,随外部环境变化,会计的目标将变化,会计的具体职能也将发展。在会计信息化时代,会计的基本目标仍然是提高经济效益,具体目标是向信息使用者提供决策有用的会计信息。财务会计报告的目标是向财务会计报告投资者、债权人、政府及其有关部门和社会公众等提供与企业财务状况、经营成果和现金流量等有关的会计信息,反映企业管理层受托责任履行情况,有助于财务会计报告使用者做出经济决策。但由于会计信息化的本质是会计与信息技术相融合的一个发展过程,因此会计信息化的目标是通过将会计学科与现代信息技术有机地融合在一起,以建立满足现代企业管理要求的会计信息系统。特别是在网络经济高速发展的今天,会计信息更容易满足公众对企业的经济信息需要,它为企业外部各方面了解其财务状况和经营成果提供信息,在信息技术例如数据库技术、人工智能技术、网络通信技术的支撑下,会计信息处理将实现自动化、网络化、系统化,甚至可以利用自身的信息通过人工智能技术使预测与决策变得更容易、更准确。然而这种发展并未改变原有目标,相反它促进了传统会计目标的实现。只有这样会计信息化才能与市场经济体制相适应,从而得到更好的发展,如果偏离其所服务的目标,那么无论多么先进的技术都无异于南辕北辙。

(二)对会计基本假设的影响

1.对会计主体假设的影响

会计主体又称为会计实体,指会计为之服务的特定单位。在传统的工业经济时代,会计主体的范围很明晰,一般表现为独立核算企业,企业会计只核算企业范围内的经济活动,并向有关方面提供会计信息。但是在会计信息化条件下,网络技术的发展和普及不仅为会计信息的传播提供条件,而且使企业的组织形态、经营方式等方面呈现外在的不确定虚拟化状态。网络交易的发展,导致会计主体界限越来越模糊,但不论是高科技企业,还是所谓的"虚拟公司"都离不开会计主体假设。

会计信息化则极大地拓展了会计主体的外延,各种"网络公司"处于媒体空间中。然而

依据实质重于形式的原则,无论会计主体的外部表现形式和存在介质如何变化,今后会计服务的对象仍同为某一特定主体,并以其客观存在或发生的经营行为或事项作为处理会计信息的唯一依据。无论会计电算化还是网络化,只是改变了会计信息的储存介质与传输方式,因此,不可能动摇会计基本理论的根基——会计主体假设。这一实质无论是在会计主体假设的形成初期,还是在网络公司兴起的今天,都未发生改变。所以在会计信息化条件下更需要全体会计人员从本质上审视会计主体,充分挖掘假设的内涵,从思想上树立会计主体意识。

2. 对持续经营假设的影响

持续经营假设的基本含义:除非有反面例证,否则就能够认为企业的经营活动将无限地经营下去,即可以预见的将来,企业不会面临破产清算。在传统的工业经济时代,企业的大部分资产差不多都具有实物形态,而构成这些实物形态的主体通常是具有一定价值的自然资源,其中的技术因素和人工成本所占比例很小,这些有价值的资源不仅使企业有形资产在企业经营中的任何时候都具有较强的客观能力,而且可以合理预见其物理寿命。这在客观上降低了经济生活中的不确定性和风险。所以在这个意义上,尽管工业社会中企业经营仍存在经营失败的危险,但这种风险似乎并不影响人们长期持有持续经营的观念,而且也不影响以此为基础构建的会计系统所具有的理性。而信息化时代使各媒介主体的存在、发展、消失变得"扑朔迷离",难以判断。因为"网上公司"的外部虚拟化常常掩盖了其发生真正交易或事项的行为,经营活动常呈现"短暂性",它们适时的介入、联合、退出与转换,其网上交易的游离性和随机性难以控制。在这种经营方式下,就要求我们从市场空间的角度来确定企业的经营之间是否存在联系。必须以会计主体为基础,用发展的、联系的思想解释这种经营现象。另外从现行法律意义上理解将这类企业确定为持续经营主体,更有利于企业自身的权利实施和承担应有的义务。另一方面许多"虚拟公司"在发展中也将不断向实体企业转变,持续经营假设也不会因信息传输方式改变而有所改变,即使是所谓的网络公司也是如此。

3. 对会计分期假设的影响

会计分期是将企业不断的经营活动分割为若干个较短时期,据以结算账目和编制会计报表,提供有关财务状况、经营成果的会计信息。会计分期假设本身是对持续经营假设的一种补充。会计信息化条件下不仅使企业与外部实体之间的空间距离大大缩小,网络技术为我们随时了解企业的财务状况、经营业绩提供了可能。因此会计期间在网络环境下由于网络在线、实时反馈的功能可以进一步细分,比如一个月、一周,但不能趋向于无穷小,因为许多经济业务具有连续性和周期性,分割太细就无法反映某些业务的全貌,况且,评价一个企业的经营业绩乃至发展前景瞬时数据是没有任何意义的,另一方面执行统一的会计期间核算为国家、企业之间、社会公众提供了客观可比的标准,有利于国家加强宏观管理进行经济决策,其他利害关系人可以在相对稳定的期间了解企业的经营和效益,所以必须坚持会计分期。

4. 对货币计量假设的影响

货币计量假设是指会计主要运用货币对企业活动进行计量,并把结果加以传递的一个过程,在使用货币计量时,必须同时附带两个假设:①货币的币值不变(或稳定);②币种的唯一性假设。在传统会计中,货币计量是会计系统产出所依据的尺度约定。随着企业经济活动的对象和范围不断向非资金领域扩展,尤其是知识资本和人力资本等新资源的产生,使许多人开始质疑货币计量,但无论何种资源的价值都必须以其能为企业带来的预期收益为衡量标准,而衡量资产价值主要依靠准确的货币计量。由于会计信息系统发展,网络突破了时间和空间的限制,使用电子货币和电子数据进行交易和记录,丰富了货币计量的形式,例如,"网上银行",电子货币的出现可能引发货币革命与支付革命,但无论什么货币都要有计量单位,以公允地反映财务状况,反映整个企业的价值。

(三)对会计信息质量的影响

会计信息的质量特征主要包括可靠性、相关性、可理解性、可比性和及时性,直接关系到决策者的决策及其后果,从而要求会计信息必须真实有用,能够满足决策者的需要。而对会计信息质量起到修订作用的操作限制主要包括实质重于形式、重要性和谨慎性。这些质量要求与财务报告相协调,体现了会计核算的共同要求,是会计核算一般规律的概括和总结。在会计信息化条件下,会计信息系统处于企业管理的控制层,这会更有利于体现会计核算的质量要求,其不仅使会计信息的质量有所提高,而且在体现会计要素确认与计量方面有一定的突破。如及时性、可理解性所要求达到的标准在信息化条件下很容易做到。

(四)对会计信息质量的影响

传统的工业经济时代要求企业在对会计要素进行计量时,一般应当采用历史成本进行计算,确定其金额。然而在会计信息化下的会计核算要求下,计量方法已发展成为以历史成本为主,以公允价值、市场价值、重置价值等其他计量方法为补充的相互结合的多元计量模式,使会计信息既反映历史成本,又反映现时价值。在不同的会计领域使用不同的价值计量形式。确立以历史成本为基础的会计报表系统和以公允价值等其他计量为依据的财务成本管理系统,使各种计量方法适应信息使用者的需要并发挥更好的作用。

三、会计信息化对会计实务的影响

(一)对会计核算方法的影响

会计核算方法是对经济业务进行完整、连续和系统的记录和计算,为经营管理提供必要的信息所应用的方法,传统会计的核算流程一般包括设置账户、复式记账、填制和审核凭证、登记账簿、成本计算、财产清查和编制财务报表。

实现会计信息化后,会计系统将是一个实时处理、高度自动化的系统,会计处理流程将采用集成化的软件代替,可以与业务处理流程实现无缝链接和实时处理。

传统会计的核算显得纷繁复杂,使得许多企业在确定核算方法时,更注重简单、易用而忽视了科学性和合理性,而且数据在不同凭证账表中的抄写和结计造成人工的浪费,但是在会计信息化系统中,会计核算的方法科学合理,很大程度上提高了会计资料的准确性。会计人员从繁杂、重复的会计日常事务中得到解放,科学性和合理性成为选择核算方法的主要考虑因素。而且实现会计电算化后,利用计算机可以采用手工条件不愿采用甚至无法采用的复杂、精确的计算方法,从而使会计核算工作做得更细、更深,使参与企业经营管理工作的重点更多地转向非事务性工作,如业务流程的优化、组织结构的调整,更好地发挥其参与管理的职能。

(二)对会计分析方法的影响

会计分析是企业经济活动分析的重要组成部分,是会计核算的继续和发展。会计分析是以会计核算资料为主要依据,结合统计核算、业务核算和其他有关资料,采用专门的方法,从相互联系的各项经济指标中进行分析对比,查明各单位经济活动和财务收支的执行情况和结果,客观地评价计划和预算完成或未完成的原因,肯定成绩,找出差距,总结经验教训,提出改进措施,借以改善经营管理,提高经济效益。在网络环境下,会计信息系统将采集到的数据和加工生成的会计信息存储在系统数据库中,既可以按约定的格式和内容提供会计信息,也可以由用户根据自己的信息需求,在数据库数据的基础上加工生成个性化的会计信息。

在各种信息高速发展时代,会计信息对社会经济发展和企业经济效益提高起着越来越重要的作用。现代信息技术和会计电算化能将社会经济活动的细枝末节精确地记录、保存和传播,会计人员可以通过计算机分析会计信息,从中发现企业生产经营过程中的问题,对客观经济活动进行调节、指导、控制、减少资源浪费。通过分析用户的信息需求,会计人员不但可以制定有关的信息纪律、储存、维护和报告的规则,还可以制定在信息处理过程中用到的相关模型和方法等,并将这些结果经过信息系统的处理后传递给相应的用户。

(三)对会计检查方法的影响

会计检查是指由会计人员对会计资料的合法性、合理性、真实性和准确性进行的审查和稽核。会计检查是对经济活动和财务收支所进行的一种事后监督,是会计核算和会计分析的必要补充。随着信息技术的普及网络媒体的应用,企业将利用互联网络使会计信息处理高度自动化,工作流程简化且易于管理。网络型的数据结构达到信息高度共享,冗余度降低,各管理、生产组织部门的数据信息都将通过网络直接进入会计处理系统,每个员工都可能成为会计信息的生产者和使用者,会计信息可随时监督和检查。企业领导也可以通过网络直接实现生产现场管理,对产生的问题及时发现处理。但由于会计事项由计算机按程序自动进行处理,如果系统的应用程序出错或被非法篡改,计算机只会按给定的程序以同样错误的方法处理所有的有关会计事项,系统就可能被不知不觉地嵌入非法的舞弊程序,不法分子可以利用这些舞弊程序侵吞企业的财物。系统的处理是否合规、合法、安全可靠,都与计算机系统的处理和控制功能有直接关系。会计信息系统的特点,及其固有的风险,决定了会计检查的内容要增加对计算机系统处理和控制功能的审查。在会计信息化条件下,为防范计算机舞弊,企业会计内部控制制度也要随之改变,随之建立新型的会计工作组织体系。会计人员要花费较多的时间和精力来了解和审查计算机系统的功能,以证实其处理的合法性、正确性和完整性,保证系统的安全可靠。

综上所述，会计信息化不仅改变了会计核算方式、数据储存形式、数据处理程序和方法，扩大了会计数据领域，提高了会计信息质量，而且改变了会计内部控制与检查的方法，推动了会计理论与会计实务的进一步发展完善，促进了会计管理制度的改革，是整个会计理论研究与会计实务的一次根本性变革，会计信息化对会计理论和实践必将产生深远影响。面对这种发展趋势，会计人员必须重新审视有关会计基本理论，不断挖掘新的理论内涵；会计人员必须转变观念以适应会计信息化条件的新型会计工作；会计人员必须参与到企业信息系统的建设中，并与信息人员一道完成对信息系统及其资源的管理。

第六节　网络环境下会计信息系统的"五化"

网络环境下的会计信息系统所表现出来的协同化、实时化、智能化、多元化、动态化等特征，为提高会计的运行效率与管理水平提供了坚实的技术基础。通过网络，金融事务、会计往来将越来越频繁，单位内部的财务活动和单位外部的财务活动高效化、实时化，并对单位的经济运作、财务往来、会计核算等作全面、及时的监控，实现财务的静态管理为动态管理，提高企业整体效益。

会计软件开发经历了从自主开发、委托定点开发到标准化、通用化、商品化、专业化阶段。会计软件应用从过去的单项业务处理到核算管理一体化，从事后记账（反映、分析）到事中预警、控制、事前预测，管理模式由分布式向集中式发展。网络延伸会计及企业管理范围，提高会计信息系统的通信质量和运作效率，降低经营成本，实现资源共享，并使会计信息系统获得了更为宽广的发展空间。因此在网络环境下，会计系统以网络技术等新型的信息处理工具置换了传统的纸张、笔墨和算盘。这种置换不仅仅是简单工具的变革，也不再是手工会计的简单模拟，更重要的是对传统会计理念、理论与方法前所未有的、强烈的冲击与反思。那么，网络环境下会计信息系统具有哪些本质呢？

一、会计与相关者协同化

网络环境下，网络使得会计与企业内部各部门协同、与供应链协同、与社会有关部门协同，使得会计系统不再是信息的"孤岛"，真正体现了"数出一间，数据共享"的原则。由于企业间、企业同客户间的物理距离都将变成鼠标距离，不仅要求企业内部网上采购、销售、考勤预算控制、资金准备等协同、企业与供应链的协同（网上询价、网上催账、网上订票、网上生产计划等），而且要求企业与工商、税务、金融、保险等发生着频繁联系的部门，可以在网上实现（如网上银行、网上保险、网上报税）协同。会计与相关者协同化，使得会计管理能力能够延伸到全球的任何一个节点，可以顺利实现远程报账、远程报表、远程查账和远程审计，也会很方便地掌握远程仓库、销售点的库存销售等业务情况。这不仅可以降低企业采购成本，提高资金周转率，而且还可以降低整个社会工作成本，从而使社会经济生活将更加高效有序。

二、会计信息处理实时化

在网络环境下,会计信息系统一改传统会计事后的静态核算。企业的生产、销售、人事、仓储等各个业务部门借助于网络将各种信息实时传输到会计部门,发生交易的数据通过网络传递直接下载到会计应用程序中去,会计部门及时处理后并将相关信息反馈回去,从而使各个部门信息处于随时的沟通之中,最大限度地发挥会计的反映与控制各类交易的职能。至于对外公布,企业可通过防火墙(Firewall)及相关的加密过滤技术将动态数据库内容在Internet上实时传送给税务、审计、统计、证券机构等外部信息使用者,各种信息使用者从自己的实际利益出发各取所需,搜寻出及时性、相关性较强的信息。这种实时化不仅可以使会计信息系统通过内联网、外联网直接采集有关数据信息,实现会计和业务一体化处理,还可以使会计核算就从事后的静态核算转为事中的动态核算,极大地丰富了会计信息的内容,提高了会计信息的质量和价值,使得从原始单据到生成最终会计信息的过程瞬间就可以完成,所需的会计信息随时都可获得,会计信息的搜集、输入、处理和提供实现了实时化。尤其会计核算数据在互联网上的传递与传统会计信息披露方式相比,没有时间和空间的限制,因为电子数据在网络上是以光速传送,几乎可以看作是没有时间差。只要在网络上输入会计信息,任何地点的信息使用者在任何时候都可以在网上查询到相应的会计信息。因而,日常会计信息的披露将变成现实,极大地增强了会计信息披露的时效性,能够满足决策者的及时需要。

三、会计信息管理模式智能化

网络环境下,企业的管理将变成以知识和信息为核心的管理,这就要求企业信息高度集成,会计信息资源高度共享,而网络技术的发展正为这种信息集成提供可能。因为在网络环境下,会计信息系统采用在线管理和集中管理模式。为了适应这一要求,由过去的会计人员都是独立的封闭的工作单元,改变为会计信息系统的有关人员都在一个开放的网络上进行工作。如网上会计审批、会计制度在线更新、在线服务支持、在线会计岗位教育、在线调度资金(异地转账)、在线证券投资(外汇买卖)、软件维护、应用指导、版本更新等均可以在线实时处理。由于网络会计信息系统实现了会计信息的网上发布,投资者及其相关利益集团可随时上网访问企业的主页,以获取企业最新的及历史的财务信息,从而减少了外部信息使用者的决策风险。也由于管理信息系统最大的子系统——会计信息系统实现了实时跟踪的功能,从而使管理者可以及时了解最新的情况,管理决策效率极大地提高。网络的出现使得集中式管理成为可能。企业的规模越来越大,为整合企业会计资源,加强对下属机构的财务监控,采取集中式管理,这不仅消除了物理距离和时差概念,高效快速地收集数据,并对数据进行及时处理和分析,而且还能够实现业务协同、动态管理、及时控制、科学预测,使企业实现决策科学化、业务智能化,使企业充分利用信息,提高投资回报率,保障企业在有序的智能化状态下高速发展。因而,实现降低运营成本和提高效率的目标。

四、会计信息提供多元化

网络环境下,会计信息使用者需要的信息多样化,使得会计信息的提供必须多元化。首先,会计理论多元化,为会计信息提供多元化奠定了基础,使得会计理论、内容、目标呈现多元化特征。会计假设得到扩展,多主体、多币种、不等距会计期间成为可能和必要,计量属性多样化,权责发生制与收付实现制并存,历史成本与重置成本并存,记账方法采用多式记账法。其次,会计方法多元化,为会计信息提供多元化作保证,计算机强大的运算功能及网络技术的发展使得会计核算能多种方法并用,以满足不同使用者对信息的要求。最后,网络技术提供了多元化会计信息的功能,使得多元化会计信息真正成为现实。企业不仅可以提供规范的标准会计信息,而且还可以提供所有可能的会计方法为基础的会计信息。此外,还能通过对这些所有可能的会计方法的多种组合,推出自己的信息产品。具体来讲,包括收集与提供信息的多元化,处理信息方法的多元化和提供信息空间的多元化等。

五、会计信息核算动态化

网络环境下,企业主要在网上进行交易,出现了电子单据、电子货币等多种交易方式,也使电子结算成为可能。由于电子计算具有强大的运算功能,从会计凭证到会计报告全过程的信息处理都是由计算机来执行,人工干预大大减少,客观上消除了手工方式下信息处理过程的诸多环节,如平行登记、错账更正、过账、结账、对账、试算平衡等。相对手工会计而言,大幅度地降低了计算的复杂程度。也由于各种数据实现在线输入,电子货币自动划转,业务信息实时转化,自动生成会计信息,省却了手工方式下将业务资料输入到会计账簿的过程,使得会计核算从事后核算变为实时核算,静态核算变为动态核算,会计信息管理实现在线管理。会计信息收集处理的动态化使得会计信息的发布和使用能够动态化。会计信息生成后,将通过会计软件实时反映到企业公共信息平台上,或直接送到有关用户的电子信箱中去。这样,信息使用者可以随时了解企业的信息,及时做出决策。

总之,网络环境下,会计信息系统可以理解为一个由人、电子计算机系统、网络系统、数据及程序等有机结合的应用系统。它不仅具有核算功能,而且更具控制功能和管理功能,因此它离不开与人的相互作用,尤其是预测与辅助决策的功能必须在管理人员的参与下才能完成。所以,网络环境下的会计信息系统,不再是一个简单的模拟手工方式的"仿真型"或"傻瓜型"系统,而是一个人机交互作用的"智能型"系统,它使会计工作由核算型向管理型转移,推动着会计职能向深层次延伸。

第八章 互联网时代对会计工作的影响

第一节 互联网时代对会计基本认识的影响

一、互联网时代对会计世界认知方式的影响

人类活动纷繁复杂、多种多样,但人类活动过程、活动结果以及活动中存在的各种关系都会留下痕迹,这些痕迹可以通过新技术的应用以数据的形式进行记录,在记录的过程中就产生了相应的结构化或非结构化数据。业界通常用 4 个 V(即 Volume、Variety、Value、Velocity)来概括大数据区别于传统数据的显著特征,这 4 个显著特征向人们传递了多样、关联、动态、开放、平等的新思维,这种新思维正在渗透到我们的生产、生活、教育、思维等诸多领域,逐渐改变人类认识、理解世界的思维方式。一些大数据学者把大数据提高到世界本质的高度,认为世界万物皆可被数据化,一切关系皆可用数据来表征,如:黄欣荣(2014)认为随着互联网时代的来临,数据从作为事物及其关系的表征走向了主体地位,即数据被赋予了世界本体的意义,成为一个独立的客观数据世界;田涛(2012)认为未来生产力的 3 大要素是人力、资本和数据,大数据已经成为与自然资源、人力资源同等重要的战略资源。在互联网时代该种新思维认为全体优于部分,繁多优于单一,相关优于因果,从而使人类的思维方式由还原性思维走向了整体性思维。

此外,通过对经济活动的数据化,并对该数据进行分析,能够实现对某一事物定性分析与定量分析的统一,能够促使那些曾经难于数据化的人文社会科学领域开展定量研究。从目前的研究来说,无论是规范研究还是实证研究,基本上都是通过寻找事物之间的因果关系来解释或揭示某一规律或现象,会计更是如此。会计更是通过强调经济活动之间以及会计数据之间的因果关系来保证经济业务以及会计数据的客观性、真实性与可靠性。由于信息传递的弱化规律的客观存在,通常来说,人们无法对于超过一定层级关系的因果关系链条以及本就不明显的因果关系做出准确判断与分析,如:报表数据与原始凭证之间由于经过了几次的数据加工,报表数据只能反映出企业最终的整体情况,却很难推导或还原出当时的原始凭证的实际情况;同时,因果关系只能做单向的逻辑推导,即"因—果",而不能"果—因",因为"因—果"是确定的、唯一的,而"果—因"则是不确定的,有多种可能性。在会计大数据的时代,人们可以利用数据量的优势,通过数据挖掘从海量会计数据的随机变化中寻找蕴藏在变量之间的相关性,从而在看似没有因果关系或者因果关系很弱的两个事物之间找到他们既定的数据规律,并通过其中的数据规律以及数据之间的相关关系来解释过去、预测未来,并可以做到因果的双向分析,从而补充了传统会计中的单一因果分析方法的不足。由此可

见,大数据将会改变人们对客观世界,乃至会计世界的认知方式。

二、互联网时代对会计数据的影响

会计是以货币为主要计量单位,以凭证为主要依据,借助于专门的技术方法,对一定单位的资金运动进行全面、综合、连续、系统的核算与监督,向有关方面提供会计信息、参与经营管理、旨在提高经济效益的一种经济管理活动。简单来讲,会计是通过对数据,尤其是会计数据的确认、计量、报告与分析,帮助企业的管理者来管理企业,并向外部利益相关者提供会计信息的一种管理活动。

目前的会计数据包括各种各样的数据,可以归纳为三类:①用来进行定量描述的数据,如日期、时间、数量、重量、金额等;②用来进行定性描述的数据,如质量、颜色、好坏、型号、技术等;③不能单独用来表示一定意义的不完整的、非结构化、碎片化的数据。目前对会计数据的处理还仅仅局限在第一种定量描述的数据的处理,尤其是那些能够以货币来进行计量的经济活动所表现的会计数据,因为这种数据既能比较方便地进行价值的转换与判断,又能很直观地还原出企业的生产经营过程,从而使利益相关者可以通过会计数据信息了解企业生产经营过程以及生产经营结果。定性描述的数据与定量描述的数据相比,存在一个很大的缺陷,那就是定性数据只能大概推断出企业生产经营过程,而不能还原出企业的生产经营活动过程,比如,这个产品质量好,只能推断出企业经营过程良好,至于在哪个生产步骤良好,这个企业的良好和别的企业的良好一样还是不一样,我们就难以知晓。所以,定量数据的过程和结果能够互为因果推断,而定性数据只能达到经营过程是因,经营结果是果的推断,对于第三种不完整、非结构化、碎片化的会计数据在因果关系的推断来看,存在更为严重的问题,因为不完整、非结构化以及碎片化的特征,该类数据会导致因果关系推断的障碍,该类数据无法推断出经营结果,经营结果也无法还原经营过程。从目前会计数据的使用情况来看,定量描述的数据经常使用,定性描述数据较少使用,非结构化、碎片化数据基本没有使用;从企业的整个会计数据的作用来看,定量描述的数据作用固然重要,尤其是金额数据,但是定性描述数据以及非结构化、碎片的数据也很重要,会对会计信息使用者产生重要的影响,甚至也会影响到会计信息使用者的决策,比如,好的商品质量能扩大企业的知名度,会给企业带来巨大的商誉,进而给企业带来超额利润。由于定性描述数据以及非结构化、碎片化数据的内在缺陷,这些数据的作用目前还无法发挥出来,也阻碍了会计理论与会计实务的发展。

随着互联网、物联网、传感技术等新技术的应用,不仅实现了人、机、物的互联互通,而且还建立了人、机、物三者之间智能化、自动化的"交互与协同"关系,这些关系产生了海量的人、机、物三者的独立数据与相互关联数据,目前那些难以用货币化来计量的经济活动,其实都可以通过以上新技术来进行记录,记录过程中相应会产生大量的数据,这些数据不仅有数字等结构化数据,还有规模巨大的如声音、图像等非结构化、碎片数据。随着互联网时代的到来,定性描述数据以及非结构化、碎片化的数据,尤其是非结构化、碎片化数据的增长速度将远远超过定量描述数据的增长速度,非结构化、碎片化数据以及定性描述数据将会成为会计数据的主导。虽然定性描述数据以及非结构化、碎片数据存在内在的缺陷，但是在互联网时代，却可以使用大数据挖掘技术发挥出该类型数据的会计作用。虽然这些数据不能完整、全面、清晰地推导与反映出企业的经营结果和经营过程，但是大量的这些数据放在一起，却能够利用它们之间存在的相关关系推导与反映出企业的经营过程与经营结果，比如，把一个生产步骤细分为成千上万个步骤或者更大程度的细分步骤，一个细分步骤不能表示什么含义，但是把这大量的细分步骤组合到一起同样能够构成一个完整的步骤，那么就能达到定量描述会计数据的相应功能。在传统的会计理论中，使用的会计数据基本上都属于定量描述数据，主要的原因有两个：一是定性描述的数据不能准确地以货币来计量；二是数据量小的时候，利用数据的相关性关系远不能达到因果关系推导出来的结果那样准确、那样令人信服，原因在于数据量小的时候，利用相关关系推导出来的结果随机性较大。传统会计选择那些定量描述性的数据作为会计数据，实际上是时代的局限性决定的。随着互联网、云技术、大数据挖掘等新技术的使用，非结构化、碎片化数据急剧增加，非结构化、碎片化数据真正成了大数据，这些数据已成为企业的重要资源，将会影响到企业的可持续发展。从统计学角度来看，非结构化、碎片化的会计数据摆脱了小数据的必须使用因果关系分析的内在局限性，利用相关关系的数据分析可以达到因果关系的数据分析同样效果，从而为非结构化、碎片化数据应用于会计提供了可行的理论基础与技术支持。因此，在互联网时代，这些定性描述的数据以及非结构化、碎片化的数据丰富了会计数据的种类，扩大了会计数据的来源渠道。在互联网时代，会计数据将由三部分构成：第一部分是定量描述性数据；第二部分是定性描述性数据；第三部分为非结构化、碎片化会计数据。目前的会计数据实际上是直线型的数据，互联网时代的会计数据将变得更加立体化，有可能出现三维或者多维形式的会计数据。

三、互联网时代对会计数据分析方法的影响

在互联网时代来临之前，描述性数据与非结构化、碎片数据很少被纳入会计数据范畴，会计实务也很少使用这类数据，这类型的数据那时还不能称为会计数据。互联网时代，可以利用数据量的优势，通过数据之间相关关系的分析达到因果关系分析的同等效果、同等的可靠性与客观性。因此，在互联网时代，数据量的优势以及数据挖掘分析方法在会计领域的使用将促使描述性数据与非结构化、碎片化数据转变成为会计数据，丰富了会计数据的内容与来源，提高了描述性会计数据与非结构化、碎片化会计数据在会计理论与实务中的应用价值，从可靠性与相关性两个方面同时提高会计信息的质量。其实，在互联网时代，描述性数据与非结构化、碎片化数据能够成为会计数据的一个必要条件就是能够通过这些数据与企业价值（或企业未来现金流）之间相关性的分析较为准确地找到它们之间的数量关系。大数据挖掘技术融合了现代统计学、知识信息系统、决策理论和数据库管理等多学科知识，可以完成从海量数据中发现特定的趋势和关系。大数据挖掘技术在会计理论和实务中的应用，能有效地从大量的、不完全的、模糊的、碎片化的、非结构化的实际应用数据中，找到隐含在该类数据与企业价值之间的相关的数量关系。随着互联网、物联网、传感技术、云计算等新技术的发展，客户关系方面的网络数据、生产过程中的生产作业记录数据、采购过程动态监

控记录等方面的数据每天都呈海量增加,非结构化、碎片化数据的趋势越来越明显。传统的数据分析技术在面对大数据时已经显得力不从心,很难解决大数据的存储、分割、高效计算的问题,大数据借助了云平台技术,同时,随着大数据概念的提出以及大数据商业价值的开发,大数据挖掘技术得到了长足发展,大数据应用软件与操作系统相继出现,如 DB2 数据库软件、Hadoop 系统、InfoSphere Streams 流数据、Netezza 等,这些大数据应用软件和操作系统解决了描述性数据以及非结构化、碎片化数据与企业价值之间数量关系寻找的技术问题,同时会计大数据也将促进数据挖掘技术的发展与应用。

四、互联网时代对会计信息质量的影响

对于大数据对会计信息质量的影响的研究非常稀少,目前只有袁振兴等(2014)在《大数据对会计的挑战及其应对》一文中提出"大数据会降低会计信息的准确性质量要求"的观点,那么果真如此吗?下面我们来进行仔细分析。

根据国际标准化组织 1994 年颁布的 ISO8402－94《质量管理和质量保证——术语》中有关质量的定义,会计信息质量是会计信息满足明确和隐含需要能力的特征总和。会计信息质量要求是对企业财务报告中所提供会计信息质量的基本要求,它主要包括可靠性、相关性、可理解性、可比性、实质重于形式、重要性、谨慎性和及时性等。根据互联网时代会计数据的来源构成分析可知,互联网时代会计信息包括定量描述会计数据、定性描述会计数据以及非结构化、碎片化会计数据,这三类会计数据在数量以及作用上是不一样的。

从会计数据总量来看,随着大数据的兴起,非结构化、碎片化数据数量将会大大增加,非结构化、碎片化数据将会占主导地位;从数据的价值密度来看,很明显定量描述会计数据要比非结构化、碎片化数据的价值密度要高得多,由此将会出现一个问题:会计数据的使用将会选择以哪一类会计数据为主?从会计的作用以及会计存在的必要性来看,会计之所以存在完全是因为会计能够通过自己的一整套体系为信息使用者提供有益的信息,从而帮助其做出正确的决策。虚假的会计信息不仅无助于会计信息使用者做出正确的决策,而且还会诱导会计信息使用者做出错误的决策,因此,要帮助会计信息使用者做出正确的决策,会计数据的真实可靠就是一个必要的条件。从目前会计理论以及会计实务来看,会计要求以取得的真实发生的经济业务对应的单据作为记账依据,报表的数据才能真实客观地反映出企业的生产经营过程以及企业的财务状况、盈利状况以及现金流量状况等。因此,从会计生存与发展的角度来看,不管是传统的小数据时代还是互联网时代,提供真实可靠的会计信息,帮助信息使用者做出正确的决策的本质是不会改变的,否则会计将失去存在的必要了。从数据取得的难易程度来看,定量描述的会计数据要比非结构化、碎片化数据容易得多;从数据取得的成本来看,定量描述的会计数据要比非结构化、碎片化数据成本低很多;从数据的有效性来看,大数据中的无效数据会更多,可能对正确结果的干扰会更大;从数据分析的难易程度来看,因果关系的分析要比相关性分析更直接,更让人容易掌握和理解。因此,互联网时代的会计数据肯定是以定量描述性数据为主,定性描述会计数据与非结构化、碎片化会计数据为辅,从而也决定了以后的会计数据的计量手段同样还应是以货币计量为主,其他计

量为辅的做法。目前会计理论与实务的发展遇到了困境,如人力资源会计、行为会计、企业社会责任会计、环境资源会计等,其主要原因在于这些重要的会计领域难以定量描述,难以准确地反映在报表上,而大数据的产生以及大数据挖掘方法的应用将会促进这些领域的定量描述,把这些领域逐渐纳入到会计核算体系,更真实、更全面地反映某一会计主体的生产经营过程以及经营结果,将从可靠性与相关性等几个方面提高会计信息的质量。

五、互联网时代对企业会计行为的影响

互联网时代的到来影响着会计数据的构成,传统数据中的那些定性描述数据和非结构化、碎片化将转变成会计数据。一方面,会计数据范围的扩大使企业更多的信息能够纳入到会计核算体系,尤其是非结构化、碎片化会计数据蕴含的会计信息,从而能够让企业更准确地计量这些领域对企业的贡献,以采取更有效的应对措施,最终将促进与改善企业的生产经营行为。另一方面,随着社会形势的发展,一些原来被认为重要但难以用定量描述数据进行计量的会计信息,如企业家能力、智力资本等,不管是对目前的企业还是对利益相关者来说,这些会计信息越来越重要,纳入会计核算范围的要求也越来越强烈。2000年,里斯本欧盟高级会议期间,Romano Prodi提出"我们在企业家活动领域中的缺位需要认真对待",有大量证据表明经济增长和生产效率提高的关键依赖于一个经济体中的企业家能力,由此可以看出企业家能力对企业的重大作用。互联网时代,将会有助于将企业家能力这类对企业很重要却又难以计量其价值的要素纳入企业的会计核算体系。同样以企业家能力来说,大数据帮助企业准确计量该要素对企业的价值,那么企业就可以根据企业家能力的价值来给予合适的报酬,这样既能减少优秀企业管理者的跳槽行为,还可以进一步促进企业家工作的积极性,为企业吸引更多的优秀企业家。优秀企业家可以更有效地降低库存,提高存货周转率;改变融资方式与融资策略,降低融资成本;改变经营策略,扩大市场占有率;改变投资组合,增加投资收益;改变利润分配方式,有效利用企业的自有资金;改变会计政策的选择,选择符合企业利益的会计政策与方法;分析大数据信息,发现潜在市场与商机等。因此,大数据将会改变企业的行为。

第二节 互联网时代对财务会计的影响

一、互联网时代财务会计工作需要达到的标准

财务会计工作需要达到的标准是在已有的基础上进一步的改革和创新,让更多的数据能够被财务会计工作者完整地处理,只有这样,才可以很好地保证整个企业的经济收益。在互联网时代来临的时候,各个企业都需要通过提升财务会计工作效率来保证企业的收益,也就是说,互联网时代就是要求财务会计工作能够与时俱进,而不是停滞不前、利用最传统的方式进行财务会计工作,总而言之,需要进行的创新工作是比较彻底的。

(一)在财务会计工作中更多地积累各种应用数据材料

互联网时代的到来给财务会计工作带来了极大的便利,也带来了很大的发展空间,只有保证整个企业的财务会计工作能够利用先进的信息技术进行各种数据的分析和处理,才可以有效保证企业的整体收益,让更多的数据材料在大数据信息技术的使用下得到相应的处理。

这种便利正是由于互联网时代将数据信息化,确保财务会计工作的完成效率更加高效。提升企业的财务会计管理工作有助于提升企业的市场竞争力,所以,要确保财务会计工作中积累的大量数据材料能够利用大数据的特性进行高效作业。

(二)财务会计的工作对非结构化的数据进行价值提取

对于企业数据的处理,财务会计主要是对结构化数据进行系统化的处理,利用这种处理方式是目前比较流行的。然而,随着时代的进步,计算机技术可以有效提升结构数据的处理效率,可以很好地保证企业对整个财务会计的处理方式进行严格的管理。随着互联网时代的到来,使用计算机技术对非结构化数据进行管理和处理已经越来越熟练,还能够在规定的时间内有效完成相应数据的处理工作。

(三)会计使用者的需求应进行不断创新

由于互联网时代的要求就是不断地更新改革,所以为了保证财务会计的工作者能够更加完善地完成数据的处理,就应该将财务会计的工作目标从原始的经济管理型转移到决策管理型,只有这样,才能在企业的许多方面占领优势,企业的财务会计管理工作才变得至关重要。随着市场竞争越来越激烈,想要将企业的利益最大化,就需要运用互联网时代所带来的新技术和新方式进行数据的处理,目前,云计算方式不仅可以很好地保证信息容量的增大不会给财务会计工作增加困难,还能够符合使用者的多元化要求,可以说是新时代进步的一大优势。

二、互联网时代对财务会计的具体影响

(一)对会计信息来源的影响

大数据带来的不仅有结构性数据,同时还伴有非结构性数据,而且非结构性数据可能会更多。传统的会计信息多来自结构性数据,且结构性数据更可被分析、利用,甚至直接采纳。而互联网时代带来的更多的是非结构性数据,这也对会计信息来源产生了一定的影响。

一是非结构性数据越来越多,并广泛存在于会计信息中。非结构性数据与结构性数据的共同存在,这是互联网时代的标志之一,同时大数据技术也可实现将非结构性数据与结构性数据相结合,并加以分析,发现海量数据之间的相关关系,并通过定量的方式,来反映、分析、评判企业的经营发展。

二是强调海量数据之间的相关关系而非因果关系。在大数据背景下,所强调的是相关关系而并非传统意义上的因果关系。比如:相关关系是指会发生什么,而因果关系是指为什么会发生。大数据往往通过相关关系来指出数据之间的关系。

三是传统会计分析强调的是准确、精准,而互联网时代强调的则是数据使用效果。传统会计分析认为,会计信息的精准性无比重要,同时也不接受舞弊造假信息或是非系统性错误。但互联网时代则更多地关注会计信息分析带来的效果,而对精准性没有那么高的要求,或者说,绝对的精准并非互联网时代所关注的。

传统会计信息体系中,由于缺乏海量的数据支撑,因此任何一个获取的数据信息,都对会计信息产生至关重要的影响,也就需要这些信息保证其真实性、可靠性,才不会导致会计信息的失真。所以,在小数据时代,人们会通过反复的检查与论证、各类测试性程序和分析复核程序,来减少、避免错误的发生。尽管所获取的信息不多,但是论证这些信息所花费的时间成本、人工成本确实不容小觑。

在互联网时代,由于数据的繁多与复杂,因此人们不再过于担心某一数据出现的偏差会给会计信息质量带来致命的影响,也不需要通过耗费众多的成本来消除这些数据的不确定性。因此互联网时代所带来的效果,往往比传统会计信息的准确性更重要。

(二)互联网时代对会计资产计量的影响

由于大数据在会计行业中产生越来越多效应,并逐渐被广泛使用,因此就不得不考虑大数据对资产计量带来的影响。

1. 初始计量成本

在传统的财务会计中,初始计量成本有历史成本和公允价值计量。公允价值有着不可比拟的优越性,能客观反映企业经济实质,为信息使用者提供更加及时、高度相关的决策信息;能够使收入与成本、费用切合实际,实现有效配比;更加有利于企业资本保全,同时符合资产负债观。公允价值计量得到的金额可以克服物价上涨等不利因素对会计信息质量的影响。但是公允价值的取得不可避免地存在缺乏可靠性、可操作性等问题,公允价值所强调的"公平交易"在现实中难以保证,所以这一计量属性的使用效果大打折扣。

在互联网时代的背景下,数据的积累和发布日益增多,在大量的数据面前,公允价值变得越来越透明,从整体上提高了公允价值的可获得性、可靠性、科学性,从一定程度上克服了主观判断等不利因素的影响。虽然我国的资本市场还很不完善,操作利润的现象层出不穷,以公允价值作为资产的初始计量属性会付出更高的代价,但是在一些必须使用公允价值作为计量属性的经济业务中,例如金融资产、金融负债等的计量,要充分利用互联网时代所带来的极大便利,对资产的公允价值进行客观的、科学的测量,从而提高会计信息质量,同时有利于促进市场上建立起一个透明的、可靠的公平交易平台。

2. 计量单位

传统会计中的计量单位,通常采用"元"。但是在互联网时代,将来有可能出现非"元"为单位的计量单位,如时间、数量等。

(三)财务管理人员的管理职能发生了转变

传统财务管理人员,其职能往往在于财务核算、财务管理,而当海量数据出现的时候,其数据的繁多与冗长、数据分析能力的不断提高,要求财务管理人员的职能越来越多地转向有价值的资源配置中去。

原有的职能,基本上把财务人员定位在收集单据、定制凭证、复核、结账、报告、归档等工作中；而互联网时代，财务人员所面对的不仅仅是财务信息、财务单据，更多的是海量的业务信息，如何收集信息、分析信息，并将有用的信息放置在合理的资源中，通过高效的财务管理流程，实现有价值的财务数据，将资源配置在增长的领域中，是财务人员转变职能的体现之一。

三、互联网时代财务会计的创新发展方向

（一）应时代要求创造有利条件作为会计工作的核心

财务会计工作并不是一成不变的，而是随着环境和周围各种因素的变化而不断发展的，所以，为了将财务会计工作与社会背景紧密联系，就应该让整个会计工作跟随时代前进的潮流，一同进步创新。

（二）在企业中树立人性化的工作观念

企业的发展离不开人的作用，尤其是用人的重要性，对于企业的发展是必须考虑的。因此，要想保证互联网时代中财务会计工作能够更好地提升自身效率，就应该在整个企业中树立人性化的工作观念，要时刻保证在职的工作人员具备一定的专业素养，同时企业对其的待遇也一定与其工作表现相匹配，以完善各项工作。

第三节　互联网时代对管理会计的影响

一、互联网时代管理会计作用日益凸显

管理会计作为财务会计的一个分支，其主要任务是通过向企业内部管理者提供及时有效的信息，辅助企业经营决策。具体来说，其职能包括：预测企业未来的经营、财务状况以及现金流量等；帮助企业进行长短期经营决策；通过规划和预算，加强事前、事中控制；通过责任考核与业绩评价，加强事后控制，提升企业绩效与核心竞争力。互联网时代的到来，给管理会计上述职能的发挥提供了新的契机。

（一）提高企业预测能力，抓住商战先机

随着互联网时代的来临，手机已经不再是传统意义上的用于打电话、发短信的通信工具，其在网络信息传递方面的作用更加强大。开通官方微博也逐渐成为企业加强管理与沟通的流行趋势。通过微博，企业可以随时发布产品、服务等信息，消费者也可以通过微博、朋友圈等随时随地分享自己对某种产品或服务的评价与态度。这些都使得信息的传递更加即时、快捷。

企业应充分利用这些通信工具，实时获得各种新的信息，进而利用管理会计预测的专门技术与方法，及时了解竞争对手的最新动向，了解和测度市场的变动及其趋势，进而快速地对竞争对手的举措做出反应，赢得市场先机。

（二）提高企业决策能力，提升企业核心竞争力

一直以来，除直销企业外，企业与客户之间很少有直接联系，这也使得企业难以取得有

关客户需求的第一手资料,也难以针对客户的潜在需求及其变动,及时做出有针对性的企业决策。物联网的出现,令这种局面大为改观。

企业不仅能够更加精准、详细地获取顾客在各类网络活动中的数据,而且能够从以往被忽略的数据中挖掘出新的有价值的信息:比如,消费者对某款产品或商品进行了网上搜索,但最终可能并没有实际购买,以往此类数据可能会因为未形成实际购买力而被忽略,更不会被收集或分析。然而,互联网时代的企业却会对此类信息高度重视,他们往往会聘用专门的人员或机构,对顾客的网上搜索行为进行分析,如被搜索商品的类型搜索条件、搜索次数、搜索时间等,并依据这些信息推测消费者的消费偏好、消费动向和潜在消费点,进而通过特殊的网络设置,在消费者再次访问该网站时自动向其推荐消费者可能感兴趣的本单位产品的信息。不仅如此,管理会计人员还可以依据这些信息对其进行量化分析和理性逻辑思考,帮助企业明确本单位产品或商品的需求动向与未来发展,从而指引企业及时调整生产经营策略,提升企业核心竞争力。

(三)加强规划与控制,提高运营管理效率

管理会计可以通过对市场的周密调查,帮助企业确定出最优的生产规模及销售规模,进而制定严密的生产销售与管理计划,从而帮助企业避免发生不必要的投入和生产成本。互联网时代,随着信息量的急剧增加与信息准确程度的提高,管理会计人员可以在更大范围内对相关产品、服务、成本、销售等有关数据进行分析与挖掘,进而制定严密的物资采购、产品生产、销售、运输、日常管理等规划与预算,从而对企业的运营与管理提供强大的支撑。

例如,通过应用变动成本法与作业成本法,分析出各个不同时间、地点、方式的物流成本,选出安全、快捷、经济的物流方式;通过加强供应链管理,分析供应商所提供物资、设备的价格与质量,选性价比最高的采购对象;通过事前估算各种营销方式的成本,结合其影响力,选出最有效率的营销方式;通过搜集客户的信用与往来信息、加强客户管理,提高应收账款的周转率等。

(四)推动企业全面、科学、合理地考核部门与员工绩效

绩效评估一直以来都是管理会计工作的一大难题,其难点之一在于实际评价时难以搜集到所有与绩效有关的信息,不管用什么样的评价方法都不能完全客观、准确地评价绩效的高低。如果员工绩效不能得到公正评价,会挫伤员工的积极性,降低其满意度,严重时还会导致人才流失。

随着互联网时代的来临,评价所需三类数据(交易数据、交互数据和感知数据)的收集变得可能且快捷。其中,交易数据来源于企业的 ERP(企业资源计划)、CRM(客户关系管理)和 Web 交易系统,交互数据来源于社交媒体,感知数据来源于物联网。通过收集和分析上述数据,企业不仅能够了解本企业各部门员工的工作与学习绩效,而且能够了解竞争对手乃至整个行业的发展绩效,并能够准确掌握各类绩效评价方法的适用性,进而更加科学、合理地考核企业绩效,避免信息不足所带来的以偏概全或考核与奖惩结果不合理等问题对企业造成困扰。

二、互联网时代管理会计面临的挑战

(一)部分企业对大数据在管理会计中的应用认识不足

要及时抓住大数据的机遇,有效应对挑战,首先,要求企业对大数据有正确的认识。有的中小企业认为大数据技术是大公司才需要掌握而且能够掌握的,对于中小企业,无论是设计或购买相关的存储设备,还是培养专门的分析人才,都需要投入大量的人力、物力、财力,不符合成本效益原则,因此,没有必要学习或应用大数据分析技术。其次,虽然现在大数据普遍存在,但并不是所有人都对它有清楚的认识。这势必会影响大数据在企业管理会计工作中的推广与应用。

(二)管理会计信息存储空间不足

互联网时代要求企业及时搜集所有的信息,强调信息存储的充分性、全面性、持续性,信息存储规模非常大。同时,社会化信息,如物联网、移动网络以及社交网络等,在互联网时代下显得尤为重要,而此类数据分布更加广泛、数量更加庞大,同样需要巨大的存储空间。而现有的数据库几乎无法处理 TB 级别的数据,更不能满足高级别的数据分析需求。因此,能否对现有的数据存储系统及时升级,建立庞大的 TB 级的数据集,将决定企业是否能够及时搜集、分析海量的管理会计信息。

(三)管理会计信息安全无保障

企业搜集的海量信息中往往包含大量的个人或组织的隐秘信息,如何保证这些信息的安全、不外泄尤为重要,否则将会对企业及其员工、客户造成巨大的困扰。例如,手机等现代化通信工具中装有各种地图软件、微信、易信等,这些软件一般都要求获取个人当前位置的权限,如果此类信息泄露,会对客户的安全造成威胁。同时,大数据对企业的信息保护,以及防止核心数据丢失、盗取等方面的要求更加严格,这些数据一旦泄露,通过当今飞速发展的信息传播途径与媒介,会使企业的商业机密在短时间迅速传播到商业界的任何角落,给公司带来不可弥补的损失。因此,如何通过正当、合法的手段保护企业核心信息的安全,是企业不可回避的又一难题。

(四)管理会计信息分析技术亟待完善

虽然互联网时代带来了更多的可用信息,但并不意味着这些信息能够被人们有效地分析和利用。根据对全球 100 个国家及地区、从事 30 个行业的 3 000 名高管进行的一项调查,有 60% 的受访者表示无法有效利用所有数据,究其原因,一方面是因为互联网时代数据量急剧增大,另一方面则是因为其中的非结构化数据所占比重大且持续增加,而非结构化数据并不适于用传统的方法进行分析。

具体来说,传统的结构化信息一般可以通过数据挖掘算法进行分析,半结构化或者非结构化的数据却不可以直接应用这一方法,而是需要先转化为结构化数据,再进行分析挖掘,但这一过程往往会削弱信息的时效性,降低数据分析的效率,不利于企业及时做出反应。不仅如此,把非结构化数据转化为结构化数据,常常会丢失非结构化数据隐含的关系,而这些关系又常常会包含十分重要的信息,从而无法确保数据分析结果的准确性。

(五)管理会计人才严重不足

互联网时代,数据的来源多、信息量大、种类丰富,但这些信息并不会自动转化为对企业有用的相关信息,必须通过专业人才的深度挖掘与分析,才能提炼出有助于企业经营管理的有价值的信息。

目前,世界各国的大数据专业人才都面临巨大的缺口。人才的短缺势必会阻碍企业开发、利用管理会计信息工作的进程。因此,能否及时培养掌握此类分析知识与技术的管理会计人才,对企业的发展至关重要。

三、互联网时代对管理会计的具体影响

管理会计的职能一般可分为三个方面:一是对初始成本的确定及后续成本的计量;二是为现时及未来的决策、规划提供会计数据支撑;三是为控制、评价管理提供准确的数据帮助。在互联网时代的冲击之下,管理会计的职能势必受到一些影响,也会产生一些变化。

(一)对初始成本的确定及后续成本的计量

在管理会计所提供的各类信息中,如何确定初始成本是核心。企业的经营活动离不开成本的确认。同时,成本确认也贯穿于企业预测、编制计划和预算等各环节中。因此,如何对初始成本进行确定和后续成本进行计量,是互联网时代对管理会计的一大影响。

传统的成本确认和成本计量,其确认和计量的信息来自企业内部,但在互联网时代,就会使得这些信息发生了一些变化,同时这些内部信息对企业的需求也是不够的。外部信息可以为企业提供更为完整的决策依据,从宏观上外部信息提供了行业背景资料、企业所处行业的位置、竞争对手的信息和竞争定价策略、行业供应链的结构和变化趋势等。

这些外部信息,就是企业内部各系统、各环节人员所不能提供也不能控制的,因此这些非结构化数据就需要大数据的挖掘和利用,将这些结构化数据与非结构化数据加以分析,确定其内部关联性和相关性。基于大数据挖掘的企业能够更为准确地确定成本和成本计量,也为企业的生产、经营、销售、管理等环节降低风险、提高管理水平和管理效率提供了有效的数据支撑。

(二)为决策和规划提供有力的会计数据支持

企业是自负盈亏的,因此在经营管理过程中,如何能够获得持续、稳定的增长是企业管理会计的主要职责。现在企业的管理会计,重点是以顾客为中心,通过提供多类别、有针对性的服务,提高企业核心竞争力为目的,通过成本费用、利润、资金运作等方面,制定多种管理方案,而管理会计通过综合评价这些方案的优劣性,来择优选出适合企业发展需要的最佳方案。

诚然,不论是企业的短期经营目标还是长期经营目标,无论是短期战略还是中长期战略,如果没有海量的数据作为支持,就不可能得出全面、准确的决策。尤其是在越来越以数据为主的时代,对大数据的分析和挖掘,显得尤为重要。

企业经营决策的前提,是要有准确的预测,而预测的前提则是有准确的分析。

分析来自数据的支撑。传统的分析基本上都来自企业内部,而企业内部信息已经远远不能满足分析预测,因此使得预测能力大打折扣。

譬如,以推广流量为例。一般情况下,企业会基于历史流量推广情况和推广渠道,得出流量推广的预测。但是由于推广渠道、推广手段的局限性,使得企业没能把受众群体的年龄层分布、客户使用习惯、人文地理的背景资料等因素加以整理和分析,这就使推广预测的准确性大打折扣。但是在互联网时代,这些因素都是可以整理、存储并加以分析、挖掘的。

(三)为控制和评价管理提供准确数据帮助

作为企业的经营管理人员,控制和评价其管理,是管理的基本职能,也是作为经济责任审计的基础。在企业内部,经营管理活动涉及不同部门、不同岗位,其职能也不尽相同。一般说来,经营管理人员首先要确定管理的基本原则,也就是哪些属于管理要求,哪些属于管理原则,而后才会对下属单位、下属部门或人员的工作进行指导、监督和管理。

作为管理会计而言,其控制和评价管理也要先确定原则和标准。同时,原则和标准决定着从一开始实施管理到最终能否实现管理目标。而在互联网时代,由于数据的存储、分析和挖掘,使非结构化数据和结构化数据的内在关联可以显现,找出并利用这种内在关联性,对于确定控制和评价管理能够提供准确的数据帮助。

第四节　互联网时代对审计工作的影响

一、互联网时代给审计带来的机遇

(一)将消除审计地点与时间的限制

传统的审计受审计的地点与时间的限制很大。首先是时间方面,在函证时,收到回函的时间具有不确定性;在对企业员工进行询问时,又受企业员工的上班时间所限制,使审计工作不能灵活自由地进行。其次,在地点方面,分公司与总公司位于不同的位置,以及与公司往来的客户位于很远的地方,都对审计工作造成了很大的限制。

然而,在互联网时代下,审计工作不再受时间与地点的限制。所有数据都可以通过云端记录,审计人员可以随时随地通过权限查看被审计单位相关数据以及往来单位的交易记录,同时审计人员也可以扩大审计范围,在期中或者其他时间对被审计单位进行审计,从而也增加了审计的及时性。互联网时代下的审计,不仅节省了时间,同时也提高了审计的效率与审计质量。

(二)审计抽样方式的改变

在传统的审计模式下,审计抽样在条件和技术方面受到很大限制,不可能收集和分析全部数据,其历史尚不足一百年。审计抽样本身也存在许多固有的缺陷,它的效果决定于随机性抽样。但是,实现抽样的绝对随机性非常困难,一旦抽样过程中存在任何偏见,分析结果就会相距甚远。

互联网时代下，数据具有全面性的特点，审计人员在审计时可以对数据进行跨行业、跨公司的收集，从而实现审计模式从抽样模式向总体模式的转变。在大数据环境下，总体审计模式是对审计对象相关的所有数据进行分析，从而降低了抽样审计的风险。

（三）函证的改变

传统审计下，函证是审计人员获取审计证据的重要途径。虽然第三方独立于审计单位，获取证据相对客观，获取证据较为有利，但仍存在着一定的问题。收到函证的时间可能过长，而且审计人员是否可以收到回函具有不确定性，同时收到的回函的可靠性也值得怀疑。在互联网时代下，与被审计单位相关的往来单位以及银行交易记录均有记载，审计人员可以通过特定的权限，进行审核。由于数据都储存在云端里，审计人员工作只需要网络环境以及计算机即可，极大提高了审计工作的效率。

二、互联网时代对审计工作的要求

要为企业经营决策提供准确、全方位的数据支撑，仅仅依靠会计数据是远远不够的。无论是财务会计还是管理会计，其所提供的预测职能并不能完全满足于经营决策需求，还需要从内、外部的监管角度，提供数据支撑。这就需要发挥互联网时代的审计职能。

（一）对审计人员的要求

首先，对审计人员能力的要求更高，互联网时代下，审计人员面临的数据将会越来越复杂，这就要求审计人员应该具有更高的数据处理能力与数据分析能力，因此审计人员应该熟练掌握并运用数据处理与分析的基本原理和方法。

其次，对审计人员的职业道德要求更高。在互联网时代下，审计人员通过权限获得的信息可能具有很高的价值，一旦泄露后果也很严重。审计人员难免会因私人利益而违背原则，因此在互联网时代下对审计人员职业道德的要求就更高。

（二）对审计理论与法规的要求

互联网时代对审计理论的要求越来越高。审计理论是审计工作实施的前提，正确的理论才能有效地指导审计工作的实施。在互联网时代下，一切都在革新，传统的审计理论已经不能指导互联网时代下审计工作的有效实施。

互联网时代也给审计法规提出了新要求。互联网时代涉及的企业数据都越来越多，如何确保企业信息不外露以及如何确保数据的安全，是当下审计面临的一个迫切需要解决的问题。然而针对此方面，没有特定审计法规进行约束。

三、互联网时代对审计工作的具体影响

大数据是对所有数据撷取、管理、处理并帮助企业能够作为决策所使用的资讯的集合。互联网时代的来临，内部审计工作的审计方法、审计手段，甚至审计成果的应用等方面，都将面临一次前所未有的变革与挑战。这就需要内部审计人员与时俱进地调整审计思维方式，

不仅要驾驭审计资料,更要分析数据、透视数据、管理数据。在海量的数据库中,撷取自己所需数据,缩小可用数据密度,提高可用数据价值,辨识出对审计决策有帮助的数据,大数据对审计的影响主要存在于以下几个方面。

(一)审计方法

审计方法(Audit method)是指审计人员通过行使审计权利、发挥审计职能、完成审计任务、达到审计目标所采取的方式、手段和技术的总称。审计方法贯穿于整个审计工作过程,而不只存于某一审计阶段或某几个环节。审计工作从制定审计计划开始,直至出具审计意见书、依法做出审计决定和最终建立审计档案,都有运用审计方法的问题。

诚然,审计方法贯穿于审计业务始终,无论是审计资料的收集、过滤筛选,还是审计技术方法、手段的应用。而审计方式则是表明了在什么地方审、什么时候审等,当海量的大数据出现的时候,对审计方法和审计方式是一个冲击。

传统的审计方法,诸如:函证、盘点、检查、观察等抽样审计技术,在面对互联网时代,这些方法已远远不能满足审计的需求。这种有限的数据对于审计问题的判定、审计成果的决策、审计整改措施等方面,已具有局限性。同时,在内部控制上,传统的审计方法已不能完全覆盖各行业,对于某些特定行业诸如互联网公司、金融小微企业等,只有随着互联网时代的到来,才使针对这些特定公司的审计方法得以实现。同时,也使得抽样技术得以完整化、更智能。

常规的审计工作,是采用随机抽取样本量的方法得以进行,那么可以采用较小的投入来获得审计结论的得出,从而提高审计效率,但也由于是随机抽取样本量,也会使得审计结论发生错误,其发生错误的可能性大小就意味着审计风险的大小。而互联网时代的产生,使得内部审计人员越来越清晰地认识到:如果一味仅凭着主观的意识去抽取样本量,那么极有可能带来审计风险,也带来更多的财务报表层面的风险,但却忽略了大量的业务活动,无法发现和揭示出企业内部发生、对财务报表真实性、可靠性有重大影响的舞弊行为,从而难以对经营决策、管理风险提供准确的评判。但是海量、低密度的数据,又很难允许内部审计人员采用详尽的审计抽样方法,逐笔、逐项对审计证据加以评判。因此,在大数据背景下,审计抽样方法向着以下几个方面发展:

一是审计抽样越来越智能化。审计抽样的系统越来越多地吸收各类知识:互联网金融、统计学、供应商或客户背景资料、信用等级等,使得抽样的模型更新速度加快,抽样经验越来越丰富。审计抽样系统越来越智能化呈现给内部审计人员,为审计人员发现审计问题提供深度支撑,也为审计决策提供客观、可靠的依据。

二是抽样的系统化。通过抽样的系统,对庞大的数据库进行分门别类,提高数据的可实用性和效率性,这些是人工抽样方法下所不能达到的效果。也是由于有了抽样系统,为审计预测提供了详尽、可靠的依据。

三是审计抽样的系统,可具备预测功能。随着大数据越来越多地广泛应用到各行业,审计抽样系统也将会实现:从审计数据入手,通过庞大、精密的计算,对审计数据进行深度挖掘,找出具有某些特征的数据,缩小审计数据的范围,提高审计效率降低审计成本;利用已设定好的关联交易规则,预测被审计单位经营风险的大小,协助审计人员确定重要性水平及审计重点、要点,提高审计工作的准确性。

随着审计职能的不断变化,已由原来的主要审计财务报表等职能,转变为服务职能,伴随着数据信息化的不断深入,大数据发展的不断应用,企业内部审计人员已能够从杂乱无章、纷繁冗长的数据和资料中,准确挖掘出被审计单位的基本数据特征,预测其发展趋势。

(二)审计方式

传统的审计方式,系采用事后审计。同时事后审计针对的,多为财务报表审计或者经济责任审计。传统的审计方式,多采用阶段性或者周期性审计,如年度财务报表的审计或者离任经济责任审计等。当然,审计所采用的审计方法,也正如上述所言多采用抽样方法,在有限的审计资料中,人为地进行抽样分类,通常所采取的分析性程序也多为常规性的,很难真正地起到监督的作用。企业采用的这种事后审计方式,很难为管理层提供及时、有效的审计信息,其滞后的信息往往给决策带来一定的困扰。

另一方面,由于以往传统审计以财务为主,忽略了经营管理、内部控制风险等方面,其审计监督、评价的方面很有限。而日益增长的数据、越来越快的企业拓展速度,以及审计重要性的逐步体现,也要求审计人员转变审计方式,从阶段性审计变为连续性审计。

连续性审计减少了审计的滞后性问题,降低了审计的风险和错误,对某些特定的或是对内部控制时效性要求较高的企业,如互联网公司、银行、证券、金融小微企业等,提供了较为密集的审计信息,为审计风险预测、经营决策提供了数据支持。

(三)审计成果的应用与审计整改的后续落实

审计成果是指审计人员在审计实践中经过实施审计程序,汇总工作成果而形成的审计结论与建议,是审计机构、审计人员在依法履行职责过程中形成的工作结晶。

众所周知,影响审计成果应用的大致有几个方面:一是公司分管领导、被审计单位或部门领导不重视;二是被审计单位或部门不予以配合,蓄意拖延审计时间,拒绝提供审计资料;三是审计质量较差。这就涉及内部审计人员自身的问题。如内审人员专业不够过硬,审计经验较少,审计方法使用不当,审计底稿复核人员经验欠佳等。因此如何促进审计成果的正确使用,提高审计能力,在大数据背景下就显得尤为重要。

一般而言,审计成果应用在审计问题较为突出、屡查屡犯的问题上。近年来越来越多的上市公司,对审计问题的发现及整改给予了充分的重视,也应用在闭环流程的管理中,从而提高被审计部门或单位的重视程度,也通过整改措施提高了管理水平。

在互联网时代背景下,对审计成果主要有以下几个方面的应用。

一是加强对以往年度、以往审计报告中所获取的审计资料、审计证据加以整理、汇总、归纳、总结,从而对公司内部的财务管理、经营管理找出内部发展规律、共性问题及发展趋势。通过归纳总结,为管理层提供综合性较丰富、专业性较强的审计信息,通过审计成果,为管理层做出正确决策提供强大的支撑。另一方面,也能够促进制度完善、流程清晰、管理透明,使公司管理能力更上一层楼。

二是揭示问题的全面性。在互联网时代,一个问题的多面性,会在庞大的数据库下暴露无遗,也为审计问题的全面性、多面性提供了数据支撑。换言之,海量数据背景下,同一问题的不同角度、不同问题的同一规律,越来越显现无遗。通过对问题的不同层面、不同角度加以归纳总结,提炼出满足不同管理层级人员的使用需求。

三是有利于开展连续性审计,也有利于连续性审计整改后续落实。

四是将审计问题固化到审计系统中,有利于对同类问题提供有效预警,也有利于跟踪该问题的整改情况便于了解发展方向。同时,从内部控制角度而言,完善了内部控制手段。

五是将审计人员、审计复核人员、被审计单位等联系起来,将审计底稿进行归档,以便于下次进行跟踪审计时,有侧重点地选择了解情况的审计人员,以及有重点地查看被审计单位的问题。

第五节 互联网时代对会计工作影响的对策

一、会计机构应对互联网时代的策略

在互联网时代,需要我们将原本杂乱无章、零散的数据,通过合理的分析、运用,整合成对企业会计有用的数据。在大数据到来之际,企业需要从以下几方面着手应对。

(一)建立大数据资产概念,积极响应海量数据需求

在我国,已经有很多行业开始建立大数据资产,如电力、财险公司、航空、电信等行业。通过建立大数据资产,分析用户使用行为及用户使用效果,分门别类地制定特定人群的销售政策,加强交叉销售和追加销售;同时,通过大数据资产,可以有效地预测用户的行为习惯和趋势,为用户提供更加人性化、有针对性的产品和销售政策。通过数据的分析,可以准确地判断出企业在行业中的竞争地位、提炼出适合自身发展的有价值的信息,更有针对性地找准市场定位,了解客户的基础信息、个性化需求,以便更好地预测现有用户的发展趋势和未来用户的销售习惯,帮助企业更高效、准确地决策未来市场。所以说,先认识大数据资产、优先建立大数据资产概念,促使企业主动地管理网络信息资源,是企业应对海量数据的措施之一,也能提高企业的经营效益。

(二)确认大数据资产,可以使得会计信息质量得以充分实现

根据市场营销学,我们得知,无论客户在哪个行业中,只要下达了订单,就会产生客户基础信息。其实包括但不限于:客户的年龄、所处地域、个人喜好、消费喜好及其他个性化的数据。而这些客户的基础资料一旦提交给企业,企业的信息资料库中便生成一份客户的基础表格,也将会永久保存客户的信息。在传统小数据时代,技术人员和职能部门人员,无法对这些客户信息的内在关联性进行挖掘;但在互联网时代,面对这些繁多冗长的客户资料,通过大数据资产就可以将其进行分析和处理,为企业提供更为广泛的客户群体资料,为将来的

市场定位提供优质的数据支撑。

诚然,这些大数据并非孤立存在的,而是存在于企业的会计信息中。这些信息不仅可以如实、精准地反映企业现阶段的财务状况,还可以帮助企业通过分析、挖掘这些客户的行为习惯等,使得这些大数据资产得以充分发挥其作用,并为会计信息质量提供保证。

(三)拓展财务报表表外事项及财务报告罗列项目

众所周知,在证监会及国资委需要披露的项目中,已远远不能体现大数据所带来的信息革命。因此,应对互联网时代,需要拓展财务报表表外事项及财务报告披露内容。

一是在互联网时代,由于内涵与外延不断拓展,影响财务报表数据的因素也越来越多,投资者关注度不再仅限于财务报表数据,而是很多其他表外事项。将非结构性数据纳入财务报表表外事项中,不仅可以从微观数据中反映出企业的经营发展状况,更能够从宏观角度审视出企业所处的行业环境、地位、发展趋势等,也能够更为全面地为投资者提供数据支撑。

二是大数据资产还可以使得一些传统意义上无法定价的资产和负债有了定价,从而纳入财务报告中,如环境资源和人力资源。此举提高了财务报告的透明度。

(四)提升财务价值,转变财务职能

在会计行业中,财务的职能正在从传统的会计核算转变为战略管理指导与支持,换言之,转变成为价值增值型。

财务职能由原有的"核算型"转变成为"价值增值型",需要财务人员从几方面实现:一是从公司宏观战略方面,对公司财务管理进行重新定位,由原有的"核算型"转变为"价值增值型",同时,充分利用公司各类资源进行管理知识分析;另外一方面,提出财务共享中心概念,加强集团型财务管控模式,减少财务管理层级;二是对财务管理核算流程加以优化配置,同时对客户的资金流程加以改造,将资源充分优化配置。

财务职能的转变也离不开财务人员的职能转变,当财务人员逐渐从核算型转变为价值提升型,其对业务的了解程度、对业务的主导地位也逐步显现。

(五)保障财务信息安全性

云平台和云计算,给数据带来了更大的存储空间,那么使用信息变得越来越便捷,同时如何防范恶意、非法访问,以及泄露用户数据等行为变得迫在眉睫。因此,应对信息安全就需要建立用户身份安全认证和访问认证,从而提高信息使用平台的可信度,并可针对信息平台进行信息系统审计,确保信息系统的安全性。

(六)加强数据挖掘技术在管理会计中的广泛应用

目前越来越多的企业更加重视管理会计在企业中的作用。由于互联网时代对管理会计职能产生的一些影响,因此企业加强数据挖掘技术,使得企业可以从容面对管理会计职能的变化,也能从容地面对互联网时代海量数据所带来的复杂性、看似无相关性等特点。数据挖掘的技术在收集海量数据、整合数据、分析数据、剖析数据背后的隐含含义等方面,都具有特殊的功能和技术优势。因此,无论是从兼收并蓄的特征出发,还是从数据的挖掘技术考虑,将二者有效地结合在一起,才是发展趋势。

互联网时代相较于小数据时代,其优势在于能够更为全面、广泛地对全体样本量进行分

析,而非是样本级别的分析;能够进行复杂数据类型的分析,而非精确类型分析;能够进行相关性分析而非因果关系分析。因此,这三大特征也是加强数据挖掘技术的前提条件。

一是行业内竞争对手相关信息分析。诚如管理会计的职能变化所述,互联网时代海量信息带来了行业内竞争对手的背景、竞争策略以及定价策略。企业能否在行业取得领先地位,保持行业内的竞争优势,取决于对竞争对手相关信息的了解程度。

在互联网时代,如何从多渠道获取优质信息,分析这些优质信息并得出准确的答案,是企业的核心任务。利用数据挖掘技术,能够从海量的信息中,从繁多冗长、毫无相关性的数据中,挖掘其内在含义,帮助企业判断竞争对手的优势、识别竞争对手的定价策略和竞争发展趋势,确定其价值链及价值活动,是应对互联网时代管理会计的一大运用。

二是现有及潜在客户的分析。企业最终会将产品面向市场,不同产品有不同的受众群体。即使是相同的受众群体,其客户之间也会存在千差万别的区别。因此为让企业产品更好地生存在市场中,对现有客户和潜在客户的分析,也是应对互联网时代管理会计的主要内容。

企业通过数据挖掘技术,可以更为有效地获得客户的基本资料,也能更为高效地整合这些资料,找出客户的消费特点、行为习惯、购买习惯,以及客户所处的人文地理特征等;将客户的市场进一步细分,预测客户需求;找出影响客户购买的因素,以及挖掘出影响客户满意度的因素,从而能够更好地改进企业服务意识和服务水平,在现有客户市场保有的情况下,进一步扩大市场,挖掘潜在客户,从而提高企业的经济效益。

三是针对产品生命周期划分的分析。产品生命周期是以成本归集的对象,按照开发期、导入期、成长期、成熟期、下降期和终结期,对整个产品的周期进行成本归集。但是在激烈的市场竞争中,使得企业的产品很难严格区分这几种周期。

在互联网时代,依据数据挖掘技术,可以严格区分出产品的生命周期,最终提高产品的成本计量的准确性,也为经营决策提供数据依据。

二、互联网时代的管理会计加速发展策略

面对互联网时代所带来的机遇与挑战,企业应该积极采取多项措施,有效加以应对。

(一)树立在大数据中应用管理会计的意识

要及时抓住大数据的机遇、有效应对其挑战,首要的就是提高对互联网时代管理会计作用的认识,有关部门或科研院所可以总结与大数据有关的管理会计实践的先进经验,编辑出版有关于大数据的会计刊物、专著、资料等,把大数据相关知识融入管理会计学习,推动和加强管理会计专业教育,使大数据对管理会计的影响与作用为广大的会计从业人员和会计学习者认识与了解。其次,企业的高层管理者应充分认识大数据对管理会计的巨大推动力,主动学习大数据相关知识,进而带动企业的中基层管理者与员工自觉将大数据应用于管理会计实务工作。此外,企业应该对员工的大数据知识进行培训,定期举行相关知识的竞赛或交流活动。例如,定期举行案例分析活动,让员工亲身体验将大数据应用于管理会计前后公司各方面的变化,分析大数据的优势以及对公司加强管理、提升绩效的重要作用。

(二)构建基于云计算的会计信息系统

互联网时代的信息存储工具必须具有足够大的容量,要能够容纳 TB 级别数据,对数据进行迅速分析,也要能够支持低延迟数据访问和决策。随着互联网、传统计算机技术与网络技术融合而产生的云计算为解决此难题提供了帮助,云计算通常通过互联网提供动态、易扩展、虚拟化的资源,具有"资源共享、快速交付、按需服务"等显著特征。在云计算模式下,企业能够实现对 PB 级别数据的存储,满足 ZB 级别海量的结构化、半结构化乃至非结构化信息的分析需求,企业的数据也会被保存在互联网的数据中心,而不占用企业自身的存储空间,其所需要的应用程序也在互联网的大规模服务器集群中高速运行。这不仅会大大提高企业存储、分析信息的效率,而且能够实现对数据的深度挖掘,使其价值充分显现。在一定程度上,构建基于云计算的会计信息系统是目前解决大数据存储与分析问题最直接、最有效的方法。

(三)注重掌握大数据知识的管理会计人才的培养

弥补当下掌握大数据知识与技能管理会计人才的缺口,有助于提升企业应用分析工具、挖掘数据价值的能力,也有助于推动企业经营决策模式的创新性变革,更加科学、高效地做出决策。企业一方面可以加大人才招募力度,通过在社会上公开招聘或定向招聘等,招募能够深入了解企业内部资源禀赋以及发展战略、熟练掌握项目投资决策的各类方法,以及能够通过云计算对会计信息系统进行深度分析的新员工,迅速缓解人才需求压力;另一方面,企业也可以通过对现有员工进行派出培训、交流学习,或邀请有关专家入驻企业对员工进行专项指导等,在企业内部培养或提拔具有此类能力潜质的现有会计人员,快速提升企业的大数据收集与分析技能。

(四)完善会计机密信息保护制度

首先,企业在选择云计算服务商时,应综合考虑其对外服务水平、规模、可信度等因素,选择安全性、稳定性高的服务商,尤其是要事前做好风险调查与管理工作,确定该服务商具有相应的风险应对方案。其次,云计算系统必须具备数据隔离功能,防止数据被非法访问。相应地,要对不同的管理人员设置各自的权限,防止数据被随意篡改、销毁或盗窃。另外,用户在使用客户端软件时应及时对存储的数据加密,云计算系统也必须支持数据加密存储,只有当客户选择资源共享时才能允许其他用户访问。总之,互联网时代企业的数据日益丰富、全面和网络化,这为管理会计在企业管理决策过程中进一步提炼有价值的信息提供了难得的机遇。然而,大数据给管理会计信息的搜集、分析和利用带来的挑战同样不可忽视,企业必须抓住互联网时代管理会计的发展契机,采取有效措施积极应对大数据带来的困难与挑战,以在大数据的时代浪潮中站稳脚跟,迅猛发展。

三、审计机构应对互联网时代的策略

(一)清晰了解并认识到大数据审计分析的艰巨性、复杂性

如何推动大数据在审计领域的应用,是现阶段面临的艰巨且复杂的工作,主要表现在以下几个方面:一是审计分析的综合性要求较强。大数据审计分析,不仅要求具备审计专业知

识,而且也要具备计算机科学等领域的知识,只有具备多领域知识,才能将审计分析融会贯通。二是审计分析的实际操作性难度较高。传统的审计分析方法,在面临互联网时代背景时,显得不足以支撑现有的审计项目。因此,打破原有的审计分析,不再墨守成规,进而寻求更优化的审计流程是当务之急。三是保密程度较高。大数据的其中一个特点就是保密性较差,在任何公开场合均能查找到相应的资料。因此在大数据的生成、使用、报送等环节,均应关注其保密性。

(二)加大对审计系统的研发投入

我国的大数据研发还处于萌芽阶段,如何投入人力物力、投入多少人力物力、研发方向和研发成果的应用等方面,还有待探索。对于内部审计部门而言,立足大数据审计分析长远发展,加快大数据审计分析的投入力度是当务之急。

(三)从以往的大数据审计项目中汲取经验

首先充分认识、了解大数据审计项目的重要性。应根据被审计单位财务状况、内部管理情况,制定实施方案,明确审计程序及审计人员。其次,注意学习,加强业务培训。在大数据背景下,审计人员的综合能力得以体现,因此如何培养综合能力出众的审计人员迫在眉睫。

(四)培养复合型审计人才

我国当下审计人员具备的知识较为单一,互联网时代需要的是复合型人才,因此就需要加强对复合型审计人才的培养,建立健全审计人员培养机制。首先,针对互联网时代下审计工作变革之处,对现有审计人员进行回炉培训,从而充分发挥大数据给审计工作带来的便利。其次,在培养新一代审计人员的时候,要把计算机应用作为重点,提高审计人员的数据处理与数据分析能力,从而提高审计的质量与效率。最后,要加强审计人员职业道德的培训,防止审计人员因私人利益而对外泄露重要的信息和数据。

(五)制定应对互联网时代的审计理论与审计法规

首先,应该结合互联网时代的特征,设计有效合理的审计理论,从而使审计工作的实施更加有效与便捷。其次,应该对审计的法规做出相应的调整,对于审计责任的模糊以及数据的保密性、安全性进行约束。

第九章　互联网时代的网络财务管理

第一节　网络财务管理的基础理论

财务管理网络化打破了地域,提高了信息传输速度,增加了信息的使用价值,降低了企业成本,并促使传统的财务管理演化为网络财务管理。

一、传统财务管理的局限性

(一)传统财务管理方法不能满足日益发展的电子商务要求

随着电子商务和网络经济的快速发展,传统的企业财务管理的弊端日益凸显。电子商务的特点是贸易双方从磋商、签订合同到支付均通过网络完成,整个交易远程化、实时化、虚拟化。这就使得财务预测、计划、决策等工作的时间缩短,对财务管理方法的及时性、适应性、弹性等提出了更高的要求。传统的财务管理是在没有实现网络化的条件下进行的,使得企业财务部门仍然处在"信息孤岛"上,只能进行事后算账,而无法满足日益发展的电子商务对财务管理方法提出的更高的要求。

(二)在传统财务管理条件下所获得的财务信息具有局限性

1. 财务信息失真

财务信息在企业内部和外部传输过程中有可能遗漏,也有可能被人为篡改或人为做假使得财务信息不具有价值,难以为企业管理层提供真实、有效的决策依据。

2. 财务信息分散

对于企业特别是大中型企业来说,其内部机构设置繁多,业务复杂,即使同一企业集团下的不同企业也存在着不同的利益关系,因此从企业整体利益角度出发,企业总部所获得的信息比较分散,并且很难获得齐全的信息,这就使得传统财务管理条件下的财务部门无法收集齐全的财务信息,导致传统财务管理的技术主量较低,无法形成高效、畅通的信息传输途径。

3. 财务信息滞后

由于上规模企业的下属机构和部门较多,位置分布在不同地区,故从企业整体讲,要对所有部门的财务信息进行汇总、分析,在较短时间内是无法完成的,这也就使得无法将有用的信息及时提供给企业决策层,也无法及时将信息传输给需要该信息的相关部门。

(三)传统条件下的财务管理与现代企业管理模式不匹配

在电子商务环境下,企业对财务管理方法要求更高,研究的内容更加广泛,并要求在财务管理方式上实现电算化、业务协同、在线管理、远程处理等。而传统的财务管理不能真正打破时空限制,并且与业务活动在运作上存在时间差,这导致企业内部各部门之间的信息不能相互衔接、相互利用,企业的财务资源不能实现最优化配置。

二、网络财务管理的概念与特征

(一)网络财务管理的概念

网络财务管理是指在一定的网络环境下,以内部网和因特网为手段,将信息技术与财务管理技术相结合,实现对企业筹资、投资等财务活动的网络化管理的一种财务管理方式。作为一种新型的全面基于网络技术的财务管理模式,它具有以下特点。

(1)从空间上看,企业的一切业务活动都可通过网络进行远程处理,便于整合企业的财务资源,全面提高企业的竞争力。

(2)从时间上看,企业的一切活动均可以通过网络进行实时报告,便于企业管理层进行网络化管理,从而提高企业的工作效率。

(3)在网络财务条件下,电子化货币将得到普及,这不仅极大地提高了结算效率,更重要的是加快了企业资金周转速度,降低了企业资金成本。在这种条件下,企业财务信息能够以更快的速度、更灵活的方式及更广泛的共享性满足各个利益相关者不同的信息需求,进而帮助企业管理层更加有序地管理企业。

(二)网络财务管理的特征

网络财务管理突破了传统管理模式,形成了与网络技术相结合的全新的财务管理模式,其特征表现为以下几方面。

1. 实现资源共享

在网络化条件下,企业通过网络技术对信息进行整合,对各项经济业务进行网络化处理,并与企业外部的信息系统相结合,从而实现了企业资源的共享。

2. 实现远程处理

在网络技术普及之前,由于受空间限制,企业对不同地域部门进行财务管理的技术难度和成本都很高。网络财务管理则突破了这一空间限制,使企业各部门之间的物理距离大大缩短,企业财务管理能力能够通过网络延伸到全球任何一个节点,从而强化了企业管理层对各部门的财务监控。

3. 实现财务管理方式和手段的创新

与网络技术相结合,促进了财务管理的现代化,为财务管理职能的拓宽提供了技术条件。企业通过建立现代化的财务管理系统,实现了高效的业务集成和财务管理角色的转变,并促进了企业财务管理手段的不断创新。

4. 实现财务集中管理

(1)信息的集中。在网络财务条件下,实现了信息的高度集中,这种集中改变了传统财务管理条件下的事后集中,实现了实时的动态集中。通过信息集中,可将分散在各个部门的信息集中起来并作为信息资源提供给相应的部门,使各部门各尽其责,达到将集中的权力分解,调控资金流和物流的目的;可将分散在各部门的财务信息集中起来,为企业管理层提供决策依据。

(2)管理的集中。在网络财务环境下,企业进行集中管理,有利于整合企业的财务资源,全面提高企业的市场竞争力。利用网络财务管理系统对二级部门实现集中财务管理、集中资金调配,可为企业领导提供经营状况的实时信息,实现事前计划、事中控制和事后监督相结合的集中管理。

5. 实现财务信息与业务信息协同

(1)与组织内部业务的协同。它贯穿于组织的全程业务中,包括网上采购、网上销售、库存管理、网上服务及网上费用管理等。财务部门的预算控制、资金准备网上支付、网上结算等工作应与业务部门的工作协同进行。

(2)与供应链的协同。企业是整个供应链上的一部分,供应链上的其他部分为供应商、运输商、零售商和客户等。与供应链相对应的是持续不断的信息流、产品流和资金流,与供应链协同的目标是实现供应链的整体价值最大化。在企业内部,各部门在供销、控制、预测等业务活动过程中时时都会产生各种信息,并伴有财务信息,企业需及时将这些财务信息输入财务管理系统并进行处理,再将产生的结果反馈给业务系统,实现财务业务的协同处理并集成各种管理信息。

(3)与社会其他相关部门的协同。企业在发生经济行为的同时,需要借助企业外部的其他一些条件,以保证这种经济行为的顺利完成。

(三)网络财务管理的目标

传统财务管理的目标是实现企业利益最大化和价值最大化,这些目标均以本企业为主体,注重企业自身的利益。在网络财务条件下,财务管理目标向多元化发展,即在注重本企业利益和价值的同时,也追求其他相关者的利益;既关注企业自身利益,也关注社会利益。由此可见,网络财务管理目标逐步演化为以下几点。

1. 兼顾相关利益主体的利益

相关利益主体包括股东、债权人、企业职工、顾客、供应商、政府部门和其他相关利益主体。不同相关利益主体所处的地位不同,其所体现的目的也不同,如企业股东期望财富最大化,企业员工期望薪金收入最大化,债权人期望能如期收回本金和利息等。因此,在网络财务环境下,企业需要兼顾和均衡各相关利益主体的利益要求:既考虑企业股东的利益,又兼顾其他利益相关者的要求;既要适应网络经济时代的发展要求,又要体现企业持续发展的财富特征。只有这样,企业才有可能实现目标,达到企业利益和价值的最大化。

2. 履行企业的社会责任

企业出于自身发展的需要必须重视社会责任。企业将履行社会责任纳入财务目标体系,既有助于企业实现经营目标,也有助于企业自身和社会的发展。

3. 保持企业的可持续增长

财务管理必须考虑企业未来的增长能力,不仅要追求现时利益,更要关注企业的未来预期利益,以保证企业的可持续发展。这就要求企业在现时利益和未来利益之间找到一个平衡点,以真正实现企业利益和价值的最大化。

网络时代的企业财务管理既要兼顾企业内部利益和外部利益,又要考虑现时利益和未来利益,从而实现相关利益主体的共同目标。

第二节 互联网时代的网络筹资管理

一、企业筹资概述

筹资是企业财务管理的重要内容之一,是指企业根据自身的生产经营、对外投资及调整资金结构的需要,通过筹资渠道和筹资市场,采取各种筹资方式,筹集企业所需资金的活动。企业进行筹资的主要目的就是满足其正常生产经营活动的开展和持续发展的要求,同时满足企业的财务管理目标。不同企业进行筹资的目的不同,因此,企业需要根据自身经营特点、未来发展趋势、各种筹资成本的难易程度和风险来确定筹资渠道和筹资方式。

(一)筹资渠道

企业要进行筹资,必须通过一定的渠道,运用一定的筹资方式。就目前而言,企业所能利用的筹资渠道主要有以下几个。

1. 国家财政资金

国家财政资金在过去一段时间一直是我国国有企业获得资金的主要来源。目前的国有控股企业的资本基本上来源于国家财政拨款。此外,通过国家的一些特殊政策,如税款的减免或退回也可形成国有企业的资本。尽管随着经济体制改革的不断深入,国家财政资金所形成的企业资本的比例不断缩小,但是国家财政资金仍然是一些企业,如关系到国计民生、基础性行业的企业进行筹资的主要渠道。

2. 银行资金

银行的贷款一直是企业资金来源的重要渠道。我国银行主要包括政策性银行和商业性银行,商业银行根据偿还性原则和择优发放原则为各类企业提供商业性贷款;政策性银行为特定企业提供政策性贷款,其目的不是盈利,而是追求社会整体效益,服务于公共利益。这些银行为企业提供了主要的筹资渠道。

3. 非银行金融机构资金

非银行金融机构主要包括信托投资公司、租赁公司、证券公司和保险公司等。这些非银行金融机构主要通过证券承销和资金融通等手段为企业提供筹资渠道。目前在我国,非银行金融机构为企业提供的资金比较有限,但是具有非常广阔的前景。

4. 其他企业资金

一些企业出于某种目的,如为了控制原材料上游企业会进行股权投资。另外,企业在生产经营过程中,往往会有一部分暂时闲置资金,为了充分利用这部分闲置资金,企业之间也会出于经济利益进行相互投资。因此,对于资金短缺的企业而言,采用其他企业所提供的资金也是一种筹资渠道。

5. 居民个人资金

目前，游离于银行及非银行金融机构的居民个人资金数目非常庞大，企业可以通过发行股票及债券等方式，将这部分民间资金筹集起来，用于企业的生产经营活动。随着人民生活水平的不断提高，居民个人资金将更加庞大，因此，这种筹资渠道将越发重要。

6. 企业内部资金

企业内部资金主要有企业计提的各项公积金、折旧和未分配利润等。与其他筹资渠道所不同的是，这种筹资渠道的资金不用企业特地去筹集，而是由企业内部直接转移而来，并且这部分资金的成本较低。随着经济的发展，这种筹资渠道将日益受到企业重视。

（二）筹资方式

企业的筹资方式是指企业取得资金的某种具体形式。对不同的筹资渠道，企业可以采取不同的筹资方式，对同一筹资渠道，企业也可以采取不同的筹资方式。

目前，企业的筹资方式主要有以下几种。

1. 长期借款

长期借款就是指企业向银行、非银行金融机构及其他企业借入的，还款期限在一年以上的借款，是企业长期负债的主要来源之一。

企业利用长期借款筹资，速度较快，时间较短，可以快速地获得资金；企业的借款成本较低，利息可以在所得税前扣除，从而可减少企业实际负担成本；并且企业的借款弹性较大，在借款时，企业可以直接与银行等商定贷款合同的一些条款。因此，长期借款对企业具有较大的灵活性。

但长期借款的缺点是：财务风险较大，如借款合同通常采取固定利率的形式，企业需要定期支付利息；限制的条件较多，这可能会影响到企业以后所进行的筹资和投资活动；筹资数额有限。

2. 融资租赁

融资租赁又称财务租赁，是区别于经营租赁的一种长期租赁方式。它是指由租赁公司按照承租企业的要求融资购买设备，并在契约或合同规定的较长期限内提供给承租企业使用的信用性业务。融资租赁资产所有权的有关风险和报酬实质上已全部转移到承租方。

承租企业采用融资租赁的主要目的是融通资金，因此它具有借贷性质，是承租企业筹集长期借入资金的一种方式。这种方式的租赁期限一般较长，通常达到设备寿命的一半以上；租赁合同比较稳定，非经双方同意，一般不得中途解约，这有利于维护双方的权益；同时筹资速度较快，有利于保存企业的举债能力；并且财务风险较小，可以获得减税的利益。它的缺点是：租赁成本较高，这主要是因为出租人所承受的风险较高，必然要求较高的回报，从而导致筹资成本比其他筹资方式要高；同时还有可能存在利率风险。

3. 发行债券

债券是债务人为筹集债务资本而发行的，承诺在一定期限内向债权人还本付息的一种有价证券。在我国，股份有限公司和有限责任公司发行的债券为公司债券，非公司制企业发行的债券为企业债券。发行债券是企业筹集债务资本的一种主要方式。

这种筹资方式的优点是：债务成本较低，债券利息也可以在企业所得税前扣除，并享受税上优惠；同时可以发挥财务杠杆的作用，因为债券持有人只能收取固定利息，而不管发行债券企业的盈余多少，所以企业的更多盈余主要分配给股东或留存企业；企业股东能够保障其控股权，债券持有人无权参与企业的经营管理；企业通过发行债券还可以优化企业的资本结构，提高企业治理水平。

但其缺点是企业财务风险较高，需定期支付利息，到期偿还本金。在企业经济不景气的情况下，这会给企业带来财务困难；而且债券持有人对企业的限制条件较多，从而限制了企业的进一步筹资能力；企业通过发行债券的数额也有限。

4. 发行股票

股票是股份公司依照一定程序发行的，用以证明其持股人的股东身份和权益的一种书面凭据。股票分为普通股和优先股，普通股代表持股人在公司中拥有平等的权利和义务，享有公司的经营管理权；优先股代表持股人优先于普通股持股人取得公司股利和公司清算时的剩余财产。我国公司所发行的股票指的是普通股股票。《公司法》和《证券法》对公司的普通股股票的发行和股票的上市有严格的要求和法定的程序。

公司发行普通股的优点是：不承担固定的股利分配，是否分配股利视公司的盈利情况而定；没有固定的到期日，因为它是一种永久性资本，除非公司清算时有剩余才予以偿还；它还有助于增强公司的借债能力。

这种筹资方式同样也有缺点：公司发行股票的成本较高，这主要是因为投资者投资在股票上的风险较高，所以要求有较高的报酬，并且股利只能在税后利润中支付，不能减免税赋；公司发行股票有可能分散公司的控股权，降低公司的每股收益。

5. 吸收直接投资

吸收直接投资是指企业依照"共同投资、共同经营、共担风险、共享利润"的原则来吸收投资者资金投入的一种筹资方式，投资者可以采取现金、实物或土地使用权等方式进行投资。企业吸收直接投资的方式与公司发行股票相似，它主要是非公司制企业筹集资本的一种方式。

这种筹资方式的优点是：有利于降低企业财务风险，吸收的资金能尽快投入企业生产经营中去。其缺点同样是资金成本较高，容易分散企业控制权。

二、网络对企业筹资环境的影响

网络技术的广泛使用使企业内外部环境悄然发生了变化，并最终影响到了企业筹资活动的开展和进行。这种影响主要体现在以下几方面。

（一）金融市场环境

在现代的社会经济条件下，企业开展生产经营活动所需的资金除部分由企业所有者投入外，其余资金基本上都是通过金融市场筹集而来的，因此金融市场的完善程度直接关系到企业能否筹集到为开展生产经营活动所需的资金。而网络技术为金融市场的发展提供了技术支持和保障，促进了金融市场的全球化和自由化，同时为企业提供了良好的筹资环境。

(1)网络技术的产生和发展为企业筹集资金提供了极大的便利和信息支持。在网络条件下,资金提供方可以将资金供应方面的相关信息随时随地发布在网络上,资金需求方同样可以利用网络技术方便地收集与愿意提供资金的供应方相关的信息,这为企业筹资决策提供了极大的便利和信息支持。

(2)网络技术的产生和发展大大提高了企业筹集资金的速度。由于网络技术具有便利性的特征,故筹资企业可以通过网络技术随时就资金提供的有关条件与资金提供方进行实时协商。一旦双方就有关资金的转移达成一致,筹资企业可以很快地获得资金,这极大地提高了企业筹集资金的速度。企业通过网络筹资还可以省去大量的中间环节,极大程度地提高筹资速度,降低企业的筹资成本;同时,筹资速度的大大提高也在一定程度上缓解了企业急需资金的压力,企业可以迅速地将所筹集的资金投入企业的生产经营活动中去。

(3)网络技术的产生和发展为企业提供了更为广阔的资金筹集空间。网络技术的广泛应用,使得金融市场最终实现一体化,企业的筹资空间已不再局限于当前的金融环境。企业可以通过网络技术在全球范围内寻找资金提供者,并与资金提供者建立联系,这与受地域限制的传统金融环境是截然不同的,也是传统金融环境所不能比拟的。在这种条件下,企业筹资空间已不受地域限制,筹资范围得到极大拓展,这对筹资企业来说无疑具有重大的意义。

(二)经济环境

网络技术的出现与社会经济的发展是密不可分的,两者之间存在着相互影响、相互促进的关系。网络技术对经济环境的影响主要体现在以下几方面。

(1)促使经济全球化。网络技术的快速发展,促使世界范围内各国、各地区的经济相互交织、相互影响、相互融合成统一整体,并且使得生产要素在全球范围内自由流动和优化配置。

(2)知识资本越来越受到重视。网络经济时代拓宽了资产的范围,使得资本结构得到了改变,物资资产在企业资产中的比重相对下降,知识资本的地位不断上升。知识资本作为独特的生产要素,其价值和作用日益凸显。

网络技术的快速发展对企业筹资的金融环境与经济环境产生了深远的影响,并在对企业筹资环境产生影响的同时,也影响了企业的筹资方式和筹资的资金成本。

三、网络对企业筹资方式的影响

筹资方式是企业筹资决策的重要部分。外部的筹资环境和企业的筹资能力共同决定了企业的筹资方式。而网络技术是企业在进行筹资活动时必须考虑的一个重要因素,它直接影响了企业的筹资方式的选择和财务风险水平。

(1)网络技术的产生和发展影响企业筹资方式的侧重点。网络技术作为企业进行筹资活动的一种重要手段,并没有改变企业所能选择的筹资方式,没有对企业所能采取的筹资方式本身产生实质性的影响。网络技术对企业筹资方式所产生的影响主要体现在企业对各种传统筹资方式选择的侧重点上。网络技术为企业进行筹资活动提供了便利,这就使得企业在方式选择上更偏好于选择方便、快捷的筹资方式。

（2）网络技术的产生和发展影响企业筹资方式的具体选择。企业筹资方式的选择与金融市场的发展有着密切的关系，并直接依赖于金融市场的发展和完善程度。网络技术的产生和发展则为金融市场的高效运行提供了技术支持和保障。网络技术对金融市场的影响主要体现在以下几个方面：促进金融市场的证券化，降低了证券的经营成本；金融市场规模不断扩大，促进了国际资本的有效流动。企业的各种筹资方式由于受网络技术产生和发展的影响，也会随金融市场的不断完善和发展相应地产生一些变化，因此，在筹资方式的选择上，企业必须进行相应的策略调整。

在网络经济条件下，企业筹资方式选择策略的调整主要表现为以下几方面。

首先，证券筹资在企业所筹集资金中的比重不断上升。由于金融市场的证券化和证券筹资成本降低的影响，企业在进行筹集时将更多地选择发行股票或债券等有价证券的方式来筹集企业所需资金。

其次，在企业的各种可以选择的筹资方式中，融资租赁这一筹资方式可能被越来越多的企业所接受。融资租赁是在现代金融环境下发展起来的一种非常特殊的筹资方式，大到飞机、小到机器设备，几乎企业使用的各种设备都可以通过融资进行租赁。但是由于融资租赁这种方式涉及的关联方较多，且多个关联方之间的联系与协商所带来的成本是任何采用这种筹资方式的企业都不可小视的，特别是目前我国企业所融资的设备一般由境外生产较多，企业在开展融资租赁业务时涉及境外关联方的情形也较多，无疑阻碍了这种筹资方式的广泛使用。

而在网络环境条件下，企业可以通过网络技术方便、快捷地寻找到愿意提供资产租赁的供应信息，并且企业与租赁资产提供方可以通过网络技术实时进行交流与协商，这大大降低了企业融资租赁的成本。在美国，公司生产经营中所需的全部新设备中约有 30% 是通过租赁获得的，这也印证了网络技术的高度发达极大地促进了融资租赁业务的开展。企业采纳融资租赁方式筹集资金的各种障碍在网络技术下都可以得到很好的解决，同时还提高了企业采用融资租赁这种方式的积极性。

四、网络对企业筹资成本的影响

资金成本是指企业筹集和使用资金所付出的代价。广义上讲，企业筹集和使用资金不论是短期的还是长期的，都要付出代价。狭义上讲，资金成本仅指筹集和使用长期资金的成本。资金成本包括资金筹集费用和资金占用费用两部分。资金筹集费用是指企业在资本筹集过程中为获取资本而支付的费用，如发行股票、债券支付的印刷费用，以及发行手续费用、广告宣传费用等，这些费用都是企业在筹资时一次性支付的，在资本使用过程中不再发生。资金占用费用是指企业占用资本所支付的费用，如向股东支付股利、向债权人支付利息等。

资金成本是一个重要的财务概念，是企业筹资决策的主要依据。对于一个投资项目而言，只要其投资报酬率高于筹资成本，该项目就是有利可图的，因此，企业在进行筹资活动时要充分考虑影响筹资成本的各个因素，从而以较低的资金成本筹集到企业进行投资活动所需的资金。企业的外部筹资环境是影响企业筹资成本的一个重要因素，它与资金成本的高低有着直接的联系。而网络技术的产生和发展正在通过影响企业外部筹资环境的方式来影响企业的筹资成本,这种影响主要体现在以下几方面。

(一)网络技术的产生和发展降低了资金筹集费用

资金筹集费用主要包括发行股票、债券等期间发生的费用,如印刷费、手续费、宣传费、律师费及资信评估费等,由于这些费用是一次性支付的,并且属于刚性支出,所以企业在对资金成本进行分析时很少关注这些发生的费用。但实际上,企业在进行筹资活动时所发生的筹资费用也构成了企业筹资成本的一项重要内容,直接影响到企业资金成本的高低。

(二)网络技术的出现极大地方便了企业的筹资活动

一方面,企业通过网络技术与资金提供者进行在线磋商等方式节省了筹资活动的前期成本;另一方面,由于网上证券业务随着网络技术的产生得到了快速发展,企业通过网络技术筹集资金又可以节省大量的发行股票、债券等的印刷费用。因此,网络技术的产生和发展为企业节省了大量的筹资费用,降低了筹资费用在企业资金成本中的比重。

(三)网络技术的产生和发展对降低资金占用费用产生了积极的作用

在传统筹资环境下,企业选择资金供应方一般受到信息传输的限制,并局限于某个区域内,企业筹资范围较小,从而导致企业需要付出较高的资金成本。在网络环境下,企业通过网络技术可以收集到更多的资金提供方的信息,筹资范围已不再局限于某一地域内,企业甚至可以在全球范围内寻求资金提供者,与资金供应方建立联系,洽谈筹资事项等。因此,网络技术的产生和发展,一方面为企业在更大范围内寻求资金供应方提供了支持;另一方面,由于企业有了更多的比较和选择,这就使得企业有更多的机会以较低的资金成本获得所需资金。

第三节 互联网时代的网络投资管理

一、企业投资概述

(一)企业投资的概念及其意义

投资是企业财务活动的重要内容之一,通常是指企业将一定的经济资源投入一定的对象上,期望在未来取得收益的经济行为。在市场经济条件下,企业能否把筹集到的资金投放到收益高、回收快、风险小的项目上去,对企业的生存和发展具有十分重要的意义。

(1)企业投资是实现财务管理目标的基本前提。企业的财务管理目标是不断提高企业价值,增加股东财富,为此企业就要采取各种措施增加利润,降低风险。其中一项重要措施就是进行投资,在投资中获得收益。

(2)投资是企业维持和扩大再生产活动的必要手段。在社会经济快速发展的今天,要维持企业的再生产活动,扩大再生产经营规模,就必须不断更新生产所需的机器设备,增加人力、物力,对产品和生产工艺进行改革,同时不断提高企业员工的专业技术水平和文化素质等。企业只有通过一系列的投资活动,才能维持和扩大再生产活动。

(3)投资是企业降低经营风险的重要方法。企业把所筹集的资金投放到生产经营急需的关键环节或薄弱环节中,可以使各种生产经营能力配套、平衡,形成更大的综合生产能力。企业如把资金投入多个非相关行业,并实行多元化经营,则能较好地降低企业经营风险,增强企业的盈利能力。

(二)企业投资的分类

为了加强投资管理,提高投资效益,必须分清投资的性质,对投资进行科学的分类。常用的分类方法有如下几种。

1.直接投资和间接投资

直接投资是指把资金投放于生产经营性资产中,以便获取利润的投资。在非金融性企业中,直接投资所占比重很大。间接投资又称证券投资,是指把资金投放于证券等金融资产,以便取得股利或利息收入的投资。随着我国金融市场的完善和多渠道筹资的形成,间接投资将越来越广泛。

2.对内投资和对外投资

对内投资又称内部投资,是指把资金投在企业内部,用以购置各种生产经营性资产的投资。对外投资是指企业以现金、实物、无形资产等方式或者以购买股票、债券等有价证券方式对其他单位进行的投资。对内投资都是直接投资,对外投资主要是间接投资,也可以是直接投资。随着企业横向经济联合的开展,对外投资将变得越来越重要。

(三)影响投资的因素

1.筹资能力

投资是筹资的目的和归宿,筹资同时对投资起着约束作用。筹资的规模和时间不仅取决于投资的需求,还受许多因素的影响和制约,如金融市场行情的波动、投资者心理预期的变化等。面对好的机会,企业如不能及时筹集到资金,就有可能错失投资时机,因此企业需要维持较强的筹资能力,以把握投资机会。

2.投资动机

企业进行投资的根本动机就是追求投资收益最大化。在筹资能力有保障的前提下,投资收益的高低是决定投资方案是否被采纳的关键因素。投资者要充分收集和积累各种信息资源,善于进行深入细致的市场分析,并在金融市场中寻找投资机会,投资者既不能因优柔寡断错失机会,也不能盲目地进行投资。

3.投资风险

投资风险就是指由于环境的不确定性而导致在投资活动上遭受经济损失的可能性,或不能获得预期投资收益的可能性。因此,企业要有风险意识,要分析各种风险产生的可能性及对投资收益产生的影响,同时要建立风险预警和防范机制,预防风险的发生。风险一旦发生,应及时将其可能产生的损失控制在最小范围内。

4.投资成本

企业进行投资时,首先要进行分析的就是投资成本。投资成本包括从分析、决策投资开始到收回全部投资的整个过程中所发生的全部支出。投资成本的高低直接决定了企业在投资活动中所能获得的收益高低。因此,企业进行投资活动分析时必须首先考虑投资成本,如果投资成本高于投资收益,那这种投资就毫无意义了。

5. 投资管理和经营控制能力

与对内投资管理相比,对外投资管理涉及因素多,关系复杂,管理难度大,因此,企业在进行对外投资前必须考虑企业自身的投资管理和经营控制能力。如果企业所进行的投资规模与范围超出了企业的管理能力,则这种投资不仅不能给企业带来收益,而且有可能使企业自身陷入困境,甚至有可能导致破产。

6. 投资环境

投资环境就是企业内、外各种影响企业投资活动的因素总和。企业的投资活动都是在这样一个环境下展开的。由于现代市场经济下的投资环境具有构成复杂、变化快等特点,所以企业在进行投资活动时必须对投资环境进行分析与把握。

二、网络对企业投资环境的影响

网络技术的产生和发展会对企业的内、外部环境造成不同程度的影响,进而影响到企业的投资活动。企业要充分把握这种环境下的投资活动的特征,这对于企业取得良好的投资效果是非常有必要的。

(一)网络技术的产生和发展对社会文化差异产生的影响

网络使得边界概念日趋模糊;信息通过网络技术在全球范围内传输,使得投资者可以轻而易举地获得投资信息,投资者的投资范围也就扩大到了全球范围。企业在进行跨区域,特别是跨国投资时所面临的最大问题是,不同文化之间的价值观、思维方式和行为准则之间存在着明显差异。如在跨国投资的企业中,不同国籍、不同文化背景的人员在一起工作,管理原则与方法却各不相同。因此,在母国文化中行之有效的管理原则与方法,在异国文化中却不一定能达到预期的效果。但是网络技术的产生,在促使全球一体化进程的同时,也增加了各国各民族之间的相互联系与相互了解,加强了不同文化的交融和相互认同。通过网络可以方便、快速地了解不同民族和国家的文化与风俗,了解他们的思维方式和价值观,这就为企业进行跨国投资活动提供了方便。因此,企业在进行跨国投资活动时,首要条件是对不同国家、不同地区的文化差异进行全面的了解和掌握,同时要"入乡随俗",这也是企业进行跨国投资活动能够成功的一个关键因素

(二)网络技术的产生和发展对管理差异产生的影响

网络技术的产生和发展促使跨国投资迅猛发展,与此同时带来了一系列跨国投资活动中的投资管理差异问题。因此,在进行跨国投资活动时必须改变管理方式。在具体管理细节上,将网络技术运用于企业管理中使远程进行实时监控成为可能,这也解决了跨地区、跨国投资导致的监控难的问题。同时应针对不同国家、不同地区采取不同的管理方式,只有这样才能保证企业的跨地区、跨国项目的投资管理质量,同时减少为管理投资项目而付出的管理成本。

(三)网络技术的产生和发展对企业选择投资机会产生的影响

企业在进行投资活动时,首先要选择投资机会。投资机会的选择有赖于企业对自身及外部环境的了解和认识,有赖于企业对商业机会的把握。商业机会与企业外部环境的变化息息相关,在变化之中又孕育着商业机会。网络技术的出现提高了企业在选择投资机会时收集信息的速度,并使企业能及时对信息进行分析,从而提高了其选择投资机会的效率和效益。

三、网络对企业投资方式的影响

企业的投资活动都要通过一定的投资方式进行。一般来说,投资方式主要分为对内投资和对外投资。对内投资主要包括固定资产投资、流动资产投资等;对外投资则主要包括股权投资、金融资产投资等。企业所能选择的投资方式一般要受多种因素的影响,而网络技术的出现是影响企业投资方式的一个重要原因。

(一)以组建虚拟企业形式进行产权投资

在传统的经济环境下,企业一般采取纵向一体化的方式来保证企业与其供应商及分销商之间的稳定关系。这种纵向一体化是指企业通过采取投资控股或兼并等方式来实现对提供原材料、半成品或零部件的企业及分销商的控制,也即以产权为纽带来实现核心企业与其供应商和分销商之间的稳定关系。进入网络经济时代之后,企业的经营环境发生了显著的变化,这种变化突出表现在企业所面对的是一个变化迅速的买方市场,在这一环境下,企业对未来的预测显得越来越难把握,相应地,企业要保持在市场竞争中的主动地位,就必须具有对市场中出现的各种机会做出快速反应的能力,而以往的纵向一体化模式显然难以实现这一要求。因为在以产权为纽带的纵向一体化模式下,企业与其供应商与分销商之间是一种非常稳固的关系,这种稳固关系是为把握以往的某种市场机会而建立的。当以往的市场机会已经不存在,或者企业需要把握更好的新的市场机会时,企业将更多地选择以组建虚拟企业的形式进行产权投资,通过与供应商及分销商之间建立伙伴关系而结成利益共同体,形成一个策略联盟;当相应的市场机会消失时,这种伙伴关系的解除不管是从时间上还是从成本上都比纵向一体化的影响要小得多,同时,网络技术的快速发展又为企业在寻找合作伙伴上提供了更加广阔的空间。

(二)无形资产投资比重加大

这是由网络经济的自身特点所决定的。在企业的资产结构中,以知识为基础的专利权、商标使用权、人力资本及产品创新等无形资产的比重将会大大提高,无形资产将成为促使企业快速发展的一个重要动力,成为企业生产和再生产过程中不可或缺的重要因素。因此,网络技术的产生和发展促使企业不断完善资本结构,充分利用知识资本为企业创造价值,挖掘知识资本潜在的收益能力。

(三)金融投资中的证券投资比重提高

网络环境下证券市场交易的便捷性和资产证券化趋势的凸显将使企业在考虑投资方式时,对金融资产投资予以更多的关注,企业在股票、债券等方面的投资在其全部投资中的比重将有更大的提高,这主要有以下几个原因。

(1)网络技术具有成本优势。在传统证券业务模式下,在作为交易中介的证券商经营证券业务的过程中必然会产生许多交易费用,这些交易费用在网上证券业务模式下都将大大下降。

(2)网络技术的便利性和快捷性。网络技术的这些特点使得企业在进行证券投资时,无论处于何时何地,只要通过网络技术就可以非常便利、快捷地获得相关信息以进行证券的买卖。这也是网上证券业务迅猛发展的重要原因之一。

(3)网络技术能使企业快速获得证券投资的相关资讯。企业要进行证券投资前提是要掌握充分的投资决策的相关信息。网上证券业务的开展可以使企业通过网络技术获得及时更新的及经过深入分析和研究的证券投资的相关信息,这些信息的获取可以在极大程度上支持企业的投资决策。

四、网络对企业投资决策的影响

投资决策是企业所有决策中最为关键、最为重要的决策,因此我们常说投资决策失误是企业最大的失误。一个重要的投资决策失误往往会使一个企业陷入困境,甚至破产。因此,财务管理的一项极为重要的职能就是为企业当好参谋,把好投资决策。

(一)网络技术的产生和发展对投资决策方法的影响

对于企业投资决策而言,其可以采纳的投资决策方法很多,一般可以分为定性决策方法和定量决策方法。定性决策方法主要是指依靠企业管理人员的主观判断和历史经验而进行的投资决策;定量决策方法是指应用数学模型和公式来解决一些决策问题,即运用数学工具,建立反映各种因素及其关系的数学模型,并通过对这种数学模型的计算和求解选择出最佳的决策方案。

从定性及定量决策方法的发展与运用方面来看,定量决策方法有迅速增长的趋势,对决策问题进行定量分析,可以提高决策的时效性和准确性。随着企业投资活动的增长及其所考虑因素的不断增加,企业在进行投资决策时所需要考虑的变量也将随之增长。在这种环境下,定性决策方法所能体现的作用越来越小,定量决策方法则越显重要。

在网络环境下,随着影响企业投资决策因素的增加,且各种因素之间也存在着相互影响和相互作用的关系,因此,对与网络环境关系较为密切的决策问题而言,定性决策方法适用的范围进一步缩小。而定量决策方法具有科学性和准确性的特征,且不受人为因素的影响,网络技术的产生正好符合了定量决策方法的这种要求,并为定量决策方法提高决策的准确性提供了技术条件,因此,定量决策方法在网络环境下将有更为广阔的运用空间。

(二)网络技术的产生和发展对相关投资决策信息的影响

企业要进行科学合理的投资决策,前提是要获取充分的投资决策的相关信息。在传统条件下,企业要收集支持投资决策的信息比较困难,并且要花费大量的前期成本。网络技术的产生则为企业及时收集各种决策相关的信息提供了一种科学而先进的工具,使得企业可以较低的成本方便、快捷地获得为决策提供依据的相关信息。因此,网络技术的产生和发展将促进企业投资决策的科学化,为企业投资决策质量的提高提供信息保障。

(三)网络技术的产生和发展对相关投资决策者的影响

网络经济环境下的投资活动往往不会仅仅局限于某个单一领域,而是会涉及多个不同的领域。因此,在企业进行投资活动时,相关决策人员必须具备较高的知识水平和文化素质,并要善于把握企业所进行投资活动的本质,进行科学合理的投资决策。在个人知识水平无法达到特定投资决策的要求时,组织决策团队解决特定的投资项目将成为必然。

在网络经济环境下,相关项目的投资决策人员必须对网络经济模式有较好的了解,必须在具备多学科知识的同时具有团队精神,所有这些都是网络经济环境下对相关投资决策者的能力提出的要求。

第四节 互联网时代的网络财务风险管理

一、财务风险的概念与分类

(一)财务风险的概念

财务风险是指在企业的各项财务活动中,由于各种难以预料和无法控制的因素,使企业在一定时期、一定范围内所获取的最终财务成果与预期的经营目标发生偏差,从而使企业蒙受经济损失或获得更大收益的可能性。由于企业的财务活动贯穿于生产经营的整个过程,故在筹措资金、长短期投资、分配利润等过程中都可能产生风险。

(二)财务风险的分类

财务风险根据风险的来源主要可以划分为以下几种。

1. 筹资风险

筹资风险指的是由于资金供需市场、宏观经济环境的变化,由企业筹集资金给财务成果带来的不确定性。筹资风险主要包括利率风险、再融资风险、财务杠杆效应、汇率风险、购买力风险等。利率风险是指由于金融市场上金融资产的波动而导致筹资成本的变动;再融资风险是指由于金融市场上金融工具品种、融资方式的变动,导致企业再融资产生的不确定性,或由于企业本身筹资结构的不合理,导致再融资产生困难;财务杠杆效应是指由于企业使用杠杆融资给利益相关者的利益带来的不确定性;汇率风险是指由于汇率变动引起的企业外汇业务成果的不确定性;购买力风险是指由于币值的变动给筹资带来的影响。

2. 投资风险

投资风险指企业投入一定资金后,因市场需求变化而使最终收益偏离预期收益的风险。企业对外投资主要有直接投资和间接投资两种形式。直接投资是指直接用于生产,将货币资产转化为实物资产的投资。间接投资则是指用于购买股票、债券等有价证券,将货币资产转化为金融资产的投资,它主要分股票投资和债权投资两种形式。股票投资是风险共担,利益共享的投资形式;而债券投资与被投资企业的财务活动没有直接关系,只是定期收取固定的利息,其所面临的是被投资者无力偿还债务的风险。投资风险主要包括利率风险、再投资风险、汇率风险、通货膨胀风险、金融衍生工具风险、道德风险、违约风险等。

3. 经营风险

经营风险是指在企业的生产经营过程中，由供、产、销各个环节不确定性因素的影响导致企业资金运动的迟滞，产生企业价值的变动。经营风险主要包括采购风险、生产风险、存货变现风险、应收账款变现风险等。采购风险是指由于原材料市场供应商的变动而产生的供应不足的可能性，以及由于信用条件与付款方式的变动而导致实际付款期限与平均付款期的偏离；生产风险是指由于信息、能源、技术及人员的变动而导致生产工艺流程的变化，以及由于库存不足导致停工待料或销售迟滞的可能性；存货变现风险是指由于产品市场变动而导致产品销售受阻的可能性；应收账款变现风险是指由于赊销业务过多导致应收账款管理成本增大的可能性以及由于赊销政策的改变，导致实际回收期与预期回收的偏离等。

二、财务风险的成因

企业财务风险产生的原因很多，既有企业外部的原因，也有企业自身的原因，而且不同的财务风险形成的具体原因也不相同。企业产生财务风险的一般原因有以下几点。

(一)财务管理宏观环境的复杂性

宏观环境的复杂性是企业产生财务风险的主要外部原因。环境的不断变化可能为企业带来某种机会，也可能使企业面临某种威胁。企业财务管理系统如果不能及时适应复杂多变的外部环境，必然会给企业带来风险。财务管理的宏观环境包括经济环境、法律环境、市场环境、社会文化环境、资源环境等，这些因素存在企业之外，但会对企业财务管理产生重大的影响。

(二)财务管理人员对财务风险的认识不足

财务风险是客观存在的，只要有财务活动，就必然存在着财务风险。然而在现实工作中，许多企业的财务管理人员缺乏风险意识。风险意识的淡薄是财务风险产生的重要原因之一。

(三)财务决策缺乏科学性导致决策失误

在企业的财务决策中普遍存在着经验决策和主观决策的现象，由此导致决策失误经常发生，从而会产生财务风险。因此，避免财务决策失误的前提是财务决策的科学化。

(四)企业内部财务关系不明

企业内部财务关系混乱是企业产生财务风险的又一重要原因。企业与内部各部门之间及企业与上级企业之间，在资金管理及使用、利益分配等方面存在用资不明、管理不力的现象，从而会造成资金使用效率低下，资金流失严重，资金的安全性、完整性无法得到保证。上述现象主要存在于一些上市公司的财务关系中，如很多集团公司的母公司与子公司的财务关系十分混乱，资金使用没有得到有效的监督与控制。

三、网络对财务风险管理的影响

随着网络技术的迅速发展和广泛应用，信息技术革命和经济全球化趋势使经济环境发生了显著变化,企业面临着更加多样化和复杂化的财务风险,而网络对财务风险管理的影响也日趋明显,因此在网络经济环境下,财务风险管理在企业经营管理中的地位就显得更加重要了。

(一)网络对筹资风险管理的影响

筹资活动是一个企业生产经营活动的起点,其目的是扩大生产经营规模,提高经济效益,但在网络经济条件下,市场行情瞬息万变,企业之间的竞争更加激烈,任何的决策失误、管理不当都有可能使筹集资金的使用效益产生很大的不确定性,从而直接制约投资活动并影响生产经营活动的正常运行。按照资金的来源渠道不同分类,企业筹资分为负债性筹资和权益性筹资。

1. 负债性筹资

负债性筹资的风险可能导致企业所有者的收益下降,还可能导致企业陷入财务困境直至破产。由于负债性筹资定期支付利息、到期还本的限制,使得网络条件下的负债性筹资风险比传统经济条件下的负债性筹资风险更加复杂。

(1)网络技术的产生和发展促使汇率变动日益频繁。在网络经济环境下,全球经济已逐步一体化,企业间的竞争已从区域性竞争转化为全球性竞争,资本在国际流动得日益频繁。与此同时,企业筹集资金的方式和范围也发生了变化,企业可以充分利用网络技术方便、快捷地向外资银行贷款、发行债券,以此来吸引国际资本,从而有效解决企业资金不足的问题。但网络技术在给企业筹集国际资本提供方便的同时,也使得国际资本市场上汇率变动的因素错综复杂,汇率波动频繁,而汇率的频繁波动将对企业产销数量、价格、成本等指标产生影响,使企业在短期内的利润增加或减少,从而使企业更容易发生财务风险。因此,在网络经济环境下,企业要经常分析货币政策的变化情况,及时了解国内外利率、汇率等金融市场信息,以便做出正确的决策。

(2)网络技术的产生和发展使得企业的投资回报率与借入资金利率的波动变大。随着网络技术的发展和电子商务的广泛应用,企业的经营方式和经营策略发生变化,使生产经营活动面临着更大的不确定性,从而影响其投资回报率。当企业投资回报率高于借入资金利率时,企业使用借入资金将因财务杠杆的作用提高自有资金利润率;反之,当企业投资回报率低于借入资金利率时,企业使用借入资金将使自有资金利润率降低,甚至发生亏损。因此,在网络化条件下,企业负债性筹资风险更具不确定性,企业必须充分考虑投资回报率与借入资金利率高低的情况,然后再确定是否借入资金。

2. 权益性筹资

权益性筹资可以分为留存收益筹资和股票筹资两种方式。留存收益筹集资金为企业的自有资金,财务风险较小。股票筹资具有极大的灵活性,其资金为企业的永久性资金,不需要还本付息,现金流出的压力较小,企业可根据生产经营的实际情况决定是否分红及分红数量的多少。随着国际股票融资方式的盛行,越来越多实力雄厚的企业将通过在国外发行股票的方式进行筹资。全球化竞争的开展必将促使企业进一步融入全球经济一体化之中,但全球经济的复杂性会使企业海外融资面临的不确定性因素增多,从而会加大财务风险。

(二)网络对投资风险管理的影响

企业进行投资的目的是获得收益,但在投资过程中或投资完成后,投资者可能会因为发生经济损失、不能收回投资而无法实现预期收益,从而增加企业的投资风险。由于企业的不同投资方式有不同的特点,故相应的风险因素也存在差异。

1. 实物投资

实物投资的风险主要来源于宏观经济环境的影响。在网络经济环境下,随着全球经济的一体化发展,企业不仅受到国内宏观经济环境的影响,而且受到全球经济环境的影响,并且这种影响将日益明显。例如,随着我国市场的逐步开放,世界各国产品大量涌入,加上技术变革进程的加快,使得国内某些产品市场趋于饱和甚至出现过剩局面,投资回报率下降趋势不可逆转,投入资金的回收周期延长,实物投资风险加大。

2. 资本投资

网络技术的产生和发展使得企业生产经营面向全球后,资本性项目进一步放开,逐渐与国际金融市场接轨,企业的行为与国际市场的联系更为紧密,而国际市场上的不确定性因素远多于国内市场,如汇率变动、通货膨胀、贸易条件的变化及金融风暴等,将使资本投资这种间接投资方式的收益不确定性因素明显增多,加大企业的投资风险。

(三)网络对经营风险管理的影响

网络技术的快速发展和广泛应用不仅大大降低了企业的成本,提高了工作效率,也成为企业满足客户个性化需求的必然选择。但这种新的经营方式也给企业带来了更多的风险。

(1)网络技术的产生和发展促使企业经营方式转变的同时加大了企业的经营风险。在网络经济环境下,企业的生产经营活动均以满足客户的需求为出发点,改变了企业传统的产品销售方式,使得企业对营运资金的管理难度加大。企业为适应一系列变化必须加强生产经营管理,认真分析客户需求,以市场需求为导向,采取有针对性的营销策略来提高产品的销量,以达到降低经营风险的目的。

(2)网络技术的产生和发展使得商品采购更趋复杂化。由于客户的需求是千差万别的,企业不可能完全满足不同客户的需求,这就要求企业能够根据客户的需求来细化产品,以满足更多客户的需要。这也使得企业加大了商品采购的难度,造成企业不能享受大批量进货所带来的商业折扣收益,提高了采购成本并增加了经营风险。

(3)网络技术的产生和发展加大了企业的信息化改造成本。网络技术给整个世界带来了翻天覆地的变化,网络的兴起使全球范围内的网上购物、网上消费等成为可能。企业的产品销售不再局限于柜台形式,通过网络可以使企业的产品在全球范围内流通,突破了传统的空间概念。这就势必要求企业加大信息化改造的力度,加快信息化进程,采用先进的管理思想来优化企业的业务流程,为企业创造更多的财富。但信息化的改造为企业创造更多财富的同时也增加了企业的成本,导致企业资金短缺,从而加大了企业的经营风险。

(4)网络技术的产生和发展在拓宽企业产品销路的同时也给企业的生产经营增加了难度。在网络经济环境下,企业的生产经营已不仅仅局限于某一区域,应该把眼光放长远,积极开拓国际市场。但是由于不同国家在文化、信仰、习惯等方面存在的差异,使得不同的市场对产品的需求不同,这就要求企业制定适当的营销策略,因地制宜地生产产品。这使得企业在增加销量的同时,经营风险也成倍增大。

(5)网络技术的产生和发展使得企业的网络系统面临安全风险。网络财务系统的开放性与企业财务运作所要求的某些信息的保密性形成了冲突。在网络化条件下,电子单据、电子报表、电子合同等无纸介质的使用,无法使用传统的签字方式,使网络财务在辨别真伪上存在风险,并且由于计算机系统本身是脆弱的,黑客的恶意攻击、病毒的感染等都可能对企业的财务系统造成破坏,故使得企业网络维护成本增加,相应的财务风险也就加大了。

第五节 互联网时代的网络运营资金管理

在市场经济条件下,资金是企业的血液,企业要生存、发展,就必须筹集、拥有和支配一定数量的资金,其中非常重要的一项就是营运资金。从本质上讲,营运资金包括流动资产和流动负债的各个项目,是对企业短期性财务活动的概括;从数量上讲,营运资金就是从企业流动资产中减去流动负债后的差额。

营运资金管理就是对企业流动资产及流动负债的管理。本节主要介绍网络化对流动资产中的现金、应收账款及存货管理的影响,并对流动负债中的应付账款及短期借款管理的影响进行简单的介绍。

一、网络流动资产管理

(一)流动资产概述

1. 流动资产的概念及其特点

流动资产是指可以在一年内或者超过一年的一个营业周期内变现或者耗用的资产。有些企业的产品周期会很长,会超过一年,则这些企业在生产制造这类产品时投入的原材料等物资变现的时间就会超过一年,但仍可以将其列入流动资产。流动资产一般包括现金、短期投资、应收账款和存货等。拥有一定数量的流动资产是企业进行生产经营活动必不可少的物质条件。流动资产与其他资产相比具有以下一些特点。

(1)周转快,变现能力强。流动资产可以在较短时间内耗用或变现。一般情况下,它在一个生产经营周期就可以周转一次,即从货币形态重新回到货币形态。流动资产中的货币资金具有完全的变现能力,其他流动资产在正常情况下的变现能力也比较强。流动资产之所以具有较快的周转速度和较强的变现能力,主要是因为垫付在流动资产上的价值只要经过一次性转移,就可以转换为货币形态,并得到价值补偿。

(2)形态多样,经常变动。流动资产在企业生产经营过程中,一般从货币形态开始,依次经过采购、生产、销售等过程,在这些过程中它具体表现为原材料、在产品、产成品、应收账款等形态。随着生产经营的顺利进行,不同形态的流动资产要依一定的顺序依次转化。企业中不同形态的流动资产一般都是并存的,在数量上有相对稳定的比例,只有这样才能保证企业资金的正常运转及生产经营的正常进行。

(3)数量不稳定,有较强的波动性。流动资产的数量随着企业内、外条件的变化而变化,时高时低,波动很大。从生产经营业务量在全年的分布来看,在整个年度中经营业务完全均衡的企业并不多见,在绝大多数情况下,企业的经营业务量或多或少具有季节性的特征。

2. 流动资产的分类

按资产的占用形态,流动资产分为现金、短期投资、应收和预付款项及存货。

(1)现金。指企业占用的各种货币形态上的资产,包括库存现金、银行存款及其他货币资金。它是企业流动资产中流动性最强的资产,可以直接支用,也可以立即投入流通。拥有大量现金的企业具有较强的偿债能力。

(2)短期投资。指企业持有的能随时变现的有价证券,或时间不超过一年的其他对外短期投资。

(3)应收和预付款项。指在企业生产经营过程中所形成的应收而未收的或预先支付的款项。它属于企业债权性资产,包括应收票据、应收账款、其他应收款、预付货款等。

(4)存货。指企业在生产经营过程中为了销售或耗用而储存的各种资产,包括产成品、半成品、在制品、原材料、低值易耗品、燃料及包装物等。存货在流动资产中所占的比重较大。

(二)网络现金管理

1. 企业持有现金的目的

企业持有现金往往是出于以下考虑。

(1)交易动机

在企业的日常经营活动中,为了正常的生产销售周转必须保持一定的现金余额。由于销售产品所得收入往往不能马上变为现金,而采购原材料、支付工资等则又需要支付现金,为了进一步的生产交易,企业必须持有一定的现金余额。虽然在企业的生产经营过程中,现金收入和现金支出的可能同时存在,但是由于任何企业都无法保证其现金收入与现金支出在任何时点上完全同步,所以企业需要保留一部分现金以应付支付动机的需要。在企业安排现金收支中,应尽量做到收支同步,以减少交易所需的现金。

(2)预防动机

预防动机是指企业持有现金以应付意外事件对现金的需求。企业预计的现金需求量一般是指正常情况下的需求量,但有许多意外事件如企业遭受自然灾害、生产事故等都会影响企业现金的收入和支出,打破企业的现金收支计划,使现金收支出现不平衡。因此,企业现金收支预测的可靠程度越高,现金流量的不确定性越小,企业临时借款能力越强,预防性现金的需要量就越小;反之,就应增加预防用现金数量。

(3)投机动机

投机动机是指企业持有现金,以便能够抓住回报率较高的投资机会,获得投资收益。在企业的外部环境中,机会与威胁几乎无所不在,如果企业经营者对证券市场上证券价格的波动规律有所掌握,能够较准确地判断其价格走势,就可以在低价位时买进股票或债券,在高位时将其卖出,从中获利。但是如果判断失误则有可能造成企业损失。事实上,当企业因为投机动机而持有较多数量的现金时,这种情况对于大多数企业来说并不划算,所以除非一些特殊的情况,企业应减少出于这一目的而持有的现金。

企业现金管理的核心实际上是合理确定企业的现金持有量。因此,企业对现金进行管理时,应力求做到既保证企业交易所需现金,降低经营风险,又不使企业有过多的闲置现金,以增加收益。

2.现金管理的方法

企业进行现金管理的方法主要有现金流量同步化、合理使用现金浮游量及加速应收账款收现等。

(1)现金流量同步化

企业的现金流入与流出一般来说是很难准确预测的,为了应付由这种不确定性带来的问题,企业往往需要保留比最佳现金持有量多的现金余额。为了尽量减少公司持有现金带来的成本增加,企业财务部门需要提高预测的准确性和管理的能力,使现金流入与流出能够合理匹配,以实现同步化的理想效果。企业现金流量的同步化可以使企业减少现金余额,降低持有成本,提高企业盈余。

(2)合理使用现金浮游量

由于企业支付、收款与银行转账业务之间存在的时滞性,会使本应显示同一余额的企业账簿和银行记录之间出现差异,故企业应合理预测现金浮游量,有效利用时间差来提高现金的使用效率。

(3)加速应收账款收现

企业为了增加销售额,一般同意购货方推迟付款,这就意味着企业并不能马上得到可以自由支配的现金收入。为保证应收账款方面的现金能收回,企业应尽量在不损害企业与客户之间关系的前提下,采取一些措施,如开户银行的选择、应收账款的信用政策等,以加速应收账款的收现。

3.网络对现金管理的影响

(1)网络技术的产生和发展对企业现金存在形式的影响

现金主要由企业的库存现金,各种形式的银行存款,以及银行本票、银行汇票及在途货币资金等几部分构成。企业的现金存在形式实际上受到金融市场技术条件的影响。在网络环境下,电子货币的出现必然使得企业持有的现金存在形式发生重大变化,由于电子货币的快捷方便,使得企业持有的库存现金大大减少,银行本票及银行汇票的比例有所增加。与此同时,金融机构之间的资金划转速度大大提高,缩短了资金在途时间,使得企业的在途货币资金在现金中所占的比重也大大降低。

(2)网络技术的产生和发展对现金最佳持有量的影响

企业持有现金的成本包括持有成本、转换成本和短缺成本。持有成本指企业因保留一定现金而增加的管理费用及企业不能用这部分现金进行其他投资并获得收益的成本。转换成本指企业在现金同有价证券等之间进行转换而发生的成本。短缺成本则是指企业因现金持有量不足而又无法及时将其他资产变现而造成的损失。在这三项成本之中,持有成本在很大程度上受到网络技术的影响。当网络环境下的电子货币被广泛采用后,企业库存现金就会大大减少,企业花在库存现金的保管及采取的安全措施上的费用也会大幅减少。因此,企业在确定现金最佳持有量时,可以考虑减少现金持有成本。另外由于网络技术在证券交易中被广泛使用,企业通过网络进行有价证券买卖时的交易成本也大幅减少,转换成本在企业现金成本中的比重也会逐步减少,所以企业在对现金进行管理时需更多地考虑短缺成本因素。

(3)网络技术的产生和发展对现金集中管理的影响

在传统环境下,对于大型企业集团而言,由于子公司、分公司众多,且分散在不同地域,且每个下属企业各自设定有现金持有量,在集团下属企业之间要做到现金供求信息的实时沟通有较大的困难。随着网络技术的广泛应用,可以在企业集团内部建立局域网,则内部各企业之间的现金供求信息就可以做到实时传输。因此,由企业集团对现金进行统筹管理,从整个企业集团出发设立最佳现金持有量也成为可能。单从金额上讲,企业集团整体考虑设立的现金持有量会大于单个企业设立的现金持有量,但会远小于集团下属企业的现金持有量之和,这就使得企业集团节约了不少持有现金的成本,同时减少了企业的管理成本。在由企业集团统筹管理现金的情况下,下属企业可以将更多精力放到生产经营活动中去。

(4)网络技术的产生和发展对现金预算编制的影响

企业应当保持一定的现金来防止可能的现金短缺,但又不能把过多的现金置于这种没有收益的用途上。企业通过编制现金预算可以较为有效地预计和控制未来现金流量,这是对现金进行动态管理的一种有效方法。在传统环境下,由于受到现金供求信息滞后性的影响,企业在编制现金预算时的预算编制时期较长,而时期较长就会导致预算的准确性较差,但这一状况在网络技术出现后得到很大的改善,企业通过网络技术可以方便、快捷地获取有关产品销售后的现金回收信息和企业采购材料,以及接受劳务、支付工资等方面的现金支出信息。在此基础上,企业现金预算的时期可以进一步缩短,则现金预算编制周期也将不断缩短,这不仅能提高预算编制的准确性,而且能及时地为企业管理层提供决策信息。

(5)网络环境对企业现金管理方法的影响

为提高现金使用效率,企业一般要在收支管理上采取一定的方法,这些管理方法主要有现金流量同步化、合理使用现金浮游量及加速应收账款收现等。这些方法的使用可以提高企业现金的使用效率和效益。但随着网络技术的广泛使用,这些方法所体现出来的作用将会有所变化。

①对现金流量同步化的影响。要想实现现金流量的同步化,企业财务部门必须具备较强的预算和管理能力,同时要合理安排现金流量。在网络化条件下,企业可以方便、快捷地获取与企业现金流量相关的信息,这些与现金流量相关的信息会直接影响企业对现金流量预测的准确性。鉴于此,要想提高预算的准确性,企业必须掌握较多的与现金流量有关的信息,掌握的信息越多,预测的准确程度就越高,所编制的现金预算就越科学、合理,从而可达到企业现金流同步化的理想效果。另外,企业财务管理部门通过企业内部的局域网可以随

时了解企业各部门的现金使用情况,并且可以合理调度现金,实现对企业现金收支的合理安排。

②对使用现金浮游量的影响。现金浮游量的存在是因为企业资金的划拨与银行资金的划拨之间存在时间差,造成这种时间差的主要原因是企业与银行相互之间信息传递的滞后。在网络化条件下,银行与企业之间可以通过网络技术实现资金划拨信息的实时高效传输,这就使得现金浮游量在网络环境下失去了原有的作用。

(三)网络应收账款管理

1. 应收账款管理的目的

当企业在销售产品或提供劳务时同意接受方暂缓交付款项,便形成了企业的应收账款,该款项构成了企业流动资产的一部分。应收账款已经成为企业扩大产品销售,提高市场占有率,从而最终提高企业竞争力的有力工具。它对于企业经营活动的良性发展是十分必要的。实际上这可以认为是企业为扩大产品销售、增加收益而做的一项投资。应收账款产生的根源是商业信用,因此要加强对信用的管理。

应收账款管理的目的是通过应收账款管理发挥应收账款强化竞争、扩大销售的功能,同时尽可能地降低投资的机会成本、坏账损失与管理成本,最大限度地提高应收账款投资的效益。

2. 信用政策

信用政策也就是应收账款的管理政策,是企业在给客户提供赊销时应遵循的原则、标准、条件、程序和对策等。企业通过制定和执行信用政策,可将应收账款的事后管理转向事前管理。信用政策主要包括信用标准、信用条件和收款政策等。

(1)信用标准

信用标准是客户获得商业信用所具备的最低条件,通常用预期坏账损失率来表示。制定信用标准,通常是指对客户进行调查了解,对其信用进行评估后确定是否给客户提供赊销,以及提供多少赊销。客户信用标准的确定受多种因素影响,如信用品质(Character)、偿付能力(Capacity)、资本(Capital)、抵押品(Collateral)和经济状况(Condition)等,即通常所说的"5C"标准。在充分考虑这些因素的情况下,企业可以通过定性分析、定量分析或两者相结合的方法来确定信用标准。

(2)信用条件

信用条件是指企业接受客户信用订单时,在对客户信用等级进行评价的基础上所提出的付款要求,主要包括信用期限、折扣期限和现金折扣。信用期限是企业为客户规定的最长付款时间;折扣期限是企业为客户规定的可享受现金折扣的付款时间;现金折扣是在客户提前付款时给予的优惠。

通过信用分析确立的信用条件随企业经营环境的改变而改变。因此,企业在提供信用条件时必须进行权衡,即放宽信用条件后,由于销售的扩大而增加的收益必须高于由于信用条件的放宽而新增的坏账损失,并能够满足企业对应收账款增加部分的投资对收益率的要求。

(3) 收账政策

收账政策是指客户违反信用条件,拖欠甚至拒付账款时企业所采取的收账策略与措施。企业如果采取较积极的收账政策,可能会减少应收账款投资及坏账损失,但会增加收账成本;如果采用较为消极的收账政策,则可能会增加应收账款投资及坏账损失,但会减少收账费用。企业在实际工作中,可参照测算信用标准、信用条件的方法来制定收账政策。

3. 网络对应收账款管理的影响

网络技术的产生和发展将对企业的应收账款管理产生一定的影响,特别是会对一些影响信用政策制定的因素产生较大的影响,具体表现在以下几个方面。

(1) 网络技术的产生和发展对客户信用等级评估的影响。客户的信用等级与企业的客户信息管理工作密切相关。没有一个企业的信用等级是常年保持不变的,它总会随着企业一些条件的变化而变化。在传统条件下,企业很难收集全有关客户的信息,即使收集到信息,它也有可能是滞后的,并且收集成本较高,这必然影响到企业对客户的信用评估。在网络环境下,企业就能解决上述问题。利用网络技术,企业可以方便地收集与客户自身有关的信息,如注册资本、业务范围等,也可以收集影响客户生存和发展的一些外部信息,如行业景气度、客户在其所处行业中的位置等,同时还可以通过当地工商管理部门和银行等机构获取有关客户诚信状况的信息。这时企业就可以通过所收集的信息对客户进行客观、科学的评估,确定适用于企业自身的信用条件,针对客户的信用等级确定每一位客户的信用警戒线,将客户的信用等级及信用警戒线纳入客户诚信网络资源库进行管理,并随客户信息的更新及时调整客户的信用等级。

(2) 网络技术的产生和发展对应收账款具体管理的影响。在商品经济高度发达的现代社会里,商品购销业务往往会在企业销售部门以外的区域发生,这就有可能使得企业财务部门不能及时了解发生在异地的赊销情况,不能满足企业对客户的信息需求。通过网络技术,可以使这一问题得到较好的解决。只要利用网络便可及时将发生的经济业务的详细资料传送给其所归属的销售部门,使相关信息实时更新,动态地反映应收账款的实际情况,这样既方便业务人员与企业联系,又方便企业管理者进行管理与控制,使得管理部门能迅速将工作安排和有关信息发送给各个下属部门。各业务单位每天发生的业务、客户往来情况通过网络技术可准确、自动地汇总到企业的数据库中,从而可实现企业内部数据汇总的自动化。企业还可以随时更新资源库中有关客户的诚信等级。

(3) 网络技术的产生和发展对收账成本的影响。企业收账成本的高低主要受企业收账政策的松紧程度的影响。企业对应收账款的催收主要通过与客户之间的沟通来实现,而沟通的具体方式主要以电话与传真等为主。在网络化条件下,企业主要以发送电子邮件或电话的方式进行应收账款的催收,特别是电子邮件的采用可以大大降低企业的收账成本。同时,企业利用网络可以及时跟客户沟通,了解客户应收账款逾期未付的原因,如客户确实是因暂时的经济困难而不得已延缓,则企业可以适当放宽收账政策,避免采取不必要的法律手段,同时也可以留住客户。

(四)网络存货管理

1. 存货管理的目的

为了保证生产或销售的正常进行,并且出于对价格的考虑,企业需要保持一定的存货。存货的增加可以增强企业组织生产、销售活动的机动性,但过多的存货因占用较大的资金,会增加与存货有关的各项开支,这样会导致企业成本上升、利润受损。因此,存货管理的目的就是在充分发挥存货作用的同时降低存货成本,使存货效益和存货成本达到最佳结合,保持最优的存货量。企业在充分发挥存货功能的基础上,应努力控制存货的数量,降低存货成本,加速存货资金的周转。存货的成本主要包括储存成本、订货成本和缺货成本。

(1)储存成本是指企业为持有存货而发生的全部成本,包括仓储费、搬运费、保险费及占用资金支付的利息等,它一般会随着平均存货量的增加而上升。

(2)订货成本是指企业为订购材料、商品而发生的成本,包括采购人员的差旅费、订货手续费、运输费等。订货成本一般与订货的数量无关,而与次数有关。

(3)缺货成本是指企业在存货短缺时产生的生产中断、销售不畅等间接成本。企业应当在其存货成本与存货效益之间进行权衡,以求得两者之间的最佳均衡点。通过存货决策,可使企业的存货成本达到最小。

2. 网络对存货管理的影响

(1)要想提高企业生产经营效率,必须搞好存货管理。企业存货管理效率的高低直接影响着企业的经济效益。而网络技术的产生和发展将对企业存货成本中的订货成本和缺货成本产生积极影响。

(2)订货成本是指企业为订购材料、商品而发生的成本,包括采购人员的差旅费、订货手续费、运输费等。订货成本一般与订货的数量无关,而与次数有关。

(3)缺货成本是指企业在存货短缺时产生的生产中断、销售不畅等间接成本。企业应当在其存货成本与存货效益之间进行权衡,以求得两者之间的最佳均衡点。通过存货决策,可使企业的存货成本达到最小。

3. 网络对存货管理的影响

要想提高企业生产经营效率,必须搞好存货管理。企业存货管理效率的高低直接影响着企业的经济效益。而网络技术的产生和发展将对企业存货成本中的订货成本和缺货成本产生积极影响。

(1)网络技术的产生和发展对订货成本的影响。在传统条件下,企业为了订购材料、商品,通常会通过电话或传真的方式向供应商发出购货意向,一旦供应商有企业需要的材料或商品,企业就会派采购人员直接到供应商单位,了解货物的质量等情况,并且就货物价格与供应商进行协商,如果在价格问题上存在差距,企业就需寻找其他供应商。因此,在传统经济环境下,订货成本是不可避免的,而且寻找符合企业要求的供应商通常会花费很长的一段时间。在网络经济环境下,寻找合适的供应商的时间会大大缩短,并且会使企业的订货成本大幅下降。由于网络技术快捷、方便的特点,企业可轻而易举地寻找到符合要求的供应商,并就价格等问题通过网络技术实时磋商以达到双方满意的结果,如果协商不成,又可以快速地寻找下家。因此,通过网络技术,企业能快速订购到符合要求的货物,并大大节约订货成本。

(2)网络技术的产生和发展对缺货成本的影响。企业为了减少缺货成本,通常会设置存货安全储备量,这在降低缺货成本的同时增加了企业储存成本,因此,最优的存货政策就是在这两者之间进行权衡,选择使总成本最低的订货点和安全储备量。在网络化条件下,由于企业可以通过网络技术与货物供应商实时进行联系,因此,在存货达到安全储备量的情况下,企业可以利用网络技术及时向供应商发出提货通知,而供应商也可以通过网络技术向距离购货企业最近的办事处或仓库发出供货通知,及时将货物运送给企业。由此,从企业发出提货通知到货物运达企业之间的时间可以大大缩短,时间的缩短又大幅减少了企业的安全储备,从而降低了企业的缺货成本。

二、网络流动负债管理

(一)流动负债的概念及特点

流动负债是指需要在一年或者超过一年的一个营业周期内偿还的债务。流动负债又称短期融资,具有成本低、偿还期短的特点。

(二)流动负债分类

流动负债主要包括应付款项、短期借款、应付票据、应付工资、应付税费及应付利润等。

(1)应付账款是指企业因购买材料、商品或接受劳务供应等而发生的债务。

(2)短期借款是指企业借入的期限在一年以下,一般是维持正常的生产经营所需的资金或是抵偿某项债务而借入的款项。

(3)应付票据是指由出票人出票,委托付款人在指定日期无条件支付特定的金额给收款人或支票人的票据。

(4)应付工资指企业应付给职工的工资总额,是企业对职工个人的一种负债。

(5)应交税费是指企业根据一定时期内取得的营业收入和实现的利润,按规定向国家交纳的各种税金,应交的税金在尚未缴纳之前暂时停留在企业,形成一项负债。

(6)应付利润是指企业除按税法规定缴纳税金外,还必须支付给投资者的利润投资者应分享所得税后的利润分配。

(三)网络应付账款管理

1.应付账款管理的目的

应付账款管理是企业控制资金流出的一个重要环节。企业对应付账款管理的目的是在维护企业信誉前提下延迟付款。拖延款项的支付实质上就等于增加了企业的流动资金,改善了企业的资金流状况,另外还能够获得一定期限内的利息收入。

2.网络对应付账款管理的影响

企业通过网络技术可以定期分析应付账款,规定付款程序,采取多种方式(如抵抹账、优先支付有折扣的货款等)定期清理应付账款,对无人追索的款项进行调查。如发现该款项确属不需支付款项,则及时将其转入收入账内。因此,通过网络技术可以简化应付账款管理程序,大大缩短采购周期和降低管理费用。

(四)网络短期借款管理

1.短期借款管理的目的

借款利息在企业费用支出中占有一定比例,对企业的现金流影响明显。企业对短期借款进行管理的目的是在满足企业近期对资金的需求及维持正常生产经营的前提下,节省利息支出。

2.网络对短期借款的影响

借款资金的管理是企业财务管理的一项重要内容。企业可以充分利用网络技术加强合同管理,正确计算利息,编制还贷计划,定期与银行核对借款金额和应付利息,发现问题,及时与银行进行协调。企业还可以通过网络技术合理调度资金,利用借短还长等手段减少财务费用。

这里主要阐述了大数据网络技术对传统财务管理所产生的一些具体影响,包括对筹资环境、筹资方式及筹资成本,投资环境、投资方式及投资决策,财务风险管理及营运资金等的影响。企业要在互联网时代网络经济环境下生存和发展,必须充分利用网络技术这种管理手段来进行科学的财务管理,从而实现企业财务管理目标。

第十章　互联网时代财务管理理念的转变

第一节　绿色财务管理

一、绿色财务管理概述

（一）绿色财务管理的内容

1. 绿色财务活动

它在原有的财务内容中增加了环保和资源利用两个要素，它规定相关的主体在开展财务工作的时候，不单单要将经济效益考虑在内，还要将资源的全面利用及消耗能力、生态的受损程度以及恢复所需的资金等考虑在内，它更加重视社会的长远发展。

2. 绿色财务关系管理

绿色财务关系管理是在原有与出资人、债权人、债务人、供应商、买家、政府、同行等财务关系管理的基础上，增加了对资源关系、环境关系的管理内容。具体来讲，在开展新项目的时候，除了要做好和环保机构的沟通工作以外，还要联系资源部门，这样做的目的是保证新项目在新的状态之下不会有较为严重的问题产生，否则就会导致资源受损，无法被永久利用。

（二）开展绿色管理的意义

1. 带动财务管理工作的进步

作为一种科学体系，财务管理工作并不是一成不变的，它会伴随社会的发展而一直进步。当相关环境改变了，与之对应的各种系统及体制等都会随之改变，只有这样才能够适应新的发展态势。当今社会，资源的总数只会减少，并不会增加，因此为了长久发展，就必须开展绿色管理。

2. 促进社会和谐发展

人类出于自身生存和发展的需要，需要一直开展各种活动，而各种活动的最终目的都是获取利益。由于人的总数在不断增加，虽说一个单体的活动可能不会对资源及生态产生负面效应，但如果是几亿人共同活动呢？后果可想而知。所以，为了避免生态继续恶化，为了子孙后代能够更好地生活在这个世界上，人类就应该开展资源和生态保护工作。在这种背景之下，我们就必须开展绿色管理。

二、绿色财务管理的现状

（一）环境、资源的产权难认定、认定难

以海洋资源为例，海洋占到了地球总体面积的70%左右，海洋资源的产权本身就难以划分。对于资源和环境而言,地球才是总体,这种人为地、条块化划分,并不利于资源和环境的整体向好;另外,即使海洋资源的产权可以划分清楚,但是海洋并不是静止不动的,海水每天都在流动,海里的资源每天都在变化,假如发生原油泄漏事故的话,海洋污染物会随着洋流运动发生扩散,很可能会扩散到其他国家的管理范围内。因此,环境、资源的产权难认定、认定难。

(二)在环境、资源问题上,各国间难以形成责任共担机制

环境和资源其实是属于全人类共有的,但是在环境、资源问题上,各国之间很难形成责任共担机制。如二氧化碳的排放超标,是极地上空形成臭氧层空洞的主要原因,各国在减少二氧化碳整体排放量这件事情上,早已达成共识,但是,具体到谁应该减少、减少多少问题上,每个国家为了自身经济的发展,都在尽可能地争取最有利的减排额度,责任共担机制更是难以形成。

(三)缺乏对绿色财务管理的评价体系

绿色财务管理尚处在摸索阶段,评价体系更是缺乏。目前,比较被认可的绿色财务管理评价指标主要有绿色收益率和绿色贡献率,但是,这两个指标有一个比较突出的问题,就是难以进行衡量,即很难评价一个项目有哪些可以列入绿色收益率或者绿色贡献率的范围,以及列入绿色收益率或者绿色贡献率的评价比例标准是怎样的;很难像基尼系数那样有规定的标准,什么样的绿色收益率或者绿色贡献率的指标计算标准是正常的,什么样的指标计算标准是好的,什么样的指标计算标准是绝对不可以使用的。再加上目前并没有像注册会计师那样拥有审查资质的绿色财务管理师,人员队伍建设落后,绿色财务管理评价体系建设更是难上加难。

(四)绿色财务管理的执行和监督不到位

每个国家都有相关的环境保护措施和资源控制制度,按道理来讲,绿色财务管理的执行和监督本应该不成问题,但是,在实际的生产生活中,绿色财务管理的执行和监督都不到位。由于法律、人员、经济等方面的原因,绿色财务管理的执行和监督处处受限。环保部门的工作人员也不可能时时监控所属的所有企业。

三、加强绿色财务管理的措施

(一)加快对环境、资源等产权认定的研究步伐

虽然对环境、资源等的产权认定很难,但是,在人类社会可持续发展的需要面前,一定要发挥主观能动性,迎难而上,攻坚克难。首先,对绿色财务管理的认识、了解和重视,不应仅仅停留在口头上,更要落实在具体行动中;其次,要加强绿色财务管理研究人员的队伍建设,不仅要培养会计方面、财务管理方面的专业人员,更要培养环境保护方面、资源管理方面的专业人员,以及精算师、数学、地理等方面的专业人员,这是一项浩大的关系人类社会千秋万代的工程;最后,思想上重视了,人员到位了,还需要坚定不移地落实和执行,这项工作漫长而琐碎,任务很艰巨。

(二)加强各国政府间的沟通协作,责任共担,共同发展

在绿色财务管理的推行上,各国政府责无旁贷,加强各国政府间的沟通协作,责任共担,才能共同发展、共同繁荣。首先,要摒弃的就是在环境保护和资源管理方面的从众心理,各国政府都应该认识到绿色财务管理的重要性、政府行为的重要性,加强政府间的沟通与协作,共同履行具有国际约束力的环境保护和资源管理公约;其次,要结合自身实际,灵活制定相关政策、法律和法规,并强制执行;再次,要加强相关的舆论宣传,通过舆论导向引导每一个主体的行为,从而为环境的净化和资源的可持续开发利用提供可能。

(三)健全绿色财务管理的评价体系

健全绿色财务管理的评价体系,需要把评价体系具体细化,增加新的评价指标,并加以量化。但是诸如环境改善带来的幸福指数、资源利用效率提高带来的经济效益等这些指标很难量化。而且,人类对绿色财务管理的认知在不断进步,这也涉及绿色财务管理的评价体系的后续完善工作。

(四)政府引导,加强对绿色财务管理的执行和监督

政府间的合作共赢在绿色财务管理的推行上固然重要,但是,具体执行和监督涉及每个人、每个企业、每个组织、每个国家等各个主体,所以,政府的引导非常重要。除了政策、法律、舆论先行之外,相关的奖励和惩罚措施也非常重要,具体如何处理,需要相关主体的严格执行和监督到位。

第二节 财务管理信息化

企业财务管理信息系统是企业管理信息系统的核心组成部分。随着当前网络与通信技术的高速发展,特别是以目标成本管理和预算控制管理为核心的现代化财务管理系统的发展,简单的财务电算化管理信息系统已经不能够满足企业对管理信息的要求。企业需要更健全、更完善的财务管理信息系统——一个集会计核算、财务管理和经营管理为一体的财务管理信息系统。财务管理信息化需要由单纯的会计核算型向财务管理分析型及企业的信息系统集成型转变,进而为企业生产、经营和管理提供信息集成和决策辅助功能。

一、信息化建设的重要意义

从管理角度来看,信息化建设在企业财务管理工作中具有重要的实践意义,主要表现在以下四个方面:

(1)信息化在财务管理工作中的应用大大提高了企业财务管理工作水平。特别是信息化的应用,把会计人员的双手从过去繁重的手工劳动中解放出来,会计人员只需掌握信息系统的一些简单操作方式,就可以对财务数据进行计算机录入,必要时还可以进行反复修改,及时进行会计核算,制作各种财务报表。毫无疑问,利用信息化系统完成这些工作,差错率小、可靠性高,提升了财务数据的准确性。

（2）信息化在财务管理中的应用可以有效控制企业成本。成本控制是企业财务管理工作的核心环节，也是企业实现最终盈利的根本保障。利用财务管理信息化建设的先进性，企业财务部门可以全程掌握生产经营中各项大额成本支出的请购、采购、库存和审批等过程，使生产经营中各项大额成本支出的请购、采购、库存和审批等过程在运行中留有痕迹，提高了企业对成本支出等费用的管控能力，降低了各项成本费用指标的超标可能。

（3）财务管理信息化建设使企业的资金管控更为严格。企业的日常经营管理活动是以预算管理为主线、以资金管控为核心而开展的，是以货币计量方式对企业经营活动的资金收支情况进行统计和记录的。其中，在企业项目资金的管理方面，企业是以资金使用的活动情况为核算对象的。如果构建了财务管理工作的信息化系统，企业就可以借助信息化系统对企业资金使用情况进行统筹和预测，降低企业采购与财务之间的往来频率，企业财务人员也能够利用信息化系统了解采购计划的相关信息，有针对性地制订出筹集资金和付款计划，提高工作效率，减少管理漏洞。

（4）财务管理信息化建设提升了企业财务信息传递与交流的时效性。21世纪企业之间的竞争，当然也是信息的传递与交流之间的竞争。可以说，在财务管理中进行信息化建设，可以有效整合各部门之间的财务信息和数据，进而借助计算机网络进行汇总、分析、分流和反馈，极大地提高了企业财务信息传递与交流的时效性。

二、企业财务管理信息化建设的发展策略

（一）树立正确的财务管理信息化发展观念

企业财务管理信息化建设是企业实现财务管理现代化的重要前提，是一项以计算机应用技术、互联网应用技术、信息通信技术和"互联网＋"技术为基础的复杂的系统工程。这一工程的顺利建设和竣工，需要企业各级领导、各个部门的通力合作、全面支持，不可能一蹴而就。因此，在财务管理信息化建设进程中，企业各级领导和各个部门必须树立正确的信息化发展理念，既不能忽视、漠视、无视财务管理信息化建设对于企业发展里程碑般的重要意义，不积极主动支持信息化建设工作，不积极主动解决信息化建设过程中遇到的问题，也不能操之过急，罔顾企业的技术条件和操作人员的专业化水平，仓促引进、盲目上马，造成财力、物力、人力等的浪费，更不能过分强调、放大财务管理信息化建设的功能，把信息化建设看成是可以解决一切财务问题的万能钥匙。在财务管理信息化建设进程中，企业各级领导和各个部门应本着实事求是、循序渐进的原则，在综合考量企业各方因素、条件的基础上，按部就班、有条不紊地实施信息化工程建设，这样才能为以后信息化建设在企业财务管理中发挥应有的作用奠定良好的技术和管理基础。

（二）加强领导对财务管理信息化建设的重视

21世纪是信息化时代，是信息化建设大行其道的时代。信息化代表了先进的社会生产力，已经成为当今社会发展的大趋势。21世纪正在经历一场革命性的变化，世界范围内的信息技术革命将对人类社会变革的方向产生决定性的影响，将在全世界范围内建立起一个

相互交融的全新的信息社会。所以,企业要完成财务管理信息化建设,企业领导就要首先对财务管理信息化建设给予足够的重视,身先士卒、身体力行,结合企业的具体发展情况,根据财务管理工作的实际需要,切合实际制定出具有企业特色的财务管理信息化建设规划。由于财务管理信息化建设资金需求量大,所以如果没有企业主管领导的力挺,信息化建设所需的大量资金是无法悉数到位的。因此,企业领导对财务管理信息化建设的重视是信息化建设取得成功的关键。

(三)加大对财务管理信息化建设的人才培养力度

财务管理信息化建设虽然已经被企业界广泛接受,并且也得到了应有的重视,但是客观地讲,企业中财务管理信息化方面的操作人员和管理人才还相当缺乏。

虽然财务管理信息化建设已经具备了广泛的社会影响力,但是从其发展历程来看,与传统的财务管理方式相比仍然是新生事物,仍然处在摸着石头过河的探索阶段。财务管理信息化建设既然是新生事物,就必然需要大批的专业人士来熟练驾驭它,而从当前企业财务管理人员的整体结构来看,科班出身的人其实是凤毛麟角、少之又少的,高校里面接受过系统学习的专业人才尚未大面积奔赴社会,企业里面的自有人才对财务管理信息化建设只是一知半解。毋庸讳言,企业财务管理信息化建设所需的专业人才正处于青黄不接的时期。目前所谓的操作系统、管理系统的专业人员,大多是半路出家,在"速成班"里经过短期的常识性培训就"光荣上岗"了,所以,一旦财务管理信息化的操作系统或者是管理系统出现问题,靠企业自身的技术力量是没有办法解决的,企业只能请"外援"前来指点迷津。仅从这一点来看,加大财务管理信息化建设的人才培养力度,对于企业财务管理信息化建设的有效开展和顺利实施是尤为重要的。

(四)注重对财务管理信息化软硬件设施并重的建设

在世界范围内的信息技术革命的推动下,财务信息化已经成为一种必然趋势。在大时代背景下,企业没有退路,也没有选择的余地,只有认识、接受、建设和发展信息化才是明智的抉择,才不会被信息技术进步的浪潮淘汰出市场格局。企业要强化信息化建设成果,就必须坚持软件设施建设与硬件设施建设并重的原则,绝不可厚此薄彼。硬件设施是信息化建设的先决条件,离开它,企业财务管理信息化建设就无从谈起;软件设施是信息化建设的灵魂所系,没有它,企业财务管理信息化建设就是一潭死水。只有把软件设施建设与硬件设施建设有机结合在一起,让两者同步前进、协同发展,企业财务管理信息化建设才能真正实现其建设的初衷,才能真正做到为企业发展助力加油。

第三节　财务管理与人工智能

当前,人工智能技术已经在我国得到了较快的发展,将人工智能技术与财务管理有机融合,能够实现先进高效的规划、预测、决策、预算、控制、分析等各种财务工作。人工智能在财务管理中的应用,将原本繁复的财务问题进行一一分解,变成若干子问题,然后得到最终的解题答案。

一、人工智能技术给财会行业带来的机遇

(一)提高了财会信息的处理质量

无论是财会行业还是审计行业,都必须严格遵循真实性原则,然而我国财会行业并未将这一原则真正落实到位。这主要是因为实际处理财会信息和审计信息过程中,依旧沿用着传统的手工方式进行编制、调整和判断,致使舞弊与错误行为屡见不鲜,所以,为了提高财会信息的真实可靠性,应减少人工处理财会信息的次数,进一步拓展人工智能,从而为财会信息处理的质量和效率提供保证。

(二)促进财会人员有效地工作,节约人力成本

现阶段,我国已经出现了为小企业做账的专业公司,虽然公司领导者对会计记账法与借贷记账法掌握和了解得不是很透彻,但该公司研发的软件可利用电子技术对原始凭证进行扫描,自动生成符合各级政府部门要求的财务报表,这不仅减轻了财会人员的劳动强度,还有效保证了会计核算的实效性;审计部门利用开发的审计软件在提高审计工作效率的同时,还能在深入剖析财会报告的过程中及时发现审计问题,进而采取科学高效的审计手段解决审计问题。

(三)实施完善的风险预警机制,强化财会人员的风险意识

虽然已经有很多企业具备了风险危机意识,但在风险防范和风险发生过程中的决策能力不足。导致这种情况的根本原因在于企业缺乏一套切实可行、健全的风险预警机制,财会人员无法准确判断存在的风险,也不具备风险意识,所以,当遇到风险问题时往往显得手足无措。首先,由于企业内部资金项目具有繁复性特点,很难顺利地开展纵横向对比;其次,财会人员缺乏较高的信息处理综合能力。因此,利用人工智能技术创建风险预警模型,通过各类真实可靠的财务数据对财务风险进行事先预警,不仅保障了企业资金的运营效率,而且还帮助企业及时找出不足之处,从而创设和谐美好的企业发展环境。

(四)实现了更为专业的财会作业流程

当前,财政部已经将管理会计列入了会计改革与发展的重点方向。过去针对业务流程来确立会计职能的工作模式,不仅会造成会计信息核算的重复性,而且还会影响财务风险预警的有效运行。所以,随着人工智能技术的全面渗透,企业将会对那些只懂得进行重复核算工作的财会人员进行精简,聘用更多有助于自身健康发展的、具备完善管理会计知识的财会人员。

二、人工智能技术在财务管理中的应用

(一)财务管理专家系统

财务管理专家系统涉及财务管理知识、管理经验、管理技能,主要负责处理各类财务问题。为了减轻财务管理专家对财务管理过程的描述、分析、验证等工作的劳动强度,很多企

业都将涉及管理技能、管理理念及管理环境的财务管理专家系统应用到财务管理工作中。

人工智能技术在财务管理专家系统中的应用,根据具体的财务管理内容将其划分为筹资管理专家系统(涉及资金管理)、投资管理专家系统、营运管理专家系统(涉及风险管理与危机管理)、分配管理专家系统。这些系统中又涵盖了财务规划及预测、财务决策、财务预算、财务分析、财务控制几方面的子系统。

在对各系统进行优化整合后,财务管理专家系统的综合效用便体现出来了:提高了财务预测的精准度,强化了财务决策的科学性,实现了财务预算与实际的一致性,提高了财务控制效率,财务分析更加细致全面,进一步拓展了财务管理的覆盖面。

财务决策子系统在整个系统中占据重要的比重,而财务决策子系统的顺利运行离不开其他子系统的支持,因此,对这些子系统进行集成后形成了智能化的财务决策支持系统。利用智能化的财务决策支持系统有助于综合评估内部控制与资产分配情况,通过对投资期限、套期保值策略等进行深入分析后,能使投资方案进一步优化和完善。

(二)智能财务管理信息共享系统

财务管理查询系统和操作系统是智能财务管理信息共享系统的主要内容。通过 Microsoft Visual Studio.NET 对财务管理查询系统进行部署,然后操作系统中的 IIS 服务负责相关发布。将.NET 框架设置于发布平台上,该框架负责运作各个.NET 程序。

为财务管理信息共享提供相应的体系结构,企业会在节约成本的理念下向所有利益有关方传递真实可靠的关联财务信息。简单举例,随着 B/S 模式体系结构的构建并使用,企业实现了成本的合理节约,促进了各财务信息的及时有效共享,提高了财务信息处理效率。

通过操作系统中的 IIS 来发布财务管理查询系统,企业内部各职能部门只需要进入 Web 浏览器就能及时访问,而企业外部的有关使用者只需要利用因特网就能对单位每一天的财务状况予以充分的掌握。

随着智能财务管理信息共享系统的生成并被投入使用,财务管理工作变得更加完善、成熟,同时,在智能财务管理信息共享系统中利用接口技术吸收 ERP 财务信息包,实现了财务管理信息的透明化、公开化,突出了财务管理的即时性。

(三)人工神经网络模型

所谓的人工神经网络,指的是通过人工神经元、电子元件等诸多的处理单元对人脑神经系统的工作机理与结构进行抽象、模仿,由各种联结方式共同组成的网络。人工神经网络从范例学习、知识库修改及推理结构的角度出发,拓展了人类的视野范围,并强化了人类的智能控制意识。

人工神经网络模型涉及诸多神经元结合起来产生的模型,人工神经网络涵盖反馈网络,也可称之为递归网络与前馈网络两个部分。其中,反馈网络是由诸多神经元结合后生成的产物,将神经元的输出及时反馈到前一层或者同一层的神经元中,这时信号可实现正向传播与反向传播。由于前馈网络存在递阶分层结构,因此,同一层中各神经元不可以相互连接,由输入层进入输出层的信号主要以单向传播方式为主,将上层神经元和下层神经元进行了连接,同一层神经元相互之间不能连接。

人工神经网络存在很多类型,比如 RBF 网络、BP 网络、ART 网络等。其中,RBF 神经网络现已在客户关系管理、住宅造价估算等领域中得到了有效应用;BP 神经网络现已在战略财务管理、风险投资项目评价、固定资产投资预测、账单数据挖掘、纳税评估、物流需求预测等众多领域中得到了有效应用;ART 神经网络现已在财务诊断、财务信息质量控制、危机报警等领域中得到了高效的应用。

随着经济领域和管理领域对人工智能技术的广泛应用,越来越多的学者将研究重心放在了人工智能层面上,而财务管理中应用 BP 神经网络来预测财务状况取得了可喜的成果。因此,BP 神经网络成为现代人工智能应用研究的关键点,而成功的研究经验为财务管理的研究提供了重要依据。

综上所述,随着科学技术的快速发展,智能化的财务管理已成为必然,运用智能财务管理专家系统有助于提高财务管理水平及效率。今后的财务管理专家系统将逐步朝着智能化、人性化、即时化的方向快速迈进,可以想象,那个时候的智能财务管理专家将会全权负责繁复的财务管理工作,使财务管理人员不再面临庞大的工作量。出于对财务主体持续发展的考虑,在"以人为本"理念的基础上推行科学化财务管理工作,要在保证财务主体良性循环发展的同时,为各利益有关者提供预期的效益。

第四节 区块链技术与财务审计

一、区块链的概念与特征

区块链就是一个基于网络的分布处理数据库。企业交易数据是分散存储于全球各地的,如何才能实现数据相互链接,这就需要以相互访问的信任为基础。区块链通过基于物理的数据链路将分散在不同地方的数据联合起来,各区块数据相互调用其他区块数据并不需要一个作为中心的数据处理系统,它们可通过链路实现数据互联,削减现有信任成本,提高数据访问速率。区块链是互联网时代的一种分布式记账方式,其主要特征有以下几点。

(一)没有数据管理中心

区块链能将储存在全球范围内各个节点的数据通过数据链路互联,每个节点交易数据能遵循链路规则实现访问,该规则基于密码算法而不是管理中心发放访问信用,每笔交易数据由网络内用户互相审批,所以不需要一个第三方中介机构进行信任背书。对任一节点攻击,不能使其他链路受影响。而在传统的中心化网络中,对一个中心节点实行有效攻击即可破坏整个系统。

(二)无须中心认证

区块链通过链路规则,运用哈希算法,不需要传统权威机构的认证。每笔交易数据由网络内用户相互给予信用,随着网络节点数增加,系统的受攻击可能性呈几何级数下降。在区块链网络中,参与人不需要对任何人信任,只需两者间相互信任,随着节点增加,系统的安全性反而增加。

(三)无法确定重点攻击目标

由于区块链采取单向哈希算法,由于网络节点众多,又没中心,很难找到攻击靶子,不能入侵篡改区块链内数据信息。一旦入侵篡改区块链内数据信息,该节点就被其他节点排斥,从而保证数据安全,又由于攻击节点太多,无从确定攻击目标。

(四)无须第三方支付

区块链技术产生后,各交易对象之间交易后,进行货款支付更安全,无须第三方支付就可实现交易,可以解决由第三方支付带来的双向支付成本,从而降低成本。

二、区块链对审计理论、实践的影响

(一)区块链技术对审计理论体系的影响

1. 审计证据变化

区块链技术的出现,使传统的审计证据发生改变。审计证据包括会计业务文档,如会计凭证。由于区块链技术的出现,企业间交易在网上进行,相互间经济运行证据变成非纸质数据,审计对证据核对变成由两个区块间通过数据链路实现数据跟踪。

2. 审计程序发生变化

传统审计程序从确定审计目标开始,通过制订计划、执行审计到发表审计意见结束。计算机互联网审计要求采用白箱法和黑箱法对计算机程序进行审计,以检验其运行可靠性,在执行审计阶段主要通过逆查法,从报表数据通过区块链技术跟踪到会计凭证,实现数据审计工作的客观性和准确性。

(二)区块链技术对审计实践的影响

1. 提高审计工作效率、降低审计成本

计算机审计比传统手工审计效率高。区块链技术为计算机审计的客观性、完整性、永久性和不可更改性提供保证,保证审计具体目标的实现。区块链技术产生后,人们利用互联网大数据实施审计工作,大大提高了审计效率,解决了传统审计证据不能及时证实、不能满足公众对审计证据真实、准确要求的问题,满足了治理层了解真实可靠的会计信息,实现了对管理层有效监管的目的。在传统审计下,需要通过专门审计人员运用询问法对公司相关会计信息发询证函进行函证,从而需要很长时间才能证实,审计时效性差。而计算机审计,尤其是区块链技术产生后,审计进入网络大数据时代,分布式数据技术能实现各区块间数据共享追踪,区块链技术保证这种共享的安全性,其安全维护成本低;由于区块链没有管理数据中心,具有不可逆性和时间邮戳功能,审计人员和治理层、政府、行业监管机构可以通过区块链及时追踪公司账本,从而保证审计结论的正确性;计算机自动汇总计算,也保证审计工作的快速高效。

2. 改变审计重要性认定

审计重要性是审计学中的重要概念。传统审计工作需要在审计计划中确定审计重要性指标作为评价依据,审计人员通过对财务数据进行计算,确定各项财务指标,计算重要性比率和金额,通过手工审计发现会计业务中的错报,评价错报金额是否超过重要性金额,从而决定是否需要进一步审计。而在计算机审计条件下,审计工作可实现以账项为基础的详细审计,很少需要以重要性判断为基础的分析性审计技术。

3. 内部控制的内容与方法也不同

传统审计更多采用以制度为基础的审计,更多运用概率统计技术进行抽样审计,从而解决审计效率与效益相矛盾的问题。区块链技术产生后,人们运用计算机审计,审计的效率与效果都提高了。虽然区块链技术提高了计算机审计的安全性,但计算机审计风险仍存在,传统内部控制在计算机审计下仍然有必要,但其内容发生了变化,人们更重视计算机及网络安全维护,重视计算机操作人员岗位职责及岗位分工管理与监督。内部控制评估方法也更多从事后调查评估内部控制环境,过程中运用视频监控设备进行实时监控。

三、区块链技术对财务活动的影响

(一)对财务管理中价格和利率的影响

基于因特网的商品或劳务交易,其支付手段更多表现为数字化、虚拟化,网上商品信息传播公开、透明、无边界与死角。传统商品经济条件下的信息不对称没有了,商品价格更透明了。财务管理中运用的价格、利率等分析因素不同于以前;边际贡献、成本习性也不同了。

(二)财务关系发生变化

财务关系就是企业资金运动过程中所表现的企业与企业经济关系,区块链运用现代分布数据库技术、现代密码学技术、将企业与企业以及企业内部各部门联系起来,通过大协作,从而形成比以往更复杂的财务关系。企业之间资金运动不再需要以货币为媒介,传统企业支付是以货币进行,而现代企业支付是电子货币,财务关系表现为大数据之间的关系,也可以说是区块链关系。

(三)提高财务工作效率

1. 直接投资与融资更方便

传统财务中,筹资成本高,需中间人如银行等参与。区块链技术产生后,互联网金融得到很大发展,在互联网初期,网上支付主要通过银行这个第三方进行,区块链能够实现新形式的点对点融资,人们可以通过互联网,下载一个区块链网络的客户端,就能实现交易结算,如投资理财、企业资金融通等服务,并且使交易结算、投资、融资的时间从几天、几周变为几分、几秒,能及时反馈投资红利的记录与支付效率,使这些环节更加透明、安全。

2. 提高交易磋商的效率

传统商务磋商通过人员现场交流沟通,对商品交易价格、交易时间、交货方式等进行磋商,最后形成书面合同,而在互联网下,由于区块链技术保证网上沟通的真实、安全、有效,通过网上实时视频磋商,通过网络传送合同,通过区块链技术验证合同有效性,大大提高了财务业务的执行效率。

(四)对财务成本的影响

1. 减少交易环节,节省交易成本

由于区块链技术的运用,电子商务交易能实现点对点交易结算,交易数据能同 ERP 财务软件协同工作,能实现电子商务交易数据和财务数据及时更新,资金转移支付不需通过银行等中介,解决双向付费问题,尤其在跨境等业务中,少付许多佣金和手续费用。

2. 降低了信息获取成本

互联网出现后,人们运用网络从事商务活动,开创商业新模式,商家通过网络很容易获得商品信息,通过区块链技术,在大量网络数据中,运用区块链跟踪网络节点,可以监控一个个独立的业务活动,找到投资商,完成企业重组计划,也可以通过区块链技术为企业资金找到出路,获得更多投资收益。可见,区块链降低了财务信息获取成本。

3. 降低信用维护成本

无数企业间财务数据在网络上运行,需要大量维护成本。区块链技术建立不基于中心的信用追踪机制,人们能通过区块链网络检查企业交易记录、声誉得分以及其他社会经济因素可信性,交易方能够通过在线数据库查询企业的财务数据,来验证任意对手的身份,从而降低了信用维护成本。

4. 降低财务工作的工序作业成本

企业财务核算与监督有许多工序,每一工序都要花费一定成本。要做好企业财务工作,保证财务信息真实性,必须运用区块链技术,由于其无中心性,能减少财务作业的工序数量,节省每一工序时间,在安全、透明的环境下保证各项财务工作优质高效完成,从而总体上节约工序成本。

第五节 新预算法下财务工作的转型

一、新预算法下预算工作概述

(一)新预算法修订工作对审计监控的影响

1. 对审计工作扩面的新需要

新预算法需要创建全口径预算系统,主要有一般公共预算、政府性基金预算、国有资本运营预算、社会保险基金预算这几方面的内容,就是把所有财政费用收支均归为预算管理的范畴,从法律方面确定且扩展了预算审计的范围,总结出了全面实行审计监控的最新需求。审计部门需要经过对全口径预算进行监督,有效防止财政费用预算片面化、支出体系僵化,财政投入和企业发展"两面皮""钱等工作""工程等钱""敞口花钱"等情况。

新预算法明确了更加前沿性的跨年度预算审计体制,让以往简单年度预算审计体制的审计转变成跨年度预算审计体制的审计。在新预算法中明确提出地方政府能够在财政超收收入中获得一部分费用作为预算稳定调整基金,用来填补赤字和弥补后期年度预算资金的问题,该机制有助于地方政府按照实际要求调节预算实施中因短收、超收造成的预算费用的余缺,调节政府投资时期的预算投入,预防地方政府的财务风险。

(二)对审计监控提出的最新要求

新预算法明确了预算绩效的主要原则,对审计监控目标有了越来越高的质量要求。审计部门不但要重视政府财政活动的规范性、真实性,还需展开预算编制、实施与决算整个环节的绩效审计;逐渐促使政府的财务收支行为变得规范化,加强预算控制,充分考虑公平和效力,符合各级政府依法对财政费用绩效控制监督的要求。目前,预算审计在资金绩效管理方面还处于探索阶段,尽管审计报告包含预算成本利用效率的检查,但只是局限在对财政支出进程慢、费用高、实践拖延等现象导致效率较低的间接描述,还没有创建合理的定性、定量绩效考核指标机制。

新预算法对财政公开有了详细的规定,政府不但需要将单位年终预算、决算都公开,还需要将预算执行以及其他财政收支活动的审查报告向大众公开,即首先用法律的方式确定了审查报告公开机制。虽然在工作中,审查报告公开已是一件非常普遍的事,可是几乎都是以简单化、摘要的模式公开。今后,审计报告会全文公开,它的质量与水平会完全裸露在社会舆论监控的环境下。

二、满足新预算法"拓面、提质、提效"新需要的预算审查革新

(一)修正预算审计控制要点,提升审计考评的时效性

伴随全口径预算控制模式与跨年度预算审计机制的创建,财政部门会试零基预算,循序渐进地推动预算创新,审计部门需要结合改革动态修正审计监控要点。其一,全口径预算包含财政和全部预算部门运行的资金,以往少数预算部门出现资金收支脱离预算编制与预算监督以外的现象将慢慢减少,审查监督需要在改革的初始环节,以督促及推动所有财政资金融入预算、标准实施为导向,"规范性"属于新预算法执行之前的审计监督要点;其二,通过应用大数据处理分级对全部财政收支信息展开审计研究,经过预算审计监控全覆盖,整理审计时出现的广泛性、倾向性情况,有效地对全口径以及跨年度预算审计"建言献策"是新预算法顺利实行过程的审计监督要点;其三,在"规范化"监督与推动改革"建言献策"的前提下,不断提高审计考评水平、宏观处理预测能力,通过审计促使国家重要决策工作落实是审计监督的核心工作。审计部门需要以预算审计研究为主线,推动跨年度预算审计机制的正常运作,全面促进政府重要工作以及预算部门廉洁履职。

(二)改进预算执行审计措施,提高审计报告水平

1.多维信息分析法

根据地方债务、绩效审计、政府财务审计报告等新预算法在审计监控扩面、提效等方面的新要求,预算审计需要继续遵循大数据研究先行的观点,借助大数据技术全面进行多维立

体的信息分析,重点对财政、预算部门信息资源的归纳与再解析,展开信息的深入挖掘,提高研究水平。把新预算法执行前后多年的记录信息展开横向比较,了解预算编制创新后各项占比与增幅出现的主要原因;识别政府核心工作、民生工程与社会焦点、热点内容是不是满足新预算法当中对跨年度预算审计工作的实施原则;是否存在由于政府快上工程的行政目标造成预算执行率偏低的现象;地方财政还本付息方案是否出现降低成本的情况;政府综合预算报告是否能够有效突显地方政府的真实资金收支现象等。

2.任务统筹研究法

其是指以决算审计为重点,以部门决算审计及专项预算审计为前提,以经济责任考评、政府投资预算为辅助,以应用统筹分析的审计手段,重点对财政收支横切面及纵切面进行延伸拓展,各类型审计工作紧密结合,建立一个纵横交错的审计网络系统。现阶段,各级审计部门尽管都按要求制订年度工作计划,还在审计工作中纳入专项费用支持预算审计的需求,可是在纵横对比及整个规划方面依旧显得比较薄弱,需要尽早建立"预算执行审计网络系统",其是在新预算法执行后预算信息对比、信息量激增的条件下,落实统筹分析法的基础条件。应全面发挥预算审计系统的资源,多方位、多角度发现新预算法环境下财政体制创新取得的发展成果、出现的问题及改进的措施,采用综合分析、专项剖析、专题报告等多种类的审计数据综合导出体制,展开深入加工提炼,来实现提高预算审计工作水平的目的。

(三)改善预算执行审计步骤,提升审计工作效率

1.注重审前调研

在审计信息有限的条件下,唯有突出关键点,审前调研工作充分、到位,方可确保审计人力资源价值的最大化,保证预算审计水平的最优化。这就需要审计组要拔高站位、考虑全局,拓展审计思维,基于新预算法的需要,有的放矢地思考重点、难点与疑点,提升审前调查的时效性。特别是要明确进点时间,改变审计执行方案在传统方案中进行修改、添补交差完事,进点后耗费很多时间探究的低效方法。

2.注重审计实施数据反馈机制

现阶段,普遍出现审计实行后续取证、查漏补缺、检查法律依据及撰写报告等全部压力均由主审全部承担的情况,尽管审计组员工埋头苦干,可是员工独立为战、缺少相互协作能力,进程通常会比预期要慢得多。有效的审计执行需要在全面的审前调查前提下,产生以审计组长集中协调、调整审计资源,主审确定员工分工,集中审计思路的操作机制,通过建立畅通的互动反馈通道,完善查询法律依据、取证以及撰写分项事件的操作流程,制定高效的全员协作运行机制。此外,不仅要确保足够的覆盖面,还要重视表现重点,提升审计的水平,注重审计的深度,对关键情况查深查透,查找根源。

三、新预算法在财务工作中的运用

(一)新预算法下预算工作概述

预算是财政的核心,现代预算制度是现代财政制度的基础,是国家治理体系的重要内

容。因此,实施预算法是规范预算行为,推进预算管理科学化、民主化、法治化的迫切需要,是深化预算制度改革、建立现代财政制度的必然要求,是依法治国、提高国家治理能力的重要保障。新预算法的亮点在于以下几方面:一是完善政府预算体系,健全透明预算制度;二是改进预算控制方式,建立跨年度预算平衡机制;三是规范地方政府债务管理,严控债务风险;四是完善转移支付制度,推进基本公共服务均等化;五是坚持厉行节约,硬化预算支出约束;六是将预算资金纳入法律监管之下,维护预算法的尊严。新预算法的实施对推进依法行政、依法理财,最终实现依法治国有十分重要的意义。

(二)新预算法在财务工作中的运用

1. 部门预决算管理

新预算法的出台,使得事业单位部门预决算管理工作得到了细化,规定预决算支出都应该按照功能、经济性质分类编制,明确了事业单位部门预决算管理的责任、执行程序等,提高了事业单位部门预决算管理的要求。基于新预算法关于部门预决算管理的细则,事业单位应当做好以下两方面工作:

一方面,要树立全面预算管理的理念,动员全体职工开展预算编制、控制及执行,减少部门博弈对预决算管理的负面影响。在此基础上,要实现及早规划,按照主管部门及发展规划,明确未来几年工作目标,提前开展项目论证、采购计划等预算前置工作,降低预算弹性。同时,事业单位还应因地制宜地选择预算编制方法,重点使用零基预算,要求细化、规范项目内容、资金用途、支出标准,准确反映事业单位财务状况,如,××办公楼维修改造、××会议,不能直接笼统地填写新增项目、党委政府确定的项目、专项业务费、商品和服务支出、弥补公用经费等。

另一方面,要强化预算执行及其配套机制。首先,要硬化预算约束,在预算正式批复后,要按照科室——岗位——责任人——具体时间的流程进行细化。科室负责人需要针对业务内容、预算指标安排业务活动方案,如采购车辆保险、购置办公用品,应将商品和服务支出选为政府采购,在政府采购表经济分类为公务用车运行维护费、办公费的项目上填列采购金额;科室负责人还应在执行过程中严格按照申请、批准、执行、反馈、核算、考核的程序,切实把握预算执行进度。其次,要构建高效的考评体系,通过瞄准预算目标,将预算目标作为奖惩执行的基数,尽可能将奖惩与员工绩效、科室绩效挂钩,实现激励约束。最后,要强化责任意识,改变"重预算、轻决算"的观念,构建细致的责任追究机制。要实现部门预决算的收支真实、数据真实,保证账实相符、账证相符,按照预决算口径,认真填报数据,做好财政拨款对账。同时,还应明确财务分析的责任体系,着重分析预算执行状况,实现高效的决策支持。

2. 会计核算

新预算法细化了事业单位会计核算的操作细则,强化了事业单位会计核算的规范程度。工作中,事业单位应当按照新预算法要求,细化会计核算流程:第一,要规范会计核算基础,引入责权发生制,实行收付实现制;第二,要坚持收支两条线,按照收支配比原则,准确核算单位财务收支;第三,要完善专项基金管理制度,建立健全事业单位内部控制机制,保障事业单位专项资金合规、合法使用,强化专项资金核算,提高会计核算的规范程度;第四,要坚持勤俭节约的原则,强化授权审批控制,重点关注录入类报表生成状况,确保资金支付合法、合规,及时发现资金使用过程中的异常情况,避免预算失控。

3. 强化财务监督

一方面,要强化外部监督。公开透明是现代财政制度的基本特征,是建设阳光政府、责任政府的需要。新预算法规定,除涉及国家机密的事项外,经本级人民代表大会或者本级人民代表大会常务委员会批准的预算、预算调整、决算、预算执行情况的报告及报表,应当在批准后二十日内由政府财政部门向社会公开,并对本级政府财政转移支付安排、执行的情况以及举借债务的情况等重要事项做出说明。经本级政府财政部门批复的部门预算、决算及报表,应当在批复后二十日内由各部门向社会公开,并对部门预算、决算中的机关运行经费的安排、使用情况等重要事项做出说明。

另一方面,要强化内部监督。要重点建设单位内部控制系统,强化经济责任制、信息披露制度的执行力度,实现预算的事前、事中、事后全程控制,构建内部审计部门或强化内部审计职能,对小金库、三公经费等重点审查,建议构建财务预警机制,按照预算进度,及时反映预算异常,从根本上保障会计核算的信息真实、流程规范。

(三)新预算法下事业单位财务工作的提升建议

1. 加强人才队伍建设

事业单位要进一步提高财务人员的综合素质,增强财务人员的法律意识和责任意识。首先,要从人才队伍上提高财务管理水平,促进财务管理的发展,定期组织财务人员学习财务专业知识、管理知识和法律知识。其次,要健全单位内部的激励与约束机制,通过量化评定考核其工作效率,以公平公正的绩效考核与奖惩措施来提高财务人员的工作积极性与主动性。

2. 重视内控制度建设

各单位要根据新预算法的规定,结合单位财务管理中存在的问题和不足,充分评估各环节的风险点,从事前、事中、事后三个方面入手,制定科学的管理方法和解决措施。高效健全的内部控制工作应该做到:一是制定有效的内部牵制制度,实现权责分明,从制度上杜绝财务人员利用职务之便谋取私利的行为,确保资金管理的规范性;二是建立健全内部财务管理制度,严格规范往来账款的管理程序,为政府拨款能得到专款专用提供制度保障,在合同的管理中,应运用法制的思维和法制方式,提高合同的管理和履行能力,同时加强业务管理部门与财务部门的沟通;三是完善票据的管理制度和固定资产的管理制度,以此保障事业单位会计信息的准确性和完整性。

3. 强化信息化建设

信息技术对事业单位预算编制、资金支付、财务核算与决策等方面都有重大影响,国库集中支付已经开启了事业单位信息化道路,要应对新预算法带来的工作调整,信息化建设无疑是一种高效途径。第一,要从单位内部财务管理的实际需要出发,对业务、财务进行流程改革,以提高财务的科学性、效率性。第二,要建立健全信息化管理制度,应当从软件、硬件两方面进行划分。软件上,事业单位应将系统划分成多个权限独立、信息联通的个体,在保障独立性的同时防止信息孤岛,在此基础上,配套建设各项信息化管理制度,从而保障财务管理信息化得以顺利开展;硬件上,要保障信息化系统的设施建设及其配套维护,应培养人才,优化使用系统。第三,要将事业单位信息系统建设为监控式服务,在解决财务信息统计核算、采集的同时,也要保障单位经济活动信息的公正、公开,为民众监督提供新途径,将事后追责转变为事中监督。

四、新预算法下财务工作的提升建议

在新预算法的出台和推行之下,行政事业单位的财务管理工作需要不断进行改革与完善,从而有效解决当前财务管理中存在的种种问题,推动行政事业单位实现长久稳定发展。因此,基于新预算法视角,重点围绕行政事业单位财务管理问题及相应解决措施进行探究。

（一）加强财务管理监督控制

行政事业单位需要尽快加强对财务管理工作的监督和控制。新预算法当中提出需健全规范公开的预算制度,并明确规定了预算公开的具体内容、时间等,对凡是违反新预算法规定的政府、有关部门和单位,在要求立刻进行整改的基础上,追究相应负责人的法律责任。因此,行政事业单位需要积极拓宽信息公开渠道,联合社会多方力量全面真实地公开财务信息,规范财务收支行为。另外,行政事业单位还需要注重管控财务风险,在内部建立起风险控制体系,使用科学合理的制度对人、财、权进行三方约束,依法落实预算执行。

（二）需要落实绩效考核机制

行政事业单位还需要采用严格的预算绩效管理制度用于有效提升预算执行率。行政事业单位需要为预算编制预留出足够的时间,在编制的过程中严格落实新预算法当中提出的勤俭节约、量入为出的原则,使得财务预算编制能够真实反映出行政事业单位的收支情况。另外,行政事业单位需要对内部预算支出等工作进行绩效评价,对于玩忽职守、消极怠工或是在财务管理中出现严重失误的工作人员视情节给予警告或开除处分。采用刚性约束方式,定期监督检查财务管理落实情况,明确具体的核算实施程序,落实职责分工并将财务决策同核算联系起来,加大行政事业单位的财务预算透明度。管理人员还需要定期去清查、盘点本单位的实物资产,以有效保障账物相符,提升国有资产的安全性与完整性。与此同时,还可以借助信息公示栏、互联网、论坛、大众媒体等各类媒介实时发布行政事业单位财务管理的各项信息,通过公布热线电话或增设网络投诉窗口等方式,鼓励全社会人士对其进行严格的监督与管理。

（三）预算与执行的有机统一

在实行国库集中支付制度之后,政府将全部财政资金都归纳至国库单一账户体系中进行统一管理,所有收入也直接纳入国库当中,所有支出由国库单一账户体系进行统一支付。此举将预算和执行有机统一,使得行政事业单位能够随时随地掌握各项预算的实际支出情况,确保每一笔支出都在预算控制指标之内。政府采购预算编制是2017年预算编制提出的新要求,而实行政府采购能够有效约束行政事业单位的采购行为,避免出现重复或盲目采购的行为。在此基础上,行政事业单位需要深入细化采购预案,并公开所有采购行为,从而有效提升采购的透明度。在采购过程中,必须要求材料商提供材料发票,并且管理人员需要仔细验证发票的真实性,而当材料金额超过一万元时需要通过银行对公账户支付,确保收款方与发票上的收款方完全一致。

总而言之,新预算法的出台实施能够有效推动我国社会经济实现稳定、健康发展。通过对现阶段行政事业单位中财务管理工作存在的问题进行简要分析,尝试提出在新预算法角度下落实行政事业单位财务管理的方法措施,如财务管理监督控制、建立绩效考核制度、提升管理人员综合素养、提升财务管理信息化与精细化程度等措施,希望能够为优化完善财务管理提供帮助。

参考文献

[1]王新利,宋锋森,付嫒嫒.财务管理与会计基础知识[M].海口:南方出版社,2019.

[2]颜剩勇,廖文军,罗文兵.基础会计学[M].沈阳:东北财经大学出版社,2019.

[3]皮瑞光,孙小帆,陈玉菁.高等学校经济与管理类教材会计与财务管理系列财务管理基础学习指导[M].上海:华东师范大学出版社,2019.

[4]张捷,刘英明.教育部经济管理类主干课程教材会计与财务系列基础会计第6版[M].北京:中国人民大学出版社,2019.

[5]薛晓红,(中国)张笑,盛洁.会计与财务管理专业实务操作系列教材会计基础与应用第2版[M].北京:首都经济贸易大学出版社,2019.

[6]张捷,刘英明.教育部经济管理类主干课程教材会计与财务系列基础会计学习指导书第6版[M].北京:中国人民大学出版社,2019.

[7]周虹,耿照源.会计学基础[M].杭州:浙江大学出版社,2019.

[8]李政,赵桂青.基础会计[M].北京:北京理工大学出版社,2019.

[9]杨忠智.财务管理第3版[M].厦门:厦门大学出版社,2019.

[10]孟茜.会计与财务管理系列教材基础会计[M].厦门:厦门大学出版社,2018.

[11]郭心想,卜素,孙元航.财务管理与会计基础[M].天津:天津人民出版社,2018.

[12]刘斌,张彩萍,任香芬.财务管理与会计基础[M].沈阳:辽宁大学出版社,2018.

[13]张东霞.会计学基础与财务管理[M].延吉:延边大学出版社,2018.

[14]张捷.教育部经济管理类主干课程教材会计与财务系列《基础会计(第5版)》学习指导书[M].北京:中国人民大学出版社,2018.

[15]陈德英.基础会计[M].上海:立信会计出版社,2018.

[16]陈国辉,迟旭升.基础会计[M].沈阳:东北财经大学出版社,2018.

[17]黄延霞.财务会计管理研究[M].北京:经济日报出版社,2018.

[18]黄慧,杨扬.财务会计[M].上海:上海社会科学院出版社,2018.

[19]王梦蕾.基础会计与财务管理[M].北京:北京工业大学出版社,2017.

[20]朱继民,周建龙.会计学基础[M].合肥:安徽大学出版社,2017.

[21]陈艳利.高等学校会计学与财务管理专业系列教材会计学基础第2版[M].北京:高等教育出版社,2017.

[22]龚菊明.基础会计[M].苏州:苏州大学出版社,2017.

[23]黄东坡,李敏.财务会计[M].郑州:黄河水利出版社,2017.

[24]孙自强,陈静,张荣静.财务会计[M].郑州:河南科学技术出版社,2017.

[25]彭静.农村财务管理与会计[M].重庆:重庆大学出版社,2017.

[26]廖忠友.会计基础教程[M].北京:中国经济出版社,2017.

[27]彭亚黎.财务管理实训[M].北京:北京理工大学出版社,2017.

[28]张素云.基础会计[M].上海:上海交通大学出版社,2017.